옮긴이 오태헌

도쿄대학교 경제학 석사와 박사 과정을 졸업했다. 대우경제연구소 연구위원, 대우경제연구소 도쿄사무소 소장, 노무라종합연구소 서울지점 부지점장으로 근무했으며, 버클리대학교 동아시아연구소 방문학자를 역임했다. 현재 경희사이버대학교 일본학과 교수로 재직 중이다.

일본 기업의 분석 전문가로 7년간 SERI CEO에서 '일본 중소기업 진화 생존기' 강의를 맡는 등, 지속가능한 기업을 위한 경영철학과 전략을 전하기 위해 기업 및 대중들과 활발히 소통한다. 지은 책으로 『본질은 변하지 않는다: 30년 불황을 견딘 일본 강소기업의 생존공식』, 『일본 중소기업 진화생존기』(2023년 세종도서 교양부분 선정), 『일본 중소기업의 본업사수 경영』, 『일본 중소기업 경쟁력』, 『온리원 일본기업 50』 등이 있으며, 옮긴 책으로 『재미있고 엉뚱하게』, 『도요타혼』, 『도요타 생각』, 『일본 건설산업』 등이 있다.

마쓰시타 고노스케

경영이란 무엇인가

마쓰시타 고노스케

경영이란 무엇인가

21세기북스

일러두기

- 이 책은 저자의 대표 저작물인 『장사의 마음가짐 商売心得帖』(1973년) 『경영의 마음가짐 経営心得帖』(1974년)과 『실천경영철학 実践経営哲学』(1978년) 『스스로 터득한 경영노하우의 가치는 백만금 経営のコツここなりと気づいた価値は百万両』(1980년)을 합본해 한국어판으로 출간한 것이다.
- 이 책에서는 저자가 창립한 파나소닉(구舊 마쓰시타전기)의 각 그룹사와 그 밖의 기업명에 대해 원서의 초판 발간 당시 사명을 그대로 사용했으며, 시간을 나타내는 표현 또한 저자가 글을 쓴 시점상 표기를 그대로 반영하되 독자의 이해를 돕기 위해 일부 연대를 덧붙였다.
- 오늘날에는 적절하지 않을 수 있다고 생각되는 표현이 일부 존재하지만, 당시 시대 상황을 감안해 그대로 남긴 것도 있다. 양해 바란다.

당신의 운명을 바꿔줄 지혜의 신기

손욱(사단법인 세종국가경영연구원 이사장)

디지털 혁명과 인공지능의 시대, 급변하는 국제 정세 속에서 우리 한국 산업은 끊임없이 새로운 도전에 직면하고 있다. 20세기의 성장 동력이 저물고 21세기의 새로운 길을 찾아야 하는 이 혼돈의 시기, 우리는 더 이상 머뭇거릴 시간이 없다. 이러한 중차대한 시기에 일본에서 '경영의 신'으로 추앙받는 마쓰시타 고노스케의 귀한 가르침을 담은 책이 발간되는 것은 실로 시의적절하며, 우리에게 나아갈 지혜와 용기를 선물해줄 '신기神器'가 될 것이라 확신한다.

일본 산업사 최고의 '경영의 신' 마쓰시타 고노스케의 경영철학

마쓰시타 고노스케는 대공황, 제2차세계대전 패전, 오일 쇼크 등 수많은 위기를 기회로 삼아 세계적인 초일류 기업 파나소닉(구 마쓰시타전기)을 일궈 냈다.

생전 "기업은 사람을 만드는 곳"이라 늘 강조했듯, 그의 경영철학은 단기적인 성과보다는 직원의 성장을 돕는 인간 중심의 리더십에서 비롯되었다. 또한 "길은 만드는 사람의 발밑에 있다"라고 말하며, 탁상공론이 아닌 현장에서 직접 답을 찾는 실천적 리더십을 몸소 보인 인물이다. "혁신은 살아 있는 생물과 같다"라는 신념으로 끊임없이 변화를 추구하며 새로운 성장 동력을 찾으려 애썼고, 경영을 "사회에 대한 봉사"로 여겨 기업의 사회적 사명감을 역설했다.

흥미롭게도 마쓰시타 고노스케의 경영철학은 내가 수행한 분이자 한국 경영의 선구자인 이병철 삼성 창업주의 철학과도 놀랍도록 닮아 있다. 두 창업주 모두 경영의 신으로 존경받으며 세계적 초일류 기업을 이루었고, 사업보국 정신으로 국가 발전에 기여하는 데 일평생을 헌신한 모습은 마치 한 사람의 행보를 보는 듯하다.

나는 삼성전자 기획부장 시절이던 1980년대 초, 제2차 석유파동으로 신입 사원조차 뽑기 어려웠던 시기에 마쓰시타 고노스케를 처음 접하고 그의 철학에 깊이 매료되었다. 당시는 1년 계획조차 제대로 세우지 못하던 상황에서 '삼성전자 10년 비전'을 기획하며 전사적 역량을 결집해 위기를 극복하고 도약의 기회로 만들자는 각오를 다질 때였다. 세계 최고의 가전회사였던 마쓰시타를 10년 안에 추월하겠다는 비전 아래, 수많은 동료와 함께 200여 권에 달하는 마쓰시타 관련 서적들을 연구하며 그의 경영철학을 깊이 파고들었다. 이때 마쓰시타를 공부하며 기업 경영의 큰 그림을 깨달은 것이 평생의 사산이 되었다.

마쓰시타 고노스케가 보여준 위기 극복과 창의적 혁신의 교훈

특히 마쓰시타 고노스케의 위기 극복 리더십은 세 번의 결정적인 전환점에서 내게 큰 힘이 되었다. 그 첫 번째는 삼성전자 10년 비전을 수립하면서 '마쓰시타 60년사'를 알게 된 것이다. 이것은 나에게 하나의 바이블이 되었고, 이를 통해 '경영이란 무엇인가' '경영 전략이란 무엇인가'

에 대한 큰 깨달음을 얻을 수 있었다. 창업 10년 차에 불과했던 삼성전자가 마쓰시타 60년의 지혜를 배운 셈이니 삼성이 세계 초일류 기업으로 성장할 수 있었던 배경에는 마쓰시타 고노스케의 경영철학에서 얻은 영감이 매우 크게 작용했으리라 생각한다.

두 번째는 1984년 한국 가전 시장 대리점들의 절반 이상이 도산하는 위기 상황에서 기획실을 떠나 영업본부 마케팅실로 발령받았을 때였다. 그때 제일 먼저 떠올린 것이 마쓰시타의 '아타미 회담'이었다. 1960년대 초 판매망 붕괴라는 위기에 직면하자 당시 경영 일선에서 물러나 휴양 중이던 마쓰시타 고노스케가 사태의 책임을 지고 대리점 사장들을 아타미 지역의 한 호텔에 불러 모아 무려 13시간 동안 단상에 서서 그들의 불만을 경청했으며, 이후로 사흘간의 대토론을 거쳐 '현금거래'라는 획기적인 해결 방안을 찾아낸 일이다. 그 지혜는 삼성전자가 1985년 금성사를 추월하고 마침내 국내 가전 시장 1위에 오르는 데 결정적인 영향을 주었다.

또한, 1997년 IMF 외환위기를 극복할 때도 "이 일을 하지 않으면 회사가 망하는가?"라는 질문으로 유명한 마쓰시타의 'RIAL 방법론'을 적용해 원점에 서서 근본적인 혁신을 촉진할 수 있었다. 이처럼 나는 삼성인으로서 마쓰시타 고노스케의 '세 가지 신기' 덕분에 운명을 바꿀 수 있었다.

혼돈과 위기 속에서 더욱 빛나는 마쓰시타 리더십

마쓰시타 고노스케는 더 나아가, "모든 실패는 성공으로 가는 길의 한 단계"라고 여기며 역경을 성장의 기회로 인식하는 긍정적인 사고를 경영자로 살아가는 내내 견지했다. 그는 "상인에게는 호황, 불황이 따로 있을 수 없다"라며 중요한 것은 평소에 장사의 정도와 기본을 지켜 확실하게 일하고자 노력하는 자세임을 강조한다. 마쓰시타 고노스케의 이러한 가르침들은 현대 한국 경제의 리더들에게도 여전히 중요한 시사점을 던져 준다.

그중에서도 특히 '그럼에도 불구하고 감사'하는 마음은 위기를 기회로 바꾸는 긍정적 태도의 최고 경지를 보여 주는 듯하다. 그는 가난 덕분에 세상을 사는 지혜를 얻었고,

몸이 약해 평생 운동에 힘쓴 덕분에 건강하게 지낼 수 있었으며, 초등학교를 못 다닌 덕분에 모두를 스승 삼아 배움을 게을리하지 않을 수 있었다고 했다. 이러한 '그럼에도 불구하고 감사'의 긍정 마인드는 위기 속에서도 도약과 창의적 혁신을 가능하게 하는 정신문화의 토대가 되었으며, 훗날 세계평화와 행복을 지향하는 PHP Peace and Happiness through Prosperity 연구 활동으로 이어졌다. 이는 바로 '널리 인간을 이롭게 하라'는 한국의 홍익인간弘益人間 정신과도 맞닿아 있는 부분이다.

『마쓰시타 고노스케 경영이란 무엇인가』는 단지 옛 경영자의 발자취를 되짚는 것을 넘어, 혼돈의 시대 속에서 새로운 도전을 결심하거나 위기로 고뇌하는 대한민국 리더들에게 운명을 바꿀 지혜와 용기를 불어넣어 줄 것이다. 마쓰시타 고노스케의 귀한 가르침이 여러분의 삶과 경영에 밝은 등대가 되어 주리라 믿어 의심치 않는다. 내가 그러했듯 이 책을 통해 마쓰시타 고노스케를 바로 알게 될 모든 이들에게, 이 책이 행복한 성공을 이룰 신기가 되어 주기를 진심으로 바란다.

*

『장사의 마음가짐』, 『경영의 마음가짐』에 대하여

마쓰시타 고노스케의 '장사하는 마음'의 원점은 언제 어디에서 만들어진 것일까. 그것은 초등학교를 중퇴하고 오사카의 센바船場라는 지역에서 고용살이하면서 지냈던 시절부터로 추정된다. 센바는 에도시대부터 물류와 상업의 중심지로 일본 상인 문화를 가장 잘 계승하고 있는 지역이다. 태어나 자란 와카야마를 아홉 살 때 떠난 소년 마쓰시타 고노스케는 화로 가게에서 3개월 고용살이를 했다. 그 이후 자전거 가게에서 5년 정도 일하며 주인 부부로부터 손님을 대하는 태도, 몸가짐, 예의범절 등 상인이 갖추어야 할 기본 소양을 뼛속 깊이 배웠다고 한다.

그 가르침은 때로는 뺨을 맞는 엄한 것이었지만 마쓰시타 고노스케는 주인 부부를 지극히 존경했다. 그는 여러 장소에서 지난날을 회고하며 "지금 어린 시절을 곰곰이 되돌아보면, 주인 부부에게 혼나면서 몸에 익힌 장사하는 마음가짐과 그때 했던 여러 경험이야말로 내게는 그 무엇과도 바꿀 수 없는 보물이 되었다. 만약 그 고용살이 시절의 여러 경험이 없었다면 아마 지금의 나는 없었을지 모른다. 세상에는 좋은 학교가 많겠지만, 나에게는 고용살이가 가장 좋은 학교였다"라고 말했다(마쓰시타 고노스케, 「잊을 수 없는 사람, 내 견습생 시절의 주인」, 『이에노히카리家の光』, 이에노히카리협회, 1973년 3월호).

그 체험 중 하나로 그 후 마쓰시타 고노스케의 경영관에 커다란 영향을 미쳤다고 생각되는 에피소드가 있다. 처음으로 혼자서 자전거를 팔았을 때의 일이다.

견습생으로 들어간 지 3년이 지나 열세 살이 되었을 무렵이다. 당시 자전거 가격은 100엔 정도로 지금의 자동차 가격과 크게 다르지 않았다. 손님으로부터 구매 문의가 있더라도 혼자 방문해서 상담하는 것은 허락되지 않았다.

그러던 어느 날 근처 모기장 도매업체로부터 "자전거를 사고 싶으니 바로 가져와 달라"라는 전화를 받았다. 공교롭게 매니저도 점원도 모두 나가고 없었다. 가게 주인은 "손님이 급한 모양이니 서둘러 가 봐라"라고 마쓰시타 고노스케에게 역할을 맡겼다. 이전부터 한 번은 혼자 자전거를 팔러 가 보고 싶다고 생각한 마쓰시타에게는 둘도 없는 절호의 기회였다. 자전거의 성능을 그 업체 주인에게 열심히 설명했다. 열세 살 어린아이가 열심히 설명하는 것을 귀엽게 봤는지 그 주인은 "좋아 사겠다. 그 대신 10퍼센트 싸게 해 달라"라고 조건을 붙였다. 실제 가게에서도 10퍼센트 할인해서 팔고 있는 것을 알고 있던 마쓰시타 고노스케는 바로 승낙하고 의기양양한 모습으로 돌아와 주인에게 보고했다.

그런데 주인 입에서 나온 말은 질책이었다. "한꺼번에 10퍼센트를 깎아 주지는 않는다. 5퍼센트만 깎아 주겠다고 다시 말하러 갔다 와라." 아무리 견습생이라도 일단 그 가격에 팔겠다고 약속한 이상 이제 와서 약속을 어길 수는 없었다. "사장님, 그런 말씀 마시고 그냥 깎아 주세요"

라며 눈물을 보이고 부탁했다. 이에 주인은 어리둥절해 "너는 도대체 어느 쪽 직원이냐"라며 타이르듯이 말했지만 마쓰시타 고노스케는 눈물을 멈추지 않았다. 그러는 사이 그 업체 지배인이 "왔다 가더니 왜 연락이 없어"라며 가게를 찾아왔다. 자전거 가게 주인이 사정을 설명했고, 매니저로부터 그 내용을 전해 들은 모기장 도매업체 주인은 "꽤 재미있는 친구네, 그럼 5퍼센트 할인 가격으로 사지" 하고 연락했고, 결국 마쓰시타는 자전거를 파는 데 성공했다. 그뿐만이 아니라 도매업체 주인은 "그 견습생이 있는 동안 자전거는 여기서만 사겠다"라고 말하며 체면을 세워 주었다.

이건 하나의 에피소드에 불과하다. 그러나 장사에 열중하는 태도가 손님의 마음을 움직였다는 것을 통해 마쓰시타 고노스케는 장사의 심오함을 알게 되었고, 그 묘미에 눈을 뜨는 데 이 체험이 중요한 계기가 되었을 것이다.

1968년에 판매회사와 대리점용으로 제작된 『판매의 마음』이라는 자료의 서문에서 마쓰시타 고노스케는 다음과 같은 글을 남겼다.

"물건이 움직이고, 돈이 움직이고, 이로써 장사가 성립되는 것처럼 보이겠지만 한 가지 더 근본적으로 중요한 것은, 물건과 돈과 더불어 사람의 마음도 함께 움직여야 한다는 것입니다. 단순히 물건을 만들어 팔아서 돈만 받는 장사는 너무 삭막하다고 할 수 있습니다. 그래서는 안 됩니다. 물건과 함께 마음을 만들고, 물건과 함께 마음을 파는, 그리고 돈과 함께 마음을 받는, 즉 물건과 돈이 교환될 뿐 아니라, 그 사이에 서로의 마음이 오고 가는 것이 정말 중요합니다. 장사의 진정한 맛은 바로 여기서 찾을 수 있습니다."

아홉 살에 상업 세계에 들어가 60여 년 동안 마쓰시타 고노스케가 추구한 장사의 본질은 처음 혼자서 판매에 성공했던 그때의 체험에서 만들어졌는지도 모른다.

IT가 발전하며 상호 접촉이 줄고 장사의 양상도 많이 달라졌다. 앞으로 더 빠른 속도로 변해 갈 것이다. 그러나 진정한 장사의 맛을 설명하는 마쓰시타 고노스케의 생각은 장사나 경영의 방법이 바뀌더라도 보편성을 가지며, 올바른 장사와 경영의 모습을 재확인시켜 주기에 충분하다고 믿는다.

**『실천경영철학』, 『스스로 터득한 경영노하우의 가치는 백만금』에
대하여**

1978년 발간된 『실천경영철학』과 1980년에 발간한 『스스
로 터득한 경영노하우의 가치는 백만금』은 마쓰시타 고
노스케의 여러 저작물 중에서 경영자들의 평가가 유독 높
다. 그 이유는 이 두 권의 내용이 경영학 교과서와 같이 경
영에 관한 지식과 기술을 개진하는 것이 아니라, 실제 경
영자가 반드시 갖추어야 하는 기본적인 생각과 중요한 판
단의 근거가 될 수 있는 경영의 중요한 요소를 정확하게
풀어내고 있기 때문일 것이다.

이 두 권의 책이 시대를 넘어 설득력을 가질 수 있는 것
은 70년에 달하는 마쓰시타 고노스케의 풍부한 경험에서
비롯되었기 때문일 것이다. 초등학교조차 졸업하지 못한
제로에 가까운 학력의 마쓰시타 고노스케에게 작업 현장
의 하루하루는 경영의 수도장과도 같았다. 지식과 기술을

배워서 익힌 것이 아니라 스스로 체험하며 터득한 것이다.

훗날 마쓰시타 고노스케는 이러한 사실을 스스로 솔직하게 밝혔다. 1977년 어느 날 마쓰시타전기(현재 파나소닉)의 임원을 대상으로 한 PHP연구소의 세미나에 마쓰시타 고노스케가 불쑥 얼굴을 내민 적이 있었다. PHP연구소에서는 당시부터 마쓰시타 고노스케의 경영이념과 실천 사례를 주제로 경영의 지혜를 얻기 위한 세미나를 개최하고 있었다.

이번 연수에서 제시되는 것은 "내가 그때 그렇게 했다는 하나의 사례일 뿐이다. 시대가 변했기 때문에 그대로 적용하면 안 된다. 따라서 그때 그 정신을 지금의 상황에 맞춰 스스로 생각해야 한다. 그렇지 않으면 '책을 읽은 것'과 다를 것이 없다. 그런 결과를 원하지 않는다. 연수를 받고 느낀 점에 자신만의 생각과 특성을 더해야 한다. 그런 방법이 제대로 작동하지 않으면 역량이 있더라도 살리기 어렵다. 그렇기 때문에 자신의 장점을 스스로 파악해야 하는 것이다. 지금까지 내가 해 온 것은 다른 곳에서 들은 것도 있지만 대부분 스스로 생각해 낸 독창적인 것이었다. 물론 모든 것이 독창적이었다고도 할 수는 없다. 어렸을 때부터 고용살이를 하면서 배운 것이 머릿속에 남아 있었고, 나중에 그것으로부터 영감을 얻고 스스로 내 것으로 만든 것이다. 경영하는 방법도 모두 다르지만, 각자의 방식대로 성공한다. 따라서 절대적인 방법이 있을 수 없다. 역시 내가 누구인지 아는 것이 중요하다".

마쓰시타 고노스케는 종종 "'경영학'은 배울 수 있지만, '살아 있는 경영학'은 가르칠 수도 배울 수도 없다"라고 했다. 경영은 누군가에게 배울 수 있는 것이 아니고, 스스로 성공하는 방법을 찾을 수 있는지가 중요하다. 그런 의미에서 만약 이 책을 읽고 있는 독자 앞에 마쓰시타 고노스케가 나타난다면 앞서 연수에서 언급했던 이야기를 똑같이 할 것이 틀림없다.

'책 읽기'가 되어서는 안 된다고 말하면서 이 책을 권하는 것이 모순일지 모른다. 그럼에도 마쓰시타 고노스케가 오랜 경험에서 터득한 철학과 요령을 하나의 지표로 설정하고 그 진리를 일상의 경영에 반영시킨다면, 자기 경험에만 의지하는 것보다 나아갈 방향을 더 신속하고 정확하게 확립하는 데 도움이 될 것이다.

'동행이인同行二人'이라는 말이 있다. 불자가 지금의 규슈 지역을 순례하는 동안 홍법대사弘法大師(헤이안 시대 초기 승려)와 늘 함께한다는 의미로 쓰인 말이지만, 마쓰시타 고노스케를 그리워하는 많은 경영인이 지금까지 『실천경영철학』과 『스스로 터득한 경영노하우의 가치는 백만금』 두 권을 손때가 묻을 때까지 곁에 두고 봐 주신 것은 순례자와 같은 마음이었을 것이다. 앞으로도 자신의 경험과 마쓰시타 고노스케의 경영철학을 기반으로 경영의 방법과 비결을 찾는 데 이 책이 변함없는 노움이 되기를 바란다.

PHP연구소 경영이념연구본부

차례

1부
✳
사업과 경영의 기본에 대해

제1장 · 사업하는 마음

제2장· 사람을 대하는 자세

제3장 · 경영하는 마음

제4장 · 사람을 키우는 법

2부

✳

경영철학에 대해

제1장 · 경영할 때 알아야 할 20가지 원칙

제2장 · 깊이 있는 경영을 말하다

제3장· 경영인으로 살아간다는 것

共存共榮

공존공영
나 혼자 번영하는 일은 있을 수 없다
모두의 행복을 기원하며 공존공영을 바라야만
나의 행복과 사회의 번영이 실현된다

사업과
경영의
기본에 대해

共存共栄

松下幸之助

사업하는
마음

기본이 전부다

지금까지 내가 마쓰시타전기를 경영하면서 어떤 마음가짐으로 사업을 해야 하는지에 대해 기회가 있을 때마다 이야기해 왔고 글을 쓴 것이 여러 가지 있다. 최근에 그것을 하나로 묶었으면 좋겠다는 이야기를 상당히 많이 들었다. 그래서 그중에서 몇 가지를 골라봤다. 이렇게 정리를 해서 다시 읽어 보니 결국 사업은 다음과 같은 기본자세가 중요하다고 느꼈다.

즉 불교 신자의 하루는 '아침에 예배, 저녁에 감사'라고 알고 있는데, 우리 같이 매일 일을 하는 사람도 아침에 발의, 낮에 실행, 그리고 저녁에 반성, 이런 매일을 보내면 좋을 것이다. 같은 방법으로 매달, 매년 초에 발의하고 끝에는 반성. 그리고 5년이 지나면 그 5년분을 반성한다. 그렇게 하면 5년 동안 실행한 것 중 잘한 것과 잘못한 것을 어느 정도는 알게 된다고 본다.

내 경험에 따르면, 그동안 딱히 잘못한 것이 없었던 것 같다고 생각했어도 5년 후에 다시 생각해 보면 절반은 성공이었지만 절반은 하지 않아도 되는 실패였음을 알 수 있었다. 이렇듯 반성하면서 앞으로 나아가면 다음번에는 실패를 줄이면서 전진할 수 있게 될 것이다.

예컨대 사업은 발의, 실행, 반성이 중요하고 나 스스로도 그러한 기본자세를 더욱 중요하게 생각해야겠다고 새삼 통감하고 있다. 이 책이 적게나마 참고가 된다면 더할 나위 없이 행복하겠다.

1973년 1월 10일

마쓰시타 고노스케

항상 세상의 이치를
믿어라

•

강인한 추진력으로 매일 힘차게 사업을 해 나가기 위해 중요한 것 중 하나는 세상의 이치를 믿는 것이다. 세상이 어떤가에 대해서는 사람마다 해석이 다르겠지만, 나는 기본적으로 세상은 항상 옳고 세상이 바라보는 관점은 늘 건전하다고 생각한다. 만약 세상이 올바르지 않다면 내가 아무리 올바른 일을 하고 있어도 인정받지 못할 것이다. 이렇게 되면 여러 가지 불안감이 생겨 과감하게 사업을 추진할 수 없게 된다.

그러나 감사하게도 내가 엉뚱한 생각과 잘못된 행동을 하지 않는 한 세상은 나를 인정하고 지지해 준다고 보는 것이 타당하다. 나는 지금까지 갖가지 체험을 통해 이러한 점을 뼛속 깊이 느꼈다. 그래서 기본적으로 올바른 일만 하고 있다면 크게 걱정하지 않아도 된다고 생각한다.

즉 '올바른 일을 하면 고민거리는 생기지 않는다. 고민이 있으면 내가 일하는 방식을 바꾸면 된다. 세상의 관점은 늘 옳다. 따라서 항상 옳은 세상과 함께 열심히 일을 하자'라고 생각하는 것이다. 이런 생각 때문일까. 더 활기차게 경영할 수 있는 동력을 덤으로 얻고 있는 느낌이 든다.

물론 상황에 따라서는 잘못된 판단을 내리거나, 부당한 처우를 당하는 일이 있을 수 있고, 좋은 생각을 가지고 아무리 열심히 노력해도 세상이 몰라 주는 때도 있을 거다. 그러나 장기적인 관점에서 바라보면 역시 세상은 옳고 믿을 수 있다고 보는 것이 맞다. 그렇게 생각하면 큰 안도감이 생겨 부질없이 흔들리는 일 없이 활기차게 사업을 이끌어 갈 수 있다. 이는 규모에 상관없이 사업을 하는 사람 모두에게 공통으로 적용할 수 있다고 생각하는데, 여러분도 동의하는가?

협조 없는 경쟁은
파괴를 부른다

●

말할 필요가 없을지 모르지만, 사업에 있어 경쟁은 정말 중요하다. 모든 사업의 주체는 경쟁 상대가 존재하고 서로 지지 않기 위해 온갖 궁리를 해 가며 노력한다. 그 결과 더 나은 성과가 효과적으로 만들어진다. 즉 경쟁이 성장의 원동력이 되고 진화, 발전의 기초가 되는 거다.

그러나 그러기 위해서는 어디까지나 올바른 의미의 경쟁이어야만 한다. 공정한 생각을 바탕으로 질서를 존중해야 한다. 그렇지 않으면 그 경쟁은 이른바 과당경쟁으로 확산해서 성장과 진화는커녕 오히려 업계에 커다란 혼란을 불러오게 될 것이다. 즉 사업 경쟁은 전쟁과 같이 상대를 제압하는 것이 아니라 공존공영을 위한 경쟁, 서로 함께 성장하고 발전하기 위한 것이 되어야 마땅하다고 생각한다.

바꿔 말하면 항상 서로 대립하면서도 조화와 협조의 정신을 잊어서는 안 된다는 것이다. 대립한 채 서로 싸움만하며 협조를 하지 않으면 그 경쟁은 파괴에 이르게 될 것이다. 서로 힘을 앞세워 불꽃 튀는 경쟁만 한다면 공존공영은 물론 실현 불가능하고 자칫하면 둘 다 망하게 될지도 모른다. 결국 업계 전체가 피폐해지고 고객에게도 커다란 불편과 폐를 끼치게 될 것이다.

따라서 서로 각자의 발전을 위해 적정한 경쟁은 하더라도 평소 절대 지나치게 과한 경쟁은 피한다는 마음가짐을가지고 있어야 한다. 서로 양심적인 사업을 하면서, 항상대립하면서도 협조하려는 자세를 견지할 필요가 있다.

그리고 각자가 나름의 적성을 찾아 사업을 하면서 올바른 의미의 노력을 해야 한다. 또한 사업 규모와 상관없이 함께 번영할 수 있는 환경을 유지해 나가는 것이 중요하다. 그러한 서로의 태도와 행동이야말로 국가와 국민 전체가 공존공영하는 진정한 기초라고 나는 믿는다.

손님에게
얼마나 도움이 되었는가

●

사업을 할 때 중요하게 생각해야 하는 것에는 여러 가지가 있지만, 그중 하나로 다음과 같은 것을 거론할 수 있을 거 같다. 그것은 지금 운영하는 가게가 손님에게 과연 얼마나 도움을 주는지, 그들이 얼마나 기뻐하고 고마워하는지 여러 각도에서 끊임없이 자문자답해 보는 것이다.

만약 자신이 가게 문을 닫으면 손님이 "괜찮은 가게였는데 그만두다니 아쉽네"라며 안타까워할지, 나 스스로 그만한 가치가 있는 장사를 하고 있는지 늘 반성하고 검토해 보면 어떨까? 계속해서 그런 자문자답을 반복하면서 장사하면 "내가 하는 방식은 배려가 부족했다. 손님에게 이런 서비스를 해야 했어"와 같은 개선이 필요한 사항들이 나오지 않을까?

간단한 예로 진열 방식을 생각해 보자. 보통은 손님의 눈길을 끌어 상품을 하나라도 더 팔기 위해 진열을 한다. 그러나 가게를 찾는 손님에게 호감을 가지게 하고, 즐거움을 준다는 생각으로 진열하면 그 모양이나 위치가 달라진다. 많이 팔기 위한 진열보다 손님을 기쁘게 만드는 진열 방식은 당장의 판매 효과는 떨어질지 몰라도 은연중에 손님의 뇌리에 깊이 남아 장기적으로는 더 높은 성과를 올릴 수 있을 것이다.

나는 손님을 가장 최우선으로 생각하며 끊임없이 자기반성을 하면 자신의 가게가 존재하는 의의에 대한 확신이 생길 거라 본다. 사업에 대한 확신은 활력으로 이어지고 계속해서 새로운 아이디어를 만들어 내는 원동력으로 작용한다. 그 결과 가게도 자연스럽게 번창하게 되지 않을까?

물론 손님을 소중하게 생각하는 것은 누구나 사업을 하면서 당연히 염두에 두는 일이다. 그러나 너무 당연해서인지 의외로 소홀히 하고 잊어버리는 경우가 많다. 지금부터라도 새로운 마음으로 하루에 두 번, 세 번이라도 반성해보기 바란다.

판매에
성공하기 위해서는

●

기업경영에서 가장 어려운 지점은 판매가 아닐까? 제조에는 새로운 발견이나 발명이 있을 수 있다. 그러나 판매는 딱히 묘안을 떠올리기 쉽지 않다. 각 가게의 어느 판매 방식을 보더라도 눈에 띄게 기발해 보이는 방책은 거의 없어 보인다. 게다가 다른 회사와 비슷한 방침을 내세우면서도 그들보다 판매량을 늘려야 한다.

대부분의 사람은 와이셔츠 한 장도 주로 즐겨 찾는 단골 가게에서 살 것이다. 별로 내놓을 만한 특별한 이유가 있는 것은 아니지만 여기에는 훌륭한 근거가 있다. 손님은 자신에게 충분한 만족감을 제공하는 곳을 단골로 삼는 것이다.

이런 점을 생각해 보면, 성공적인 판매를 위해서 어떻게 해야 단골손님에게 기쁨을 주고, 어떤 식으로 손님을 맞아야 그들이 만족할지를 궁리하는 일이 무엇보다 중요하다는 것을 알 수 있다. 따라서 눈에 띄는 기발한 판매 방식이라는 것이 없는 세계에서 나만의 특색을 발휘하기 위해서는 무엇이 기본이 되는지를 생각해야 하는데, 그것은 바로 성심성의이다. 그리고 주고받는 언어에서 배어 나오는 느낌이 무엇보다 중요하다.

만담가의 이야기를 듣고 있으면 정말 재미있는데 그것을 문자로 읽으면 들을 때의 재미를 전혀 느낄 수 없다. 판매도 이와 마찬가지라고 본다. 아무리 훌륭한 각본을 가졌더라도 판매자가 얼마나 훈련을 쌓느냐에 따라 손님에게 맛깔나게 전달하는 정도가 차이 난다. 정해진 각본을 어떤 방식으로 고객에게 전달할 것인지 흥미를 갖고 연구를 하면 판매에 성공할 가능성이 그만큼 높아질 것이다.

어떤 회사든 판매에 대한 기본 방침이 있을 것이다. 그러나 정해진 그 각본을 활용하는 방식은 모두 다르게 나타난다. 그 방식은 판매를 담당하는 사람의 일에 대한 열정과 노력에서 비롯된다. 따라서 그런 판매 기술을 스스로 배워 익힌 사람에게 훌륭한 각본을 전달하면 '범에 날개'를 달아 주는 효과를 발휘해서 반드시 판매를 성공적으로 이루게 될 것이라 확신한다.

경품보다
먼저 내걸어야 하는 것

●

최근 경쟁이 치열해지면서 가게나 상점가가 제품 판매를 위해 여러 궁리를 하고 있다. 경품을 거는 것도 그 가운데 한 가지 방법으로, 많은 가게나 상점가들이 고객의 관심을 조금이라도 더 끄는 경품을 걸기 위해 갖가지 지혜를 짜내고 있다. 그 결과 심할 때는 해외여행 상품권 같은 경품까지 나온다.

나는 이런 경품을 붙이는 판매 전략은 고객이 좋아하기도 하고, 그것이 판매 촉진으로 이어진다면 나름의 큰 의미가 있다고 생각한다.

그렇다면 상품 판매에 붙이는 경품 중에서 그 어느 것보다 중요한 것이 있다면, 그것은 무엇일까?

여러 가지가 있겠지만 나는 그것은 친절한 '웃음'이 아닐까 생각한다. 물론 하와이 여행 상품권 등도 틀림없이 좋은 경품이다. 하지만 자기의 상품에 변함없는 관심을 가져주는 손님에게 감사의 마음이 듬뿍 담긴 친절한 웃음이란 경품을 평소에 나누어 주고 있었다면, 굳이 하와이 여행 상품권 같은 경품을 내걸 필요가 있었을까?

반대로 평소에 고객에 대한 친절한 웃음과는 담쌓고 살았으면서 갑자기 해외여행 상품권을 경품으로 마련한다 한들, 그것은 손님과 '경품 기간 동안만 유효한 관계'를 맺는 데 그칠 것이다.

따라서 경쟁사가 사업이 안 된다는 이유로 값비싼 경품을 내건다고 해서 우리도 같은 경품을 걸어야 한다고 생각하는 것은 바람직하지 않다. 결국 공멸을 부르는 과당경쟁이 될 뿐이다.

'경쟁사는 상식을 벗어난 경품을 내걸었지만 우리는 늘

한결같은 친절한 웃음을 손님에게 선물한다'는 마음의 경품이 중요할 것이다. 그래야 손님이 마음속으로 기뻐해 진정한 팬이 되어 주지 않을까? 사람마다 생각은 다를 수 있지만 나는 이렇게 믿는다.

자기 가게의 역량을
제대로 알아야 한다

●

자기 자신에 대한 평가를 잘못 내리면 해서는 안 될 일을
하고, 해야 할 일을 안 하게 된다. 그렇지 않으면 세상에 어
지러운 일들이 자주 발생하게 된다. 사회에 대한 우리의
의무 중 가장 으뜸은 자신을 판정하는 것, 자신의 가치라
고나 할까, 자신을 올바르게 인식하는 것이다.

　이것은 정말 중요한 일이다. 이것은 기업경영은 물론 가
게 운영에도 마찬가지로 적용된다. 상점의 점주가 스스로
가게의 가치를 정확하게 판단하지 못하면 대체로 실패한

다. 이웃 가게가 인테리어를 새로 하거나 종업원을 늘리면 자기도 그렇게 해야 한다고 생각하는 점주가 의외로 많다. 그러나 단순히 따라 해서는 실패할 확률이 높아진다.

그보다는 '저 가게는 그렇게 해도 돼. 하지만 우리 가게가 그렇게 하는 건 맞지 않아. 오히려 이렇게 하는 게 좋을 거야'라는 식으로 자기 가게의 특성과 능력에 맞는 운영 방법을 찾아야 한다.

자기 가게의 특성과 역량을 객관적으로 분명하고 정확하게 파악해 사업에 적용하는 것은 점주의 책임이고 생존의 철칙이다. 남의 떡이 더 커 보인다고 무턱대고 쫓아가서는 실패할 공산이 커지지 않을까?

최근에는 특정 사업이 조금 잘되면 너나 할 거 없이 달려들어 그 사업을 하고, 결국 과당경쟁이 일어나 모두가 망하는 경우가 종종 발생한다. 이는 자신의 역량을 제대로 파악하지도 않고 좋아 보이는 것을 무작정 쫓아가는 것으로, 결과적으로 서로 곤란한 상황을 맞게 될 뿐이다. 따라서 자기 자신에 대한 책임 있는 평가는 매우 고귀한 것이다.

기업 역시 마찬가지다. 자사의 역량을 제대로 판단해 그에 따라 적절한 경영을 해야 회사도 무난히 발전하며 사회에 규모에 맞는 공헌도 할 수 있다.

말을 건네는 서비스

●

사업을 하는 이상 그 어떤 시대를 막론하고 서비스라는 영역을 무시할 수 없다. 특히 앞으로는 전문가가 아니면 알 수 없을 정도로 복잡하고 다양한 제품이 쏟아져 나올 것이다. 그렇게 되면 서비스가 한층 중요해지리라는 것은 누구나 예상할 수 있다.

실제 잘 나간다는 가게를 보면 판매는 물론이고 그 이상으로 서비스에 신경을 쓰는 것을 알 수 있다. 특히 상품에 부족한 점이나 고장이 없을 때가 더 중요하다.

점점 날씨가 더워져서 슬슬 선풍기가 필요한 시즌이 다가오면, 고객에게 잠깐 들러 "작년에 사신 선풍기는 작동이 잘 됩니까?"라고 말을 건넨다. 또는 "저희가 납품한 상품의 상태는 어떤가요?"라고 물어본다. 이른바 '말로 하는 서비스'이다.

이런 서비스는 말 그대로 봉사와 같다. 물론 이렇게 한다고 즉시 효과가 나타나는 것은 아니다. 그러나 수요자 측은 기분이 좋고 도움이 된다고 생각할 것이다. 진정한 사업가는 이런 데서 즐거움을 느끼고 일의 보람을 찾는다.

그러나 아무리 말로만 하는 서비스라도 막상 이를 실행하기란 좀처럼 쉽지 않다.

가게 점주나 경영주 스스로 이 점을 항상 자각하고 있어야 하며 동시에 직원이나 점원에게도 귀에 못이 박히도록 강조해야 한다. 직원이 많을 때는 물론이고, 설령 한 명밖에 없을 때라도 요구하고 강조해 실행에 옮겨야 한다.

이렇게 하면 반드시 사업은 번창한다. 이런 마음가짐으로 근무하는 직원은 상품을 팔 때 다루는 방법도 친절하게 설명해 주며, 고장이 나기 전에 손질도 해 준다. 고객은 불편함을 미연에 방지해 주는 가게에 감동할 것이며, 민원도 줄어들 것이다.

물론 이런 서비스는 매장뿐 아니라 도매상과 제조업체까지 힘을 확실하게 모아야 가능한 일이다. 하지만 누가 뭐래도 그중 가장 중요한 곳은 수요자를 직접 상대하는 제일선인 매장이다.

보이지 않는 가치에도
가격을 매긴다

●

우리 회사 제품을 판매하는 대리점 사장과 이야기를 나누다가 "우리도 회장님 회사의 제품을 팔고 있지만 다른 곳에서도 팔고 있습니다. 그런데 같은 제품을 다른 곳에서 1만 엔에 팔면 우리도 1만 엔에 팔아야 합니다. 그러다 보니 더 싸게 파는 곳이 있으면 거기에 맞춰 가격을 내려야 합니다"라는 말을 들은 적이 있다.

나는 이 이야기를 듣고 일리가 있다고 생각했다. 그러나 나는 그것이 가장 중요한 건 아니라고 말했다.

즉 "중요한 건 가격을 맞추는 것이 아닙니다. 가격이란 건 애프터서비스나 배달 등을 여러 가지 편의를 종합한 가치로 판단해 결정해야지요. 다른 곳이 얼마에 파니까 우리는 얼마에 판다는 식으로는 제대로 된 사업을 할 수 없습니다"라고 대답해 주었다. 그런데 그는 "그래도 다른 곳에서는 싸게 파는데 어떻게…"라며 말꼬리를 흐렸다.

그래서 나는 "그러면 사장님 가게에서는 혼이 공짜입니까?"라고 반문했다. "저는 상황에 따라서는 다른 곳에서 1만 엔에 파는 물건에 1만 5000엔이라는 가격을 책정하기도 합니다. 그러면 '왜 다른 곳보다 비쌉니까?'라고 묻겠지요. 그럴 때 저는 '제품은 같지만 저희는 선물을 함께 드립니다'라고 대답합니다. 손님이 '그 선물이 어떤 겁니까'라고 물으면 '저희의 혼을 선물로 드립니다'라고 대답하지요. 제 경우처럼 사장님도 혼을 더해서 가격을 결정할 필요가 있지 않을까요?"라고 말해 주었다.

그러자 그는 내 의견에 동감을 표하며 "그렇군요. 그것까지는 생각하지 못했네요. 저는 가격으로 경쟁하는 것을 제일이라고 생각해 왔습니다. 그런데 말씀을 듣고 보니 혼이나 봉사 같은 눈에 보이지 않는 가치를 공짜로 팔 수 없으며, 정당한 가격이란 그런 가치를 포함해 책정한 것임을 이제야 알겠습니다. '우리 매장에서 파는 상품의 가격이 비싸졌다면 거기에는 우리의 혼 값, 즉 신용 값이 들어간 것이다. 따라서 무슨 일이 생긴다면 우리가 책임진다'라고 당당하게 주장하며 사업을 하라는 말씀이시군요"라고 말했다.

그 후 그 사장은 더욱 철저한 서비스로 고객에게 만족을 주면서 신용을 얻었다.

사업을 하며 누리는
가장 큰 보람

●

사업을 시작한 지 얼마 되지 않았을 때 한 선배에게서 이런 이야기를 들었다.

한 마을에 유명한 과자 가게가 있었다. 어느 날 그 가게에 거지가 만주(일본식 찐빵-옮긴이)를 사러 왔다. 과자에 대해서는 최고의 전문가라고 불리는 과자 가게에 거지가 만주를 사러 오는 일은 좀처럼 보기 어려운 광경이었다. 손님의 요구대로 가게의 꼬마 점원은 만주 한 개를 봉지에 담기는 했지만 상대가 상대였던 만큼 건네주는 걸 조금

망설였다.

그러자 그곳에 있던 주인이 점원에게 말했다.

"잠깐 기다려라. 내가 손님께 드릴게."

주인은 만주를 담은 봉지를 직접 거지에게 건네주고 만주 값을 받자 "정말 고맙습니다"라고 하며 깊이 고개를 숙였다.

거지가 가게를 떠나고 꼬마 점원은 이상하다는 표정으로 주인에게 물었다.

"지금까지 어떤 손님이 와도 사장님께서 직접 만주를 건네주신 적이 없는데, 오늘은 왜 직접 만주를 건네주셨나요?"

그러자 주인은 이렇게 대답했다.

"네가 이상하다고 생각하는 것도 무리는 아니지. 그러나 이것이 사업의 명리冥利란다. 항상 우리 가게를 찾아 주시는 손님도 분명히 고맙고 소중하지. 그런데 평소 오시는 손님들은 모두 돈이 많은 훌륭한 분들이고, 그런 분들이 우리 가게에 오시는 것은 그리 특별한 일이 아니야. 그저 만주 생각이 나면 아무렇지도 않게 들르는 거지. 하지

만 아까 그 손님은 오로지 우리 가게의 만주를 먹고 싶다
는 생각으로 자신의 전 재산인 1전이나 2전을 모두 털어
사셨을 거야. 그런 고마운 일이 또 어디 있겠니? 그러니 그
런 손님에게 주인인 내가 직접 만주를 드리는 건 당연한
일이 아니겠니? 그것이 사업하는 사람의 도리란다."

이 정도의 이야기이지만 몇십 년이 지난 지금도 내 머릿
속에 또렷이 남아 있다. 평생 그런 감격을 한번 맛보고 싶
어 하는 것이 사업하는 사람의 진정한 모습이 아닐까?

나 혼자만의 사업이 아니다

●

내 사업은 내 것이므로 처음부터 끝까지 혼자 힘으로 해 나간다고 생각하기 쉽다. 그러나 이는 터무니없는 착각이다. 즉 자기 것이지만 사실은 자기 것이 아니라는 점이 사업하는 하나의 묘미가 아닌가 싶다. 경영하는 사람들은 사업하는 데 소중할 수밖에 없는 단골손님과 거래처에 대해 여러 가지 방법으로 보상하려 한다. 이는 그 나름대로 건전한 상거래를 위해 좋은 생각이다.

그러나 아직 더 생각해야 할 요소가 그 밖에도 많다.

예를 들어 차가 다니는 도로를 생각해 보자. 만약 그 도로가 없다면 어떻게 될까? 매일 지겨울 정도로 공도를 이용하고 있지만 그 도로가 없어진다면 사업은 어쩔 도리가 없다. 그렇다면 늘 지나다니면서 특별히 고맙다는 생각 없이 이용했던 도로에도 사실은 보답을 해야 함을 알 수 있다. 그렇다면 어떻게 보답할 수 있을까? 우리가 세금을 내서 그 세금으로 도로를 보수하고 개량하는 방법밖에 없다. 그리고 세금을 내기 위해서는 서로 이윤을 내야 한다. 모든 사업체가 이윤을 내지 못해 세금을 못 낸다면 도로는 방치되고 망가져 결국 모두가 곤란에 처할 것이다.

도로만이 아니다. 그 밖에도 우리는 적지 않은 공공시설과 기관을 이용하고 있다. 또한 경찰, 소방 등의 치안 측면에서도 여러 가지 공공의 보호를 받고 있다. 이러한 보호와 도움이 있기에 사업을 지속할 수 있으므로 기업은 열심히 이윤을 올리고 세금을 내서 이에 보답해야 한다.

이런 관점에서 보면 사업을 할 때 낭비를 줄이고 능률을 높여 적정한 이윤을 올리는 일은 국민으로서, 사업가로서 중요한 의무이며 책임이다. 전화를 거는 것도 다섯 번 할 것을 세 번으로 끝낼 수 없을지 궁리해서 세 번으로 줄인다. 또한 사업하면서 나도 모르게 관성에 따라 발생하는 낭비를 줄이기 위해 노력한다. 이런 방법으로 경비를 줄여 이윤을 내도록 노력해야 한다. 이 점을 스스로 깨닫고 고객에게도 이해시켜 적절한 이윤을 사회적으로 승인받아야 한다. 사업은 결국 서로를 위한 것이다. 나는 이 지점이 정말 중요하다고 생각하는데, 여러분은 어떻게 생각하는가?

종합병원과 동네 병원

•

세상이 발전하면서 모든 분야에서 전문화, 세분화가 진행되었다. 의학계도 마찬가지로 분야가 세세하게 나뉘었고, 오늘날에는 전문 분야를 망라해 고도의 기구와 시설을 갖추고 대단위 병실을 마련한 종합병원이 많이 생겼다.

하지만 많은 사람의 의료복지가 종합병원만으로 모두 감당되는 것은 아니다. 그보다 수십 배나 많은 동네 병원이 수많은 환자를 진료하고 있다.

정밀검사를 받거나 큰 수술이나 장기 요양을 해야 할

때는 종합병원에 가지만 일상의 작은 병이나 상처는 가까운 동네 병원을 찾는다. 늘 찾는 동네 병원에서는 환자 한 사람, 한 사람의 병력을 소상히 파악하고 있을 뿐 아니라 상황에 따라서는 왕진도 해 준다. 평소에는 건강에 관해 충고해 주며 때로는 건강 이외의 가정 문제에 대해서도 상담해 준다. 동네 병원은 규모는 작으나 종합병원에서는 할 수 없는 중요한 역할을 한다.

이렇듯 종합병원과 동네 병원이 각각의 역할을 하고 있기 때문에 사회 전체의 의료복지가 원활하게 돌아가는 것이다.

이런 모습은 꼭 의료에만 해당하는 것은 아니다. 사업에도 똑같이 적용할 수 있다. 예를 들어 백화점이나 대형마트처럼 다채로운 상품을 마련해 놓은 대규모 유통점은 종합병원에 비유할 수 있다. 반면 동네 구멍가게나 작은 슈퍼는 동네 병원에 비유할 수 있다.

이렇게 생각해 보면, 고객 입장에서는 나름의 장점이 있어 두 쪽 모두 없어서는 안 되는 존재일 것이다. 백화점이나 대형마트에 가면 여러 상품을 한 번에 구매할 수 있는 편리함이 있다. 반면 동네 슈퍼는 거리상으로 가깝고 손님 개개인의 취향도 잘 안다. 상황에 따라서는 가게 문을 닫은 후에도 물건을 팔거나 배달해 준다. 그러므로 동네 슈퍼는 자신의 역할을 충분히 고려해서 이웃이기도 한 손님과 밀접한 관계를 맺고 기쁨을 줄 수 있어야 한다. 즉 마음이 통하는 진솔한 서비스를 하는 일이 무엇보다 중요한 판매 전략인 것이다.

그리고 이러한 동네 슈퍼의 역할을 중요하게 여기는 것은 유통 구조, 더 나아가 바람직한 우리 사회의 모습을 생각할 데 꼭 필요하다고 생각하는데, 여러분의 생각은 어떠한가?

새로운 시대의 가격

●

물건을 파는 여러 가지 방식 중에, 손님과 흥정하는 것은 옛날부터 있었던 전통적인 판매 방식 가운데 하나다. 예를 들어 손님이 물건값을 깎아달라고 요구하면 적당히 흥정해서 상대에게는 밑지고 판다는 인상을 주면서 실제로는 이익을 보는 장사 수법도 나름대로 의미가 있다. 그러나 생각해 보면, 이런 방식은 과거 에도시대라면 어떨지 모르지만 지금은 시대에 뒤쳐진 바람직하지 못한 방식이다.

현대사회의 제대로 된 상인이라면 자신의 신념과 사업관을 바탕으로 적정한 이윤을 확보하고, 고객을 소중히 여기면서 사회적 책임을 다해야 한다. 이것이 사회 공통의 번영으로 이어지는 바람직한 모습이다. 그리고 그러한 바람직한 상행위를 하기 위해서는 적당히 흥정해서 가격을 깎아 주는 것이 아니라 처음부터 충분히 검토해서 적정가격을 책정해야 한다. 그리고 적정가격 아래로는 절대 깎을 수 없다고 오히려 손님을 설득하는 것이 올바른 판매 자세라고 생각한다.

백화점은 이런 판매 방식을 성공시킨 가장 대표적인 사례이다. 이제 백화점에서 가격을 깎아 달라고 하는 사람은 없다. 그런데 만약 백화점이 상품 하나하나를 흥정해서 팔았다면 어떻게 되었을까? 흥정에 들이는 시간과 수고 때문에 점원이 지금보다 세 배는 더 필요했을지 모른다. 그렇게 되면 경비가 늘어나고 결국은 상품을 비싸게 팔아야 채산을 맞출 수 있었을 것이다.

이런 현상은 백화점뿐 아니라 슈퍼마켓도 마찬가지다. 상품 하나하나에 일일이 흥정을 하면 손님은 안심하고 쇼

핑을 할 수 없고, 슈퍼마켓 역시 인력과 경비가 더 필요해져서 순식간에 경영이 어려워질 것이다. 오늘날의 백화점과 슈퍼마켓은 적정가격, 즉 정가에 상품을 판매함으로써 생산성을 높여 진정한 의미에서 고객을 위한 사업을 할 수 있게 되었다.

일반적인 상점에서도 이런 판매 전략이 확산되면 능률을 더 끌어올릴 수 있을 것이다. 따라서 "저 가게는 흥정을 안 해. 하지만 값을 깎는 것 이상으로 가치 있는 서비스를 항상 받을 수 있지. 정말 친절하거든"이라는 평판을 손님에게서 받을 수 있도록 노력하는 것이 중요하다. 그것이 지금 시대에 어울리는 합리적 사업 방식이고, 그렇게 사업을 강화하는 것이야말로 고객에게 진심으로 봉사하고 가게도 번창하는 길이 아닐까?

단골을 늘리는
최고의 방법

●

사업을 하는 사람이라면 누구나 현재 100명인 단골 고객을 110명으로 늘리고 싶다는 바람을 가지고 있을 것이다.

그러나 새로운 단골을 확보하는 것은 말처럼 쉬운 일이 아니다. 갖가지 판매 방책을 강구해 내고, 그것을 끈기 있게 밀고 나가는 노력을 지속해야 함은 당연한 일이다.

단골 고객을 늘리는 최상의 방책은 의외로 간단하다. 새로운 고객에 연연하지 않고 현재의 단골 고객이 원하는 바를 미리미리 파악하고 최상의 서비스를 베푸는 것이다.

이것만 부지런히 해도 단골 고객은 자연스럽게 늘어난다. 최상의 서비스를 받은 단골 고객은 특별히 부탁하지 않아도 스스로 다른 손님을 데리고 와 줄 것이다.

"난 항상 저 가게에서 물건을 사는데 아주 친절하고 느낌이 좋아. 게다가 꼼꼼한 서비스에는 감탄이 절로 나온다니까."

평소 단골 고객이 친구에게 이렇게 말한다면, 그 친구는 '이렇게 말하는 걸 보니 틀림없겠는데. 나도 한번 가 봐야겠어'라고 생각하고, 훗날 가게를 방문하게 될 것이다. 사업하는 입장에서 특별한 것을 한 게 아닌데 저절로 한 명의 단골 고객을 확보하게 되는 꼴이 된다.

이런 점을 생각해 보면, 새로운 단골 고객을 확보하려는 노력을 거듭하는 것도 물론 중요하지만, 현재의 단골 고객을 소중하게 지키는 것은 그 이상으로 중요한 일이다.

극단적으로 말해, 단골 한 명을 지키면 단골 100명이 늘고, 단골 한 명을 잃으면 미래의 단골 100명을 잃게 된다는 마음가짐으로 사업을 해야 하는 것이다.

동종업자와
친분을 쌓아라

●

운영하는 가게에 들어온 손님이 어떤 상품을 찾는데 하필이면 그때 그 물건의 재고가 없다면 당신은 어떻게 하겠는가?

"정말 죄송합니다. 그 물건이 다 떨어졌습니다"라고 대답하고 말면 손님에게는 성의 없는 대답이 된다. "지금은 재고가 없습니다만, 즉시 주문해서 내일은 가져가실 수 있도록 조치하겠습니다" 정도의 대답이어야 손님도 그나마 이해할 것이다.

그러나 더 요령 있는 상인은 "우리 가게에는 당장 그 물건이 없지만 다른 데는 있을지도 모르겠네요"라며 옆 가게를 소개하거나 전화를 걸어 문의해 본다. 이렇게 하면 손님은 그 친절에 감동할 것이다. 물건이 떨어진 것이 오히려 가게의 신용을 높이는 결과를 가져오는 셈이다.

그렇지만 옆 가게와 사이가 나쁘다면 이렇게 하고 싶어도 하지 못한다. 그러니까 평소 근처의 동종업자들과 친분을 쌓는 일을 반드시 해 놓아야 한다.

요즘처럼 경쟁이 치열한 때에는 동종업자를 경쟁의 대상으로만 생각하기 쉽다. 물론 경쟁의식을 갖는 것은 중요하다. 그러나 생각해 보면 누구도 서로 싸우기 위해 사업하는 것은 아닐 거다. 따라서 같은 길을 걷는 동종업자끼리는 적정 수준의 경쟁을 하면서도 한편으로는 반드시 친분을 쌓아 놓아야 한다.

주변에 같은 업종의 매장이 새로 생기더라도 눈에 쌍심지를 켜는 것이 아니라 여유로운 마음으로 맞이해야 한다. 신입 가게주도 선배 가게주에게 겸허한 마음으로 깍듯이 대해야 한다. 이런 바람직한 태도는 그 지역 상가 전체에 대한 손님의 신용을 높일 것이다. 따라서 동종업자와 친분을 쌓는 마음은 손님을 우선하는 마음인 동시에 내 가게의 번영을 이루는 길이다.

상품은 자식처럼,
단골은 친척처럼

●

결혼 시즌이 되면 애지중지 키워온 딸을 시집보내야 하는 부모가 적지 않을 것이다. 훌륭한 어른이 되어 새로운 자립의 길을 걷기 위해 첫걸음을 내딛는 딸을 바라보는 부모의 마음속에는 딸을 떠나보내는 안타까움과 영원히 행복하기를 바라는 소망, 새로운 사돈을 얻는 데 대한 기쁨 등 만감이 교차할 것이다.

그렇게 시집을 보내고 나면 이번에는 여러 가지 신경이 쓰일 수밖에 없는 것이 시댁이다. '시댁 식구들이 우리 애를 마음에 들어 하려나' '건강하게 잘하고 있을까?' 등의 걱정이 끊이질 않는 것이 세상 부모들의 마음일 것이다.

고객에게 상품을 파는 사업을 하는 것도 이와 다르지 않다고 할 수 있을 것이다. 즉 우리가 매일매일 취급하고 있는 상품은 애지중지 키운 딸과 같다고 할 수 있다. 그 상품을 고객에게 파는 일은 딸을 시집보내는 것이며, 상품을 산 손님과 자신의 가게는 새로운 친척이 된 셈이다. 귀여운 딸이 시집간 시댁이 단골 고객이 된 것이나 다름 없다고 생각한다.

이렇게 생각하면 단골 고객과 그 고객에게 판 상품의 상태 등이 자연스레 신경 쓰일 것이다.

'손님이나 그 가족이 마음에 들어 하며 사용해 주고 계실까?' '고장이 나지는 않았을까?' '근처에 왔으니 잠깐 들러서 살펴보고 갈까?' 등, 딸이 시집간 시댁을 떠올릴 때와 비슷한 감정이 자연스럽게 솟아난다고 할 수 있다.

이런 마음으로 하루하루 성실하게 사업을 하면, 단순히 '사고판' 관계를 뛰어넘어 고객과 좀 더 깊은 신뢰 관계가 만들어질 것이다. 이렇게 되면 고객도 기뻐하고 나아가서는 가게도 번창할 것이라 생각한다.

　상품은 자신의 딸이며, 고객은 사돈이나 한 가족이라는 생각을 가지고 매일 사업을 하고 있는지 새삼 돌아보자.

단골 거래처의
구매 담당이 되자

●

장사하면서 물건을 팔 때는 자신이 취급하는 상품에 대해 완벽하게 파악해 자신 있게 판매하는 것이 무엇보다 중요하다. 단 그때 주의해야 할 일은 단순하게 판매할 상품의 특장점만을 파악하는 것이 아니라, 구매하는 사람의 입장, 즉 거래처의 구매 담당자 입장을 깊이 고려해 보는 것이다.

기업의 구매 담당자는 필요에 맞춰 물품을 사는 것이 일이다. 품질은 어떤지, 가격은 적당한지, 필요한 양은 어느 정도인지, 언제 구입해야 옳은지 등을 하나하나 검토하면서 되도록 자신의 회사에 이익이 되도록 하는 것이 그의 역할이다.

따라서 자신이 단골 거래처의 구매 담당자라고 생각해보면 된다. 지금 단골 거래처는 무엇을 원하고 있는지, 어떤 수준의 물건을 얼마나 원하는지 파악하고, 그런 관점에서 물건을 파악해서 거래처의 마음에 들도록 추천해야한다.

한 주부가 저녁 반찬을 사러 생선 가게 앞에서 이것저것 살펴보고 있을 때, 가게 주인이 그 주부의 의중을 짐작하고 "이건 어떠세요? 이 생선은 가격도 적당하고 지금 드시면 딱 좋아요. 남편께서도 좋아하실 거예요"라며 필요할 만한 상품을 골라서 권유하면, 곧바로 구매로 이어진다. 그 아주머니는 기분 좋게 장을 보고 가게도 번창할 것이다.

생선 가게만이 아니라 다른 가게도 마찬가지다.

단 구매를 담당하는 사람은 일에 너무 충실한 나머지 그저 싸기만 하면 좋다는 생각에 물건값을 무턱대고 깎는 경향이 있다. 이는 사람이 가질 수 있는 자연스러운 심리 이므로 어쩔 수 없는 측면도 있지만, 나는 이게 반드시 좋은 일은 아니라고 본다. 왜냐하면 거래 시에는 파는 쪽과 사는 쪽 모두가 즐거워야 하며 양쪽이 합당한 이익을 교환한다는 원칙이 지켜져야 오래 지속되기 때문이다. 무작정 가격을 깎는 행위는 결국 서로를 위하는 일이 아니다. 그러므로 거래처 구매 담당자로서 쌍방의 이익을 생각하는 상거래를 하면서, 한편으로는 단골 거래처의 입장에서 상품을 보려고 노력해야 한다.

업계의 안정은 공동의 책임

•

어떤 사업이든 그렇겠지만, 내 사업체나 다른 사업체가 함께 발전하고 번영하기 위해서는 업계 전체가 늘 건전함을 유지해 세상 사람들에게 신뢰를 얻는 것이 중요하다. '저 업계는 신뢰할 수 있다. 어떤 사업체를 가더라도 좋은 상품을 적절한 가격에 팔고, 손님에게 좋은 서비스를 제공하거든. 그러니까 안심하고 물건을 살 수 있어'라는 말을 듣는다면 손님을 만족시키면서 동시에 각 사업체도 번창할 수 있다.

그러기 위해서는 그 업계에 속한 개별 사업체 모두가 건전함을 유지해 고객의 믿음을 얻어야 한다. 만약 그렇지 못하고 업계에 불건전한 사업체가 많으면 '저 업계는 아니야. 도무지 믿을 수가 없어'라는 평가를 받아 업계 전체가 공동의 커다란 손실을 입게 된다.

　이렇게 생각해 보면, 자신의 사업체를 건전한 상태로 유지하는 것이 제일 중요하다는 것은 물론, 이와 동시에 다른 업체와 잘 협조해서 업계 전체의 공통 신용도를 높이는 일에도 신경을 써야 한다. 물론 그렇다고 다른 업체와 사이좋게 지내는 데만 신경을 쓰고 서로 경쟁하는 모습이 사라지게 해서는 안 될 것이다.

　그러니까 서로 올바른 의미에서의 경쟁, 질서 있는 대립을 적극적으로 펼치면서 그 대립과 경쟁 속에서 조화를 찾아내야 한다. 즉 대립하면서 조화를 이뤄 업계 전체의 건전성을 추구하고, 동시에 신용도도 높일 수 있는 방법을 강구해야 하는 것이다.

　이렇듯 업계 전체가 세상 사람들에게 믿음을 주는 것, 이것이 새로운 시대에 업계가 추구해야 할 모습이다. 또한 그러한 모습을 서로 협력해서 실현해 나가는 것이 사업하는 사람이 가져야 할 중요한 의무 중 하나다.

어린 직원 스무 명의 얼굴

•

내가 막 판매를 시작했던 1920년대 후반, 처음으로 도쿄에 물건을 팔러 갔을 때였다. 도쿄의 도매상을 일일이 돌면서 물건을 보여 주고 사 달라고 부탁했다. 그러자 도매상 주인들이 얼마냐고 물어봤다. 내가 "15전입니다"라고 대답하자 그들은 "15전이라, 지금 시세가 맞네. 그런데 이봐, 같은 값이라면 도쿄 물건을 사겠네. 도쿄에 와서 오사카 물건을 팔려면 좀 더 값을 낮춰야지"라면서 14전이나 13전으로 하자고 말했다.

이런 말을 한 도쿄 도매상도 틀린 건 아니었다고 본다. 그러나 나는 "그런 말씀 마시고, 값이 비싸다면 생각을 해 보겠습니다만, 시세가 대체로 맞다면 사 주셨으면 합니다"라고 말했다. 그러나 상대는 "역시 처음 방문해서 시세대로 팔려고 하는 것은 너무 당돌한 생각이다. 그러니 1전 깎는 게 어때?" 하며 완강하게 나왔다. 그래서 나는 그 말이 옳을 수도 있겠구나 싶어 14전에 팔기로 마음먹었다.

그런데 그 순간 문득 내가 데리고 일하는 스무 명 가까운 직원들의 얼굴이 떠올랐다. 나보다 나이 어린 그들은, 우리 회사가 생긴 뒤 처음으로 도쿄에 물건을 팔러 가는 나를 전송해 주었다. 나는 '15전에 팔기 위해 만든 물건인데 나 혼자 결정해서 싸게 넘길 수는 없다. 모두가 힘을 합해 비지땀을 흘리며 만든 제품인데, 어떻게 내 마음대로 결정할 수 있는가?' 하는 생각이 들었다.

그래서 나는 다시 힘주어 상대에게 부탁했다. "그 말씀도 이해가 가지만 이 상품은 우리가 밤낮을 가리지 않고 열심히 만든 제품입니다. 다시 한번 생각해 주십시오." 결국 그들은 시세대로 제품을 사 주었다. 양은 많지 않았지만 이런 방식으로 도매상 일고여덟 곳을 돌며 물건을 모두 팔 수 있었다.

그런데 그 후에도 도쿄의 도매상들은 내가 신상품을 가지고 갈 때마다 가격을 깎으려 했다. 그러나 나는 물러서지 않고 가격을 내리지 않았다.

그러자 이제 그들은 아예 가격 흥정도 하지 않고 처음부터 물건을 사지 않으려 했다. 이런 방식으로는 사업을 더 해 나갈 수 없었다. 나는 가격 책정 문제를 다시 생각했다. 상품을 생산하기 이전부터 치밀하게 가격 계획을 세우고 최대한 저렴하게 그리고 안정된 가격으로 팔아야겠다고 생각했다.

이 방식이 쉬운 일은 아니었다. 가격을 정하는 데 남들보다 훨씬 힘을 쏟았다. 그 결과 내가 책정한 가격이 시장에서 점차 적정한 가격으로 인정받게 되었다.

상품을 소중하게

●

사업 규모에 상관없이 사물의 원리 같은 것은 공통으로 적용된다.

예를 들어 상품을 소중하게 취급하는 것도 그중 하나이다. 사람의 심리는 묘한 구석이 있다. 가령 1000엔짜리 지폐가 있다고 하자. 누구도 이것을 함부로 다루지 않을 것이다. 돈은 지갑에 가지런히 넣거나 금고를 이용하는 등 어찌 되었든 아무렇게나 내버려두지 않는다. 목숨 다음으로 소중한 것처럼 다룬다.

그런데 이것이 상품이 되면 왠지 모르게 홀대를 받는다. 1000엔의 가치가 있는 상품이 1000엔짜리 지폐와 같은 취급을 받는 것 같지는 않다. 그래서 무심결에 아무렇게나 내버려둔다. 제대로 정리하지 않아 먼지가 쌓인 채로 가게 안 한쪽 구석에 놓아두기 십상이다. 바로 이 부분이 정말 중요하다. 내 경험에 비추어 봤을 때 이렇게 상품을 취급하는 경향이 강한 가게일수록 발전하지 못한다.

물론 예외가 있을 수 있고 반드시 그렇다고 말할 수 없을지 모르지만 대체로 그렇다고 보는 것이 맞을 것이다. 반대로 돈을 다루듯 상품을 귀하게 여기고, 항상 깨끗하고 소중하게 관리하며 진열하는 가게는 대체로 발전하는 것 같다.

내가 알고 있는 어떤 대리점 사장은 매일 밤 자기 일이 끝나면 단골 소매점을 두세 곳씩 방문했다. 그곳에서 무엇을 했는가 하면, 먼저 지저분하게 흩어져 있는 부분을 정리하자고 힘껏 설득해서 마치 그 가게의 주인인 양 상품 정리, 진열, 청소에 이르기까지 세세한 부분까지 도움을 주었다.

그렇게 반년 정도 계속하자 그 열정이 이끌려 소매점 주인은 물론 그 아내들까지 솔선해서 상품을 소중하고 깨끗하게 다루기 시작했다. 소매점들은 눈에 띄게 상품 진열이 바뀌었고 자연스럽게 매출도 늘었다. 그리고 더불어 자신이 운영하는 대리점의 이윤도 증가했다고 한다.

아무것도 아닌 것 같지만 바로 이것이 사업하는 요령이자 비결이다. 규모가 크든 작든 사업을 하는 이상, 자기가 취급하는 상품을 돈과 같다고, 아니 돈보다 더 귀하다고 생각해야 한다.

서비스의 가치를
얼마나 이해하고 있는가

•

요즘 사람과 사람 사이에 왠지 모르게 윤활유가 부족한 것 같다는 생각이 드는데, 그만큼 서비스 정신이 더욱 강하게 요구되어야 하는 것이 아닌가 생각한다. 즉 요즘 같은 시대일수록 우선 서비스부터 생각하는 것이 옳다는 생각이다.

서비스를 적절하게 하느냐 못하느냐에 따라 다른 사람의 만족 여부가 결정된다. 그 만족 여부는 지지 여부로 이어지고, 이는 결국 기업의 번영 여부를 결정짓는 것이다.

서비스 정신은 사업에 종사하는 사람에게는 물론이고 그 외 모든 사람에게도 필요하다. 친구에게도 서비스가 필요하다. 자기 회사 직원에 대해서도 당연히 서비스가 있어야 한다. 그리고 고객에 대해서도 사회에 대해서도 서비스 정신이 필요하다. 모든 것이 서비스에서 시작된다고 해도 무방하다.

회사에서 일하는 사람은 자기 회사에 대한 서비스에서 가장 가까이 있는 사람이다. 그런데 그런 서비스를 분명하게 이해하는 사람은 그다지 많지 않은 것 같다. 나라와 나라 사이에서도 서비스에 소홀한 나라는 낙후된다. 낙후되지 않는다 해도 결국 인기를 얻지 못하는 나라가 된다. 지금은 그런 시대이다. 이런 시대에 사는 우리는 가까이에 있는 서비스를 잊어서는 안 된다.

한마디로 서비스라고 하더라도 그 내용은 다양할 수 있다. 웃는 얼굴로 서비스하는 경우, 예의를 차려 서비스하는 경우, 또는 일을 좀 더 정확히 함으로써 제공할 수 있는 서비스도 있다.

복도에서 마주쳤을 때 가볍게 목례를 건네지도 못해서

는 서비스가 불가능하다. 모르는 사람일지라도 또는 단골 손님이 아니더라도 일단 고개를 숙여 인사하는 것이 인간으로서 갖추어야 할 도리일 것이다. 개나 고양이는 이런 행동을 하지 않는다. 모르는 사람이 오면 짖거나 물거나 조용히 그 자리를 피할 것이다. 하지만 사람이라면 자기 회사를 방문한 사람과 마주쳤을 때 업무와 관련된 사람이라고 생각하고 살짝 웃음 띤 얼굴로 인사하는 것, 그것이 바로 서비스이다. 서비스란 사람이 지켜야 할 올바른 예의인 것이다.

소비자와 기업의 관계는
성군과 충신

●

1950년대 초 내가 처음 유럽에 샀넌 때의 일이다. 어떤 대기업 사장으로부터 이런 이야기를 들었다.

"마쓰시타 씨, 저는 소비자는 왕이며 우리 회사는 그 왕을 모시는 신하라고 생각하고 있습니다. 그래서 우리는 왕인 소비자가 하는 말은 아무리 무리가 있더라도 들어야 한다. 그것이 우리의 의무다. 그런 방침으로 일하고 있습니다."

지금이야 '소비자는 왕이다'라는 말이 일본에서도 널리

쓰이고 있지만, 내가 이 말을 들은 건 무려 수십 년 전의 일이다. 내 귀에는 정말 신선하게 들렸다. 나는 그렇구나. 정말 그 사람의 말이 맞다. 아주 제대로 된 말이라는 생각이 들어 감탄했다.

그러나 동시에 나는 이런 생각도 해 봤다. 왕이 신하나 백성을 돌보지 않으면 신하는 일할 의욕을 잃고 백성은 가난에 신음하게 된다. 그 결과 나라도 곤경에 빠진 사례가 적지 않다. 결국 왕이 자기 멋대로 행동하면 이윽고 왕 자신도 어려움에 빠지게 된다.

그러므로 왕이 무리한 요구를 하더라도 들어주는 것이 충성을 드러내는 한 가지 방법일지 모르지만 진정한 신하라면 왕이 잘못하지 않도록 고언을 아끼지 말아야 한다. 이를 위해서 왕의 노여움을 각오하고 고언을 해야 할 때도 있다고 생각한다. 이렇듯 왕이 남을 헤아릴 줄 아는 성군이 될 수 있도록 노력하는 것이야말로, 진정한 의미에서 왕을 염려하는 충신이며 백성이라고 할 수 있을 것이다.

최근 소비자의 입장이 점점 중시되고 있는 점은 정말 바람직하다고 본다. 하지만 여기서 다시 한번 '소비자는 왕이다'라는 의미를 되새겨 봤으면 한다. 그렇게 소비자는 성군이, 기업은 충신이 되어 나라와 사회가 진정한 번영을 이룰 수 있기를 바란다.

단골 고객과
구입처를 신경 써라

●

다른 페이지에서 '상품을 소중하게'라고 말했지만, 이건 요컨대 '사업을 소중하게'라는 것과 일맥상통하는 면이 있다. 즉 사업이라는 것을 더 소중하게 생각해야 하고 사업에 정성을 쏟아야 한다는 뜻과 다르지 않다.

물론 사업을 하는 한 누구도 적당히 하려는 사람은 없을 것이다. 모두 각자 최선을 다해 사업을 한다. 그러나 정성을 다해 사업하기란 생각처럼 쉬운 일이 아니다.

예를 들어 사업을 하는 이상은 돈을 벌어야 한다. 이는 당연한 일이다. 그러나 단순히 돈만 벌면 된다는 식으로 생각해서는 곤란하다. 거기서 한발 더 나아가 무엇을 위해 돈을 벌어야 하는지 뚜렷한 해답을 가지고 있어야 한다. 돈을 버는 행위에 대한 진의라고나 할까, 여기까지 생각해서 분명한 신념을 가지고 있지 않으면 사업을 할 때 진정한 힘이 솟아나지 않는다.

일반적으로 나라와 사회에 대해 논하면 격조 높은 이야기로 간주하지만 돈 버는 사업에 관해 이야기하면 왠지 격이 떨어지는 것처럼 생각하는데, 이는 정말 틀렸다고 본다. 돈 버는 사업에 관해 이야기하는 것은, 실은 나라와 사회를 논하는 것과 같다고 본다. 즉 장사를 하거나 사업을 하는 행위는 정말 격조 높은 일이며, 자신과 긍지를 갖고 더 격조 높은 사업을 할 수 있도록 노력해야 한다.

이런 생각으로 사업을 소중하게 여기며 정성을 다하면 자연스럽게 단골 고객이나 구입처가 마음에 걸릴 것이다. 단골 고객과 구입처를 빼면 사업은 성립하지 않기 때문에 그들이 신경 쓰여서 한시도 가만히 있을 수 없을 정도이다. 그리고 '그 거래처에 판 제품은 보수할 때가 된 것 같은데'라든가, '이 고객에게는 이번에 새로 나온 이 제품을 권해 볼까' 등의 여러 가지 생각이 떠오른다. 이것은 자연히 구입처에 대한 적극적인 의견 제시로 이어진다.

만약 단골 고객과 구입처가 끊임없이 신경 쓰이지 않는다면 사업을 그만두는 것이 좋다. 너무 심하게 말하는 것 같지만 정성을 다하는 사업이 되려면, 자나 깨나 항상 그들이 신경 쓰여야 한다.

단골 고객의 고마움

•

마쓰시타전기의 50년 역사 속에서 여러 가지 일이 있었다. 기쁨도 있었고 가슴속 깊이 어려움과 고난을 느낀 적도 있었다. 그 역사를 되돌아보면 정말로 감개무량하다.

감개무량한 역사를 떠올릴 때마다 가장 먼저 생각하는 것은 그때마다 도움을 준 고객에 대한 고마움이다.

당장 내일 지급할 돈이 없거나 물건이 쌓여 팔기가 곤란할 때 힘을 주고 도움의 손길을 내밀어 준 곳이 단골 거래처였다.

옛날부터 오사카와 에도의 상공업자들에게는 하나의 통칙으로서 '단골손님이 사는 방향으로는 다리 뻗고 자지 말라'라는 가르침이 오랫동안 전해졌다고 여러 서적에 기록되어 있다. 이는 여러분도 알고 있는 바와 같다.

옛날 사람들은 자신의 가게가 오늘에 이를 수 있었던 것은 자신의 가게를 찾아 준 단골손님 덕분이라고 생각해 그쪽으로 다리를 뻗고 자는 것조차 두려워한 것이다. 이와 함께 화재경보를 들으면 무슨 일이 있어도 달려가 도운 것이 에도시대 상인들의 기개였다고 여러 서적을 통해 전해진다.

여러 어려움에 직면했을 때마다 내게도 결국 옛 상인들의 그런 정신이 떠올랐다. 단골손님만큼 감사한 사람이 없다는 것을 마음 깊이 새기고 있다.

이는 시대가 바뀌었다고 해도 변할 수 없는 진리일 것이다. 그렇기 때문에 이익과 손해를 초월해 후원해 주고 그 가게 혹은 기업을 이 사회에 봉사할 수 있도록 키워 주는 단골손님이 고마운 것이다. 이것이 바로 후원해 주는 고객의 진정한 마음이라고 생각한다.

권유하는 판매 방식의
중요성

●

사업 방식은 시대와 함께 서서히 변하는 것이다. 더욱이 오늘날의 사업은 예전에 비해 '단골 고객에게 권유하는' 방식의 필요성이 점점 높아지고 있는 듯하다. 몇 년 전까지는 주로 가게를 찾아오는 손님에게 이것저것 설명하고 상품을 권해서 그 상품을 구입하게 만드는 방식이 대부분이었다. 그런데 요즘은 더 능률적인 판매 방식이라고 할까, 반대로 이쪽에서 손님을 찾아가 적극적으로 권유해 수요를 만들어 내는 것이 매우 중요해진 것 같다.

사업을 하면서 단골 거래처가 '이건 참 좋은 물건이다. 쓰면 정말로 편리하다'라고 생각할 만한 상품을 발견했다고 하자. 이럴 때 '빨리 이 상품을 손님에게 소개해서 기뻐하도록 만들자. 그것이 사업을 하는 사람으로서 사명'이라고 생각하고 고객을 찾아다니며 권유한다. 이것이 정말 중요하다.

그렇다고는 하지만 똑같이 단골 거래처를 찾아다니는 방식이라 할지라도 '그거야 그렇게 하는 편이 잘 팔리고 이익이 되니까'라고 생각할 수도 있다. 그리고 이런 생각으로 어느 정도는 성과를 올릴 수 있다. 하지만 이는 세상을 위한, 고객을 위한 사업으로 성립할 수 없다. 진정한 사업을 하기 위해서는 '이것은 손님을 위한 상품이다'라는 확신을 가지고 고객에게 적극적으로 추천할 수 있어야 한다.

그래야만 손님도 자연스럽게 그 열의에 이끌려 '한번 써 볼까!' 하고 생각하게 된다. 실제로 써 보고 편리하면 손님도 기뻐하게 된다. 그 결과 '저 사람은 연구도 많이 하고 정말 열심히 산다'라는 고객의 신뢰가 쌓여 자연스럽게 사업도 번창하게 되는 것이다. 중요한 것은 기쁜 마음

을 가지고 고객에게 권유하는 것이다. 그렇게 해야 가깝게
는 자신의 고객을 기쁘게 하고, 나아가 세상과 사람을 위
하는 사업이 될 수 있다.

판매자도 상품 개선에
기여해야 한다

●

판매업 또는 유통업은 상품을 사들이고 되파는 과정에서 이윤을 남기는 일이다. 그러나 상품을 사들여 되파는 것이 전부는 아니다. 나는 여기에 또 한 가지, 판매업을 하는 사람으로서 잊지 말아야 할 점이 있다고 생각한다. 한마디로 말하면 '상품을 발의'하는 것이다.

단순히 상품을 매매하는 것이 아니라 그 상품에 관해 곰곰이 생각해서 '이 상품은 여기를 이렇게 개선하면 더 좋아지겠군' 또는 '이런 특징이 있는 신제품을 만들어 보면 어떨까'처럼 판매하는 사람 입장에서 생각해서 그것을 제조업체에 전달하는 것이 중요하다.

물론 상품을 만드는 것은 제조업체의 역할이다. 신제품 개발도 제조업체의 사내 연구소 등에서 진행하는 것이 당연하다고 본다. 따라서 판매하는 사업체는 그 상품을 구매해서 팔면 된다고 생각할 수도 있다.

그러나 판매하는 사업체 사람은 그 상품을 사서 사용하는 사람의 입장을 누구보다 잘 알고 있다. 수요자가 상품을 사용하면서 느낀 불편함이나 요구사항 등을 들을 수 있는 기회가 가장 많은 사람이 판매하는 사람이다. 따라서 진정으로 고객의 니즈에 맞는 상품을 판매하기 위해서는 불만이나 요구사항을 그냥 듣고 넘기지 말고 그 내용을 충분히 음미해서 자신만의 아이디어를 만들어 내야 한다. 그리고 그것을 제조업체에 전달해 개선과 개발을 추진할 수 있도록 강하게 요청하는 것이 무엇보다 중요하다. 그래야만 비로소 사회에 유익한 진정한 의미의 장사가 가능해지는 것이 아닐까? 실제 미국에서는 판매업체가 제조업체의 상품 개발에 발의하고 강하게 요구하는 사례가 많다. 나는 이런 방식이 새로운 상품이 연이어 세상에 나오는 하나의 중요한 통로가 되어야 한다고 믿는다.

실제 이런 일이 성사되는 건 상당히 어렵지만, 여기까지 생각해 보아야 장사하는 진정한 묘미를 느낄 수 있다. 또 동시에 수요자와 제조업체로부터 믿고 의지할 수 있는 판매자로 발전할 수 있다.

불황이니
더 재미있다

●

우리가 사는 세상은 우리 인간이 만들어 낸 것이다. 따라서 경기가 좋아지고 나빠지는 것은 인위적 현상이며 절대 자연현상이 아니다. 따라서 호황이나 불황은 원래 있을 수 없는 일이지만, 그럼에도 현실에서는 불황이 발생한다. 사업을 하는 사람들에게 불황은 정말 걱정스러운 존재이다.

그러나 불황에는 불황 나름의 대처 방안이 있다. 예를 들어 '불황이라도 상관없다. 불황이니까 더 재미있다'라고 생각해 보는 것은 어떨까? '온 세상이 불황이니까 내 가게도 장사가 안되는 게 당연하다'라고 포기하거나, 혹은 '어쩌면 좋지' 하며 우왕좌왕하고 있으면 그 가게도 그 예상대로 움직이지 않을까? 그러나 '불황이니 더 재미있겠군. 이럴 때일수록 내 실력을 더 발휘할 수 있겠는데'라고 생각하고 훨씬 더 장사에 힘을 쏟으면, 그 과정에서 발전과 번영의 길을 찾을 수 있을 것이다.

예를 들어 작년에 너무 바빠서 하지 못했던 고객 사후 관리를 이참에 제대로 해 볼까, 가게를 깔끔하게 정돈해 볼까처럼, 그동안의 느슨했던 경영을 회복하는 계기로 만드는 것이다. 외부의 힘을 빌리지 않고 스스로 축적한 역량으로 하나하나씩 착실하게 실행해 나가는 것이다. 그렇게 한발, 한발 나아가는 과정이 더디게 보일지 몰라도 다른 업체는 불황으로 정체되어 있기 때문에 사실은 상당한 속도로 진전하는 셈이다.

이렇게 생각하면 불황이야말로 천재일우의 호기가 아닐 수 없다.

사업은 이렇듯 생각하는 것 하나, 일하는 방식 하나를

바꾸면 어떻게든 된다고 나는 믿고 있다. 따라서 지금 무엇을 해야 하는지 자나 깨나 생각해야 한다.

상가의 품격을 높이다

●

자신의 가게에 손님이 들어오기 쉽도록 만들고, 상품 진열을 보기 좋게 유지하는 일은 사업을 키우는 데 매우 중요하다. 단순히 손님의 구매 의욕을 높이기 위한 목적도 있지만, 가게를 깨끗하게 유지하는 데는 한 차원 더 높은 이유가 있다.

내 가게는 내 사업을 위한 것이지만, 동시에 내 가게가 위치한 상가의 품격에도 영향을 주기 때문이다. 어떤 상가에 모두 바람직한 가게만 들어서 있으면 그 상가는 활기에 넘치는 주목받는 장소가 될 것이다. 그 결과 그 거리 전체에 모두가 바라는 바람직한 환경이 만들어진다.

그러므로 거리의 품격을 높이기 위해서라도 자신의 가게를 깨끗하게 유지해서 상가 전체가 아름다워질 수 있도록 노력하는 것은 중요하다. 이는 '사회에 기여한다'라는 사업의 진정한 사명에 입각한 중요한 의무라고도 할 수 있다. 또한 이 같은 생각은 동시에 사업의 번영으로도 이어진다.

어떤 상가에 갔는데 어느 상점에 들어가도 점원이 친절하게 응대한다면, 그 평판은 먼 곳까지 퍼져, 많은 손님을 끌어들이는 요소로 작용할 것이다. 세계 여러 나라가 동경하는 파리의 샹젤리제 거리처럼, 일본에도 그런 곳이 이곳저곳 생겨나야 한다. 어떤 이유에서 가게를 쾌적하게 하더라도 그 결과는 사업의 번창으로 이어지겠지만, 단순히 자기 가게를 위해서 하는 것과 거기서 한발 더 나아가 거리의 미화와 품격을 높이기 위해 하는 것에는, 그 정신에 커다란 차이가 있다.

이처럼 한층 더 높은 차원의 정신을 가지는 것이 '혼이 담긴 사업'을 가능하게 하는 핵심 요소일 것이다.

이윤은 원가에서 나온다

·

예부터 '이익은 원가에서 나온다'라고 했다. 한마디로 하면 이윤은 구매를 잘하면 생긴다는 의미다.

먼저 좋은 상품을 구매한다. 이때 중요한 것은 될 수 있는 한 적정가격에 사들이는 것이다. 거기서 이윤이 발생하기 때문이다. 이를 '이윤은 원가에서 나온다'라는 말로 표현하는 것인데, 정말 지당한 말이라고 본다. 옛 사람들은 정말 좋은 말을 많이 만들어 냈다는 생각이 든다. 실제 사업에 성공하기 위해서는 구매가 정말 중요하기 때문이다.

따라서 사업을 하는 사람은 좋은 물건을 안정적으로 공급해 주는 거래처를 찾아야 하고, 그 거래처를 상품을 사 주는 단골 고객과 똑같이 소중하게 여겨야 한다. 그런 마음가짐을 갖고 있지 않으면 사업이 잘되기 정말 어렵다. 이는 너무 당연한 일일지 모른다. 그러나 너무 당연한 나머지 정작 실행에 옮기지 못하는 게 현실이다.

최근 회사나 상점의 구매 담당자 가운데 일부 횡포를 부리는 사람이 있다는 이야기를 듣는다. '이윤은 원가에서 나온다'라는 말을 그저 싸게 사기만 하면 된다는 뜻으로 해석한 결과, 이런 사람들이 생기는 게 아닐까? 이는 너무 좁은 의미로 해석한 것으로, 이 말은 좀 더 깊고 넓게 해석해야 한다. 그렇게 하면 공급처를 단골손님과 마찬가지로 소중히 여겨야 한다는 마음가짐이 자연스럽게 생길 것이다.

나는 공급처를 고객만큼 소중히 여겨 성공한 기업이나 상점을 많이 알고 있다. '저 상점은 틀림없이 성공할 거야. 왜냐하면 상품을 공급하는 거래처를 소중하게 생각하기 때문에'라고 느낀 적이 여러 번 있었다.

공급처를 소중하게 여기면 공급처 쪽에서도 '우리를 잘 이해하고 소중하게 생각해 주는 곳에 좋은 제품을 싸게 주자' 하고 생각할 것이다. 이것이 인지상정이다.

공급처와 이런 인정 넘치는 신뢰 관계를 맺으면 '이윤은 원가에서 나온다'라는 말의 진정한 뜻을 이해할 수 있게 될 것이다.

수금과 지급에는
언제나 민감하게

●

사업하면서 중요한 것은 여러 가지가 있지만 '거래를 성실하고 정확하게 하는 것'도 그중 하나라고 생각한다. 이는 바꿔 말하면 '수금과 지급에 민감해져라!'라는 뜻이다.

요즘 도산 건수가 상당히 늘어나고 있다. 각각 어쩔 수 없는 나름의 사정이 있고 원인도 여러 가지겠지만, 도산의 커다란 이유 중 하나는 역시 방만한 경영을 꼽을 수 있을 것이다. 즉 평상시 수금과 지급에 관한 관심이 그다지 높지 않았을 수 있다. 수금을 느슨하게 할 생각은 아니었겠지만, 팔기만 하면 된다고 생각했을 수 있다. 그러는 사이 수금과 지급을 최우선으로 하는 감각이 무뎌졌을 것이고, 이는 불경기가 되자 치명적으로 다가왔을 것이다.

이러한 현상은 반드시 중소기업에 국한된 것이 아니다. 요즘은 대기업도 어딘지 모르게 느슨해져서 그로 인한 여러 문제가 실패의 원인이 되고 있는 것으로 보인다.

돈 관리가 느슨해지면 다른 모든 것도 느슨해진다. 그래서 건전 경영을 하는 기업이나 상점일수록 평상시부터 돈에 관해 비교적 민감하고 수금이나 지급에 대해서도 신경을 많이 쓰는 경향이 있다. 사업의 규모와 상관없이 좋은 경영을 하고 싶다면 역시 거래를 엄격하게 해야 한다. 이것이 사업하면서 중요하게 여겨야 하는 핵심 요소다.

내가 아는 한 도매업체는 사업을 그다지 크게 하는 것도 아니면서 경기변동에도 크게 흔들리지 않고 꾸준하게 이윤을 올린다. 그 도매업체와 거래하는 소매점 사이에서 평판도 꾸준하다. 평소에 수금도 철저하게 하지만, 대금 지급도 밀리지 않기 때문에 강한 신뢰를 얻고 있다. 이런 신뢰 관계가 바탕이 되어, 불경기로 관련 업체가 문을 닫을 때도 이 도매업체는 전혀 흔들림 없이 사업을 영위해 나갈 수 있었다.

거래처 간의 신뢰는 정확한 수금과 지급의 유지에서 비롯되며 그것을 바탕으로 서로의 사업이 번창한다. 사업의 원리는 이렇게 평범한 곳에 있다. 굳이 어려운 것을 생각하지 않아도 된다.

부부 사이가
좋다는 것은

●

내가 독립해서 처음 사업을 시작했던 1920년대 후반에 있었던 일이다. 당시 나는 각종 전기 플러그와 자전거 램프 같은 전기기구를 만들어 동네 전기전자제품 매장에 납품했다.

그런데 당시 전기전자제품 판매업 자체가 새로 생긴 사업이었고, 소규모의 개인 상점이 많아서 대부분 자금이 여유롭지 않았다. 자수성가해서 실력 하나만으로 사업을 하는 업체가 대부분이었다.

그래서 거래해도 어딘지 모르게 불안했고 때로는 납품 대금을 받지 못할 때도 있었다. 사실 내 동업자 중에도 대금을 받지 못해 도산 위기에 몰린 사람도 있었다. 그 시절에는 그만큼 신용할 수 있는 거래처를 신중하게 정하는 것이 중요했다. 그러나 무엇을 가지고 신용을 판단하느냐가 문제였다.

보통 신용이라고 하면 대물신용을 생각한다. 예를 들어 거래처의 자본금이나 현금 유동성이 중요한 요소가 된다. 그러나 당시는 나도 자금이 없었고 매장 중에도 자금이 충분한 곳이 드물었으며 대부분 자금에 여유가 없는 상황이었다. 따라서 대물신용만으로 해당 기계의 신용을 판단하려고 하면 대부분이 신용을 확인할 수 없었다.

그렇다고 대물신용으로 판단해 신용이 없다는 결론을 내리고 거래를 하지 않으면 내 사업 자체가 성립되지 않는게 현실이었다. 나는 여러 궁리 끝에 대물신용이 아니라 대인신용으로 그 업체를 판단하기로 했다. 대인신용이란 거래처 사장에 대한 신용을 말한다. 개인 상점이기 때문에 그 가게 주인이 신용할 수 있는 사람인지가 판단의 기준이 된다.

그러나 대인신용의 척도를 가게 주인의 인품으로만 판단하는 것은 불충분했다. 그래서 나는 그 척도로 또 다른 것을 생각해 냈다. 그 기준이란 주인 부부의 사이가 좋은지를 보는 것이었다. 부부 사이가 좋아서 서로 마음을 모아 일을 하는 곳, 예를 들어 남편이 외근을 나가면 아내가 가게를 지키는 가게라면 믿을 수 있다고 판단했고 그런 곳과는 거래해도 괜찮겠다고 생각하며 사업을 추진했다.

그러나 그런 가게 중에서도 도산한 곳이 있었는데 이는 대체로 부부가 다퉈서 사이가 나빠진 곳이었다. 이런 사례를 보면서 나는 부부 사이가 나빠지면 사업도 순조롭게 되지 않는다는 사실을 절실히 깨달았다.

생각해 보면, 동업자가 도산하는 와중에 내가 꾸준하게 사업을 할 수 있었던 것은, 결국 단골 거래처가 도산하지 않고 사업을 이어 갔기 때문이다. 그리고 단골 거래처가 도산하지 않은 것은 대인신용을 대물신용보다 더 중요하게 여기며 사업을 했기 때문이었을 것이라는 생각이 든다. 좋은 부부 사이는 그 가게의 신용을 뒷받침할 만한 충분한 이유가 된다고 생각했고, 내 경험을 통해 그것이 틀리지 않았다는 믿음이 생겼다.

부부 사이가 좋다는 것은 사업하며 신용을 얻을 때뿐 아니라, 어떤 일을 할 때든 중요한 것이다.

절대 안심의
경지는 없다

●

요즘 '유통혁명'이라는 말이 자주 들린다. 그만큼 사업의 측면에서 변화가 크게 일어나고 있다는 의미이며 한편으로는 정말 어려운 과제를 안고 있는 분야이기도 하다.

새로운 상품이 줄지어 출시되고 유행도 하루가 다르게 바뀌고 있다. 이에 따라 경쟁도 한층 가열되며 이른바 슈퍼마켓과 같은 양판점이 늘어나고 있다. 도시 풍경이 새롭게 근대화되어 간다. 이렇듯 사업을 둘러싼 환경이 너무 빠르게 변하고 있다.

이런 상황에서 사업을 하면 당연히 내가 과연 잘할 수 있을지 불안해지고 고민도 깊어질 수밖에 없다. 이는 유통업계뿐 아니라 제조업체도 마찬가지로 겪는 어려움이다.

그러나 생각해 보면 어떤 경우에도 '절대로 안심할 수 있는 경지'는 있을 수 없다. 시대를 막론하고 매장이나 도매상이나 제조업체나 다른 입장에서 모두 같은 어려움을 안고 있는 것이 사실이다. 각자의 상황에서 다양한 걱정 및 불안과 싸우며 노력을 통해 난관을 극복하고 있는 것이다.

걱정도 하지 않고 노력도 없이 살뇌고 있다면 그것이야말로 정말 다행스러운 일이지만, 그런 일은 거의 일어나지 않는다고 보는 것이 맞다. 그러니 많은 사람이 유통업계의 다양한 변화에 대해 걱정하고 적절한 대처를 궁리하는 것은 당연한 일이다.

오히려 그러한 변화 속에서 생존의 길을 찾아야 하지 않을까? 온갖 걱정거리로 고민만 하다가 패배주의에 빠져서도 안 되지만, 아무런 고민도 하지 않고 노력도 하지 않으면서 사업이 잘되기를 바라서도 안 된다.

따라서 어떤 변화가 오고 어떤 세상이 되더라도 반드시 살아남을 수 있는 길은 있다는 신념을 가져야 한다. 그리고 그런 변화 속에서 자기 경영 규모에 맞는 독자적 서비스를 창출하는 계기를 만들어서 경쟁력을 갖추어야 한다. 그래야만 최근의 유통혁명과 같은 변화에 능동적으로 대처해 사업의 번영을 이룰 수 있다. 그런 노력의 과정에 절대적으로 안심할 수 있는 경지가 있는지도 모른다.

경쟁은
어디까지나 공정하게

●

기업 간 경쟁은 서로 질차탁마해 각자의 역량을 높이며, 업계 전체와 사회발전에도 매우 중요하다.

그러나 잘 생각해야 하는 것은 경쟁 자체가 소중한 것은 아니라는 사실이다.

사업에서는 경쟁을 통해 무엇을 생각하고 무엇을 창출해 내느냐가 중요하다. 또한 사회 공통의 이익을 만들어 내고 나아가 국민 전체의 공존공영이라는 결실을 맺는 것이 경쟁의 진정한 의의임을 깨달아야 한다.

단적으로 말하면 경쟁은 어디까지나 거짓 없고 공정한 형태로 이루어져야 한다. 반대를 위한 반대를 한다든지, 오로지 상대에게 이기고 싶다는 욕심으로 부적절한 방법을 선택한다든지, 권력이나 자본의 힘을 빌려 경쟁하는 일은 제조사나 도매업체, 일반 매장 등의 유통업계는 물론 사회의 안정을 위해서도 과감하게 버려야 할 악습이다.

사회적 요구를 외면하고 자기 판로를 넓히는 일에만 열중하면 밀어붙이기식이라는 바람직하지 못한 판매 형태를 보이게 되고, 도매업체나 판매업체 사이에서 닥치는 대로 싸게 파는 행위가 횡행하게 될 것이다. 이런 마구잡이식의 판매는 소매점과 도매상, 제조업체, 나아가서는 소비자와 사회, 나라 전체에 손해를 끼친다. 업계 전체가 덤핑과 같은 투매 경쟁을 하면 불안정한 업계를 상대하는 소비자와 그 업계를 포함한 사회가 혼란해져서 건전한 발전이 방해받는다.

생산자나 소비자 모두 자신들의 입장만 생각하고 주장해서는 안 된다. 대신 서로 이 사회의 발전을 위해 무엇을 해야 하고 무엇이 옳은 것인지 생각하고 실행해야 한다.

또한 부당하게 가격을 내리고 이를 경쟁이라고 우긴다든지 소비자에 대한 서비스라고 착각하면 거래 질서를 어지럽히게 된다.

도리에 어긋난 사업 행위는 지급과 수금에도 당연히 영향을 끼치며, 한 업체의 도산은 도미노처럼 전체로 파급되어 업계 전체를 혼란에 빠뜨리는 결과를 가져온다. 이런 행위는 사업가 본연의 사명을 저버리는 것이며, 사업이 사회에 존립할 의미조차도 무색하게 만든다.

사업가는 어떠한 난관에 직면하더라도 항상 공정한 경쟁을 돕고 제대로 사업을 영위해서 소비자와 국가 및 사회의 번영에 기여한다는 막중한 책무를 잊어서는 안 된다.

제
2
장

사람을 대하는
자세

사람을 모으는 첫걸음은

●

요즘(1973년) 중소기업의 고민 가운데 하나는 구인난이다. 이는 대기업도 다르지 않다. 일본은 지금 전체적으로 사람이 부족하다. 일하는 사람이 부족하고 노는 사람이 많기 때문이다. 이는 사회 정책 등에 문제가 있기 때문이라고 생각한다.

나라의 정책이, 나아가 사회 구조가 일하는 사람을 적게 만들고 노는 사람을 늘리고 있는 것이다. 이 정책을 고치지 않고는 인력 문제를 해결할 길이 없다.

그러나 지금 당장 어떻게 할 수 있는 것도 아니기 때문에, 기업이 당면한 문제는 우선 먼저 사람을 어떻게 채용하느냐이다. 일본에는 중학교를 졸업하고 고등학교를 나와 취직하는 사람이 수만 명에 이른다. 이들이 모두 일을 하고 있는 것이 아니므로 마음만 먹으면 얼마든지 채용할 수도 있다.

그러나 그러기 위해서는 자신이 경영하고 있는 사업체에 매력이 있어야 한다. 각 사업체가 자신만의 매력을 만들어 내는 것이 선결되어야 하는 과제인 것이다.

일례로 높은 급여도 매력 중 하나가 될 수 있다고 본다. 그러나 그것만으로는 안 된다. 주변 사람이나 학교 선생님 등이 졸업생에게 "너 저 회사에서 일해 보지 않겠니? 저 회사 사장은 아주 좋은 사람이야"라며 추천할 정도가 되어야 하고, 함께 일하는 동료들의 평가도 중요할 것이다.

이런 매력이 없으면 사람이 모이지 않는다. 이런 평가를 받는 사업체가 되지 않으면 인재를 모으기 어려운 시대가 되었다.

일본이 큰일을 해야 한다는 관점에 서서 봤을 때, 이 나라의 가장 큰 결함은 사람을 소홀히 한다는 것이다. 그리고 많은 사람을 무의미하게 쓰고 있다. 이것이 일손 부족의 원인 가운데 하나다. 이는 정치와도 관련이 있어서 상세한 언급은 피하겠지만, 각 사업체가 자신만의 매력을 가지기 위해 노력해야 점차 훌륭한 인재를 확보할 수 있을 것이다.

장점을 찾으며

●

오늘날 모든 기업이 사람을 구하고 육성하는 일에 많은 노력을 기울인다. 하지만 그럼에도 실제 들이는 노력에 비해 인재가 양성되지 못하는 것이 사실이다. 경영자 관점에서 보면 이 점이 고민이라면 고민이다. 그렇다면 과연 어떻게 해야 인재를 키울 수 있을까?

그 방법에는 여러 가지가 있을 것이다. 내 경우를 말하자면 나는 경영자로서 직원의 장점을 눈여겨보고 단점은 보지 않으려고 노력한다. 물론 장점에만 지나치게 눈을 돌려 충분한 실력을 갖추지 못한 사람에게 중요한 자리를 맡겨 실패하는 경우도 없는 것은 아니다. 그러나 나는 그래도 괜찮다고 생각한다.

만약 내가 사람의 단점을 보려고 애쓰는 사람이었다면 안심하고 사람을 쓸 수 없을 뿐만 아니라, 혹시 실패하지는 않을까 하고 항상 마음을 졸였을 것이다. 만약 그랬다면 경영할 용기도 나지 않고 회사의 발전을 충분히 기대하기 어려웠을지도 모른다.

그러나 다행히도 나는 직원의 단점을 보기보다 그의 장점과 재능을 눈여겨보기 때문에 '저 친구라면 할 수 있을 거야. 저 친구는 이런 점이 훌륭해. 주임 정도는 맡길 수 있겠어. 부장도 괜찮을 것 같은데. 회사 하나를 경영하게 해도 괜찮겠는데?'라고 조금의 걱정도 없이 맡길 수 있었다. 그리고 이런 과정을 통해 그들은 자신의 능력을 자연스럽게 기를 수 있었다.

따라서 부하 직원이 있는 사람이라면 그의 장점을 보고 그 장점을 활용해야 한다. 이와 함께 누군가에게 단점이 있다면 그것을 고칠 수 있도록 마음을 쓰는 일도 필요하다. 장점을 보는 것에 70퍼센트의 에너지를 사용하고 단점을 보는 것에 나머지 30퍼센트를 쓰는 것이 대체로 적당할 것이다.

그리고 물론 부하 직원도 같은 방법으로 상사의 장점을 보도록 노력하고, 단점은 보완하려 애써야 한다. 만약 이렇게 한다면 유능한 부하 직원이 되어 상사의 진정한 조력자가 될 수 있다. 도요토미 히데요시豊臣秀吉는 자신의 주인이었던 오다 노부나가織田信長의 장점을 보려고 노력해서 성공했고, 아케쓰 미쓰히데明智光秀는 오다의 단점만을 봐서 실패했다고 할 수 있다. 이 오래된 역사적 사실을 깊이 음미해 볼 필요가 있다.

인재를 키우기 위해서는

●

회사가 발전해서 사회의 공적 기능을 제대로 발휘하기 위해서는 직원들의 인간적 성장에 회사가 한층 더 노력을 기울여야 한다. 그러한 생각을 가지고 노력하는 회사에 입사해야만 젊은 직원의 미래가 보다 밝게 빛나지 않을까?

그리고 회사는 그런 사고방식에 바탕을 두고 직원에게 올바른 상인의 상식을 배양시키고자 노력해야 한다.

그런데 그러기 위해서는 먼저 상인으로서, 또 사회인으로서 올바른 가치판단을 할 줄 알아야 한다. 따라서 회사는 어떤 문제에 대해서든 올바른 가치판단을 할 수 있는 사람을 양성해야 한다.

가치판단이 적정하다면 자기 판단도 할 수 있다. 자기 판단을 하지 못하는 사람은 가치판단도 하지 못한다. 그런 사람들은 아무리 많아도 그저 오합지졸에 불과하다. 그러나 어떤 상황이든 어떤 때나 장소에서도 어느 정도 가치판단을 할 수 있는 사람들이 모인다면 무슨 일이든 무리 없이 진행할 수 있다. 또한 회사는 어렵지 않게 발전을 이룩할 수 있다.

이때 어떻게 직원에게 가치판단 능력을 배양하느냐가 문제이다. 전지전능한 신이라면 '이것의 가치는 이러한 것이다'라고 아주 쉽게 정의해 줄 수 있을 것이다. 그러나 우리는 사람이지 신이 아니다. 따라서 진정한 가치판단은 여기에 있다고 가르쳐 줄 방법이 없다.

다만 모든 면에서 항상 올바른 가치판단이 필요하다는 경각을 갖는다면 어느 정도의 가치판단은 할 수 있지 않을까? 그렇게 되면 큰 실수 없이 일을 진행하고 나아가 다른 사람의 의견을 받아들여 자신의 생각과 비교함으로써 좀 더 나은 결과를 도출해 나가는 현명함을 발휘할 수 있을 것이다.

경영자는 스스로 올바른 가치판단을 하기 위해 노력하고 연구하며, 동시에 직원의 가치판단 능력을 향상시켜야 한다. 이런 노력이 바로 개개인의 힘으로 연결되며 나라와 사회의 힘이 된다.

좋아하는 일은
능숙하기 마련

●

사업하면서 그 사업이 번창하길 바라지 않는 사람은 없을 것이다. 백이면 백 모두 같은 마음일 것이다. 이는 극히 자연스러운 일이다. 그런데 그런 바람대로 일이 진행되지는 않는 것이 현실이다. 왜 그럴까?

그 원인에는 여러 가지가 있을 수 있다. 그 가운데 중요한 하나는 그 바람에 어울리는 깊은 생각과 노력을 하지 않았기 때문이 아닐까? 사업에 관한 깊은 생각과 노력이 따르지 않는 바람은 근거 없는 호언장담과 다르지 않다.

아무리 작은 바람일지라도 용기와 결단을 갖고 실행에 옮기지 않는 한 그 바람이 실현되기는 어렵다.

예를 들어 고객에게 상품을 판매할 때도 해당 상품에 대해 충분히 이해하고 스스로 깊이 생각하고 나서 설명하는 게 무엇보다 중요하다. 또 그 상품을 구매할 만한 충분한 가치가 있다는 확신을 스스로 갖는 것도 필요하다.

그런 확신이 서 있으면 고객을 설득할 때도 힘이 실려서 자연스럽게 판매로 이어질 공산이 크다.

그렇다면 어떻게 해야 그런 확신이 생기고 그에 따른 생각을 깊이 할 수 있을까. 일단 우선 스스로 상품 설명에 대한 흥미를 갖고 그 자체를 좋아해야 한다. 좋아지면 노력하는 것이 힘들지 않다. 오히려 즐거워진다. 그 결과 설득력도 향상된다. '좋아하는 일은 능숙하기 마련이다'라는 말이 있는데, 정말 맞는 말이라고 생각한다.

따라서 사업의 번창을 바란다면 먼저 사업을 좋아해야 한다. 그리고 열과 성을 다해 일에 매진해야 한다. 이것이 사업 번영을 위한 하나의 길이 될 것이다.

사업에서 성공하기 위한 조건 가운데 하나가 적재적소

라고 하는데, 나는 적재적소란 사업을 좋아하는 사람에게 그 일을 맡기는 거라고 생각한다. 그렇게 되면 백이면 백 모두 바라는 바를 이루는 걸 그렇게 어렵게 느끼지 않게 될 것이다. 내 생각이 어떤가?

기업의 모든 것은
한 사람의 책임

●

나는 중소기업과 대기업을 모두 경험했지만, 어떤 기업이든지 가장 중요한 것은 결국 사장이라고 생각한다. 기업의 규모와 상관없이 사장이 솔선수범하면 모두 해결되는 느낌이 든다.

그렇게 말할 수 있는 것은, 직원이든 점원이든 대체로 모두 사장의 말을 듣기 때문이다. 사장의 말을 듣지 않는 사람은 아마 없을 것이다. 사장이 "동쪽으로 가라"라고 하면 모두 동쪽으로 간다.

그런데 동쪽으로 갔는데 일이 잘 풀리지 않았다면 누구의 책임일까? 당연히 "동쪽으로 가라"라고 말한 사장의 책임이다. 따라서 회사의 흥망을 결정짓는 것에는 여러 요소가 있지만 최종적으로 그 책임은 경영자, 즉 사장의 양어깨에 걸려 있다.

곧잘 사장이 "나는 열심히 일을 하는데 직원이 잘하지 못해 일이 잘 안 풀린다"라고 말하는 경우가 있다. 정말 그런 경우도 있을 것이라 생각한다. 그러나 그것은 극히 드문 예외 상황일 것이다. 대체로 회사의 발전 여부는 사장 한 사람의 책임이라고 나는 생각한다.

나 스스로 지금까지 어떤 경우에도 모든 것은 내 책임이라고 생각하고 자문자답하면서 일을 추진했다. 그리고 같은 논리로 "부部의 책임은 부장 한 사람의 책임이며, 과課의 책임은 과장 한 사람의 책임이다"라고 늘 강조해 왔다. 어떤 과의 일이 잘 풀리느냐 그렇지 않느냐는 대체로 과장의 손에 달렸다.

과장이 자신의 책임을 엄중하게 자각하고 바쁘면 혼자 남아 열심히 일을 한다. 그런 모습을 보고 부하 직원들은 어떤 생각을 할까? 아마도 부하 직원 가운데는 "과장님 좀 쉬어 가면서 하세요. 어깨라도 주물러 드릴까요?"라고 위로의 말을 건네는 사람이 나올지도 모른다. 이런 과정을 통해 예기치 않게 과장과 직원 간에 마음이 통해서 일체감이 만들어지는 계기가 될 수도 있다. 이렇게 열심히 일하는 과장의 모습은 부하 직원에게 긍정적 영향을 미치게 되어 분명히 그 과는 일이 순탄하게 진행될 것이다.

따라서 모든 책임은 그 과의 과장에게 있는 것이다. 부라면 부장 한 사람, 회사 전체라면 사장 한 사람의 책임이다.

사람을 만들려면
'두드리기'부터

•

세상이 혼란해진 이유 가운데 하나는 이 사회의 근본이
되는 '사람 만들기'가 제대로 되고 있지 않기 때문은 아
닐까?

예를 들어 어떤 일의 잘잘못을 생각할 때 자기나 또는
자기가 속한 단체, 자기 나라를 중심으로 생각하는 경향
이 있다. 이것 역시 '사람 만들기'가 제대로 되지 않은 데
따른 악영향이라고 볼 수 있다. 물론 자신의 단체, 자기 나
라를 생각하는 마음은 중요하다. 그러나 이 때문에 다른

사람이나 단체, 다른 나라에 대해 그런 마음을 가지지 않는다는 데 문제가 있다.

또한 현대인이 잊고 있는 중요한 것은 도의와 도덕이다. 지금의 상도에서는 이것이 빠져 있다. 예를 들어 과거에는 대금 지급은 무슨 일이 있어도 월말까지 마치기 위해 모두가 진심으로 노력했다. 또한 단골 거래처에 대해서는 은인에 버금가는 감사한 마음을 갖는 등 도의심도 상당히 높았다.

그런데 제2차세계대전 이후에는 현금이 없어 어음거래를 했다. 당시로서는 경제 재건을 위해 어쩔 수 없는 조치였으나 경제가 발전함에 따라 어음 제도는 더욱 촉진되어, 결국은 경제 전체의 발목을 잡는 요인으로 작용하고 말았다. 어음 제도는 안이한 경영을 부추겼고 물가상승으로 이어졌다. 극단적으로 말하면 오늘날의 인심 악화도 거기서부터 비롯되었다고 할 수 있다.

또한 이런 모습을 지켜보고 있으면 정치도 분명한 가치관을 가지고 국민을 이끌어야 함을 깨닫는다. 지금의 정치는 국민에게 아부하는 면이 없지 않다. 이런 안이함이

상도의에 바람직하지 못한 영향을 주고 인심 악화의 원인이 되기도 한다. 인심을 회복시키려면 국민을 보호하는 동시에 잘못된 점을 꾸짖고 바로잡아야 한다. 그렇게 하지 않고 국민이 듣기 좋은 말만 늘어놓는다면 '사람 만들기'는 이루기 어려울 것이다.

명검은 장인으로 인정하는 사람이 쇠를 수도 없이 두드려야 만들 수 있다. 두드리지 않은 쇠로 만든 칼은 아무것도 베지 못한다. 내가 보기에 요즘은 사람 만들기에 필요한 '두드리기'를 거의 하지 않는 것 같다.

믿음직스럽다고 생각하고
사람을 쓴다

●

'사람을 잘 쓰는 비결'을 가르쳐 달라는 말을 자주 듣는다. 그러나 정작 나는 사람을 잘 쓴다는 것에 대해 자신감이 별로 없다. 그래서 사람을 잘 쓰려면 이렇게 해야 한다고 말하기가 꺼려진다. 그럼에도 불구하고 그런 말을 하는 사람이 내 주위에 많은 이유가 무엇일까에 대해 생각해 봤다.

사람을 쓰는 데는 여러 가지 유형이 있을 수 있다. 강력한 힘과 지혜로 사람을 잘 다루는 사람도 있을 것이다. 하지만 나는 정반대이다. 내게는 강력한 힘도 뛰어난 지혜도 없다. 그러다 보니 자연스럽게 다른 사람에게 상담을 하거나 나보다 능력이 나은 사람에게 의지하게 된다.

상대는 권위적으로 명령을 받는 것이 아니라 상담을 받거나 부탁을 받는 것이므로 싫다고 하지 못한다. 남은 방법은 일이 잘되도록 협력하는 길뿐이다. 그런 상황이 남들에게는 사람을 잘 쓰는 것처럼 보이기도 할 것이다.

그러나 사람을 잘 쓰고 못 쓰는 것은 사람에 따라 모두 다르다고 생각한다. 강력한 지도력이 있어서 남들과 상의하지 않아도 실수 없이 일을 수행할 정도로 훌륭한 사람은 일방적인 명령 방식으로 일하는 편이 낫다. 높은 능률에서 얻어진 성과를 구성원들에게 골고루 분배하면 그건 그 나름대로 좋다고 본다.

그러나 그런 능력이 없는 사람은 내 방법을 써 보는 것도 좋을 것이다. 나는 우리 회사 직원들을 대개 나보다 뛰어나다고 생각한다. 내가 학교를 제대로 다니지 못해서 이기도 하지만 내가 보기에 그들은 굉장히 훌륭한 청년들이기 때문이다.

그래서 나는 그들이 정말 믿음직스럽다. 믿음직스러워서 이렇게 부탁한다. "자네 이 일을 해 주지 않겠나? 자네라면 할 수 있어! 나는 못하지만 자네는 할 수 있을 걸세."

　　이런 말을 들은 사람은 '한번 해 볼까' 하고 생각하게 되고, 열심히 해서 성공시킨다.

　　이것이 성공하는 한 가지 패턴이다. 나는 다행히도 이런 형태의 성공 방식을 만들 수 있었다. 이런 것도 사람을 쓰는 방법 중 하나일 것이다.

여러 사람의 지혜를
살리기 위해서는

●

사람들이 요즘 '인화'에 대한 이야기를 많이 하는데, 나는 이 인화가 기업경영에 정말 중요하다고 생각한다. 중지를 모으는 일도 인화가 있어야 비로소 가능하며, 인화가 있어야 여러 사람의 지혜를 살릴 수 있다.

회사 구성원 간의 인화가 배양되어 여러 사람의 지혜가 실제 활용될 수 있는 바람직한 구조를 만드는 것은 위의 뜻이 아래로 잘 전달되는가, 아래의 뜻이 위로 잘 전달되는가에 달려 있다.

사장이 생각하고 있는 것이 아래로 전혀 전달되지 않는 회사는 대체로 경영이 원만하지 않다. 또 반대로 아래의 뜻이 하나도 위로 전달되지 않는 회사의 상황은 더욱 좋지 않다.

예를 들어 자기가 과장이라면 자신의 생각이나 방침이 부서 직원들에게 어떻게 침투하는지 알아야 한다. 그리고 자신의 생각 가운데 부서 직원들이 부정적으로 생각하는 점이 있다면, 왜 부정적으로 생각하는지 이야기를 나눌 필요도 있다.

이런 노력이 사장과 임원, 임원과 중견 간부, 부서장과 부서 직원 사이에서 끊임없이 반복되어야 한다. 그것이 가능한 회사에서는 중지가 모이고 모인 중지를 살릴 수 있다.

반대로 그런 노력을 하지 않는 회사, 즉 명령 한 번으로 사내 구성원 모두에게 뜻이 전달된다고 생각하는 회사에서는 상부의 뜻이 전체로 전달되지 않을 때가 많다. 그래서 사장의 생각과 다른 행동이나 결과가 여기저기에서 돌출한다.

하부 의견이 위로 잘 전달되기 위해서는 책임자 자리에 있는 사람이 부하 직원의 생각을 끌어내겠다는 태도를 보여야 한다. 과장이나 부장에게 아무런 거리낌 없이 무슨 말이든 할 수 있는 분위기가 각 부서는 물론 회사 전체에 조성되어 있는 것이 중요하다.

물론 이는 매우 어려운 일이다. 그런 만큼 평범한 노력, 평범한 이해만으로는 불가능하며 상당히 계획적이고 체계적인 노력이 수반되어야 한다. 이런 노력으로 다행히 어느 정도 성과를 올린다면 그 회사는 중지에 의한 '전원 경영'이 가능해질 것이다. 그리고 이로써 좋은 제품을 만들 수 있게 되고 서래저가 성말로 원하는 제품을 판매하게 되어, 더 바람직한 회사로 발전할 것이다.

부하 직원의 제안을
기뻐하자

●

회사나 상점은 직원이 활기 넘치고 기쁜 마음으로 열심히 일하는 것의 중요성을 안다. 그렇다면 직원을 그렇게 만들기 위해서는 어떤 점에 유념해야 할까?

여러 가지 방법이 있겠지만 나는 경영자나 상사가 부하 직원의 제안을 진지하게 받아들이는 일이 무엇보다 중요하다고 생각한다. 즉 상사가 부하 직원이 자유롭게 제안할 수 있는 분위기를 만들어야 한다. 부하 직원이 어떤 제안을 가지고 왔을 때 "그런 생각을 다 했단 말이야? 참 열심히 일하는군. 좋은 생각이야"라고 말하며 제안을 흔쾌히 받아들이는 것이다.

물론 그 제안을 채용할지 안 할지는 상사의 입장에서 여러 가지 고려해야 할 사항들이 있을 것이다. 정말 열심히 준비해서 제안했지만 지금 당장 활용할 수 없을 때도 있을 것이다.

하지만 상황이 그렇다고 해도 일단은 그 행위와 열의만큼은 충분히 받아들여야 한다. 그 뒤에 "지금 사정이 이러하니 조금 기다려 보지 않겠나? 또 좋은 생각이 있으면 말해 주게"라고 말한다. 요컨대 그런 제안을 하면 할수록 상사가 기뻐한다는 사실을 알게 해야 한다. 그렇게 부하 직원이 언제든지 편한 마음으로 제안할 수 있는 분위기를 만들어야 한다.

"이봐, 지금 그런 건 곤란해" 또는 "그건 더 어려워"라고 퇴짜를 놓으면 부하 직원은 '이거 내 말은 도무지 알아주지를 않는군. 제안해 봤자 들어주지도 않으니 그만두자'라고 생각해 결국 정해진 일만 하며 분발하지 않게 된다. 이래서야 회사의 발전과 진전은 기대하기 어렵다.

그러므로 편안히 제안할 수 있는 기업문화를 만드는 것은 중요하다. 특히 상사는 "자네, 뭐든 좋으니 의견을 내지 않겠냐?"라며 의견을 끌어내려고 적극적으로 노력해야 한다. "몇 번이라도 좋으니 생각해서 제안해 주게. 좋은 제안은 크게 활용할 테니까. 자네들이 하는 제안은 회사에 큰 도움이 될 거야. 그러니 여러 가지 궁리를 해 보게"라는 말을 반복해서 부하 직원에게 하는 것은 정말 중요하다.

사장의 태도

●

기업을 운영하는 경영자가 '직원들이 좀 더 일을 잘하게 만들려면 어떻게 해야 할까'라는 문제의식을 품는 것은 매우 중요한 일이다. 이 점에 관해서는 다양한 생각이 있을 수 있지만 나는 직원에 대한 경영자의 마음과 태도가 특히 중요하다고 생각한다.

　소수의 직원을 두고 상점을 경영하는 사장이라면 스스로 솔선수범하며 직원들에게 "이렇게 해라, 저렇게 해라"라고 명령만 해도 어느 정도 성과를 올릴 수 있을 것이다.

그러나 종업원이 100명 또는 1000명으로 늘어나면 경영자의 그런 태도가 꼭 좋다고 할 수는 없다. 일의 내용이나 종류에 따라 다르겠지만, 100명 혹은 1000명 규모의 회사라면 사장이 일일이 "이렇게 하라, 저렇게 하라"라는 식으로 운영하는 건 대체로 바람직하지 않다. 태도와 표현은 차치하더라고 마음 깊은 곳에서 "이렇게 해 주십시오, 저렇게 해 주십시오"처럼 부탁한다는 마음을 가져야만 한다. 그렇지 않으면 직원들이 일을 더 잘하도록 만들기 어려울 것이다.

더 나아가 종업원이 1~2만 명이 되면 "이렇게 해 주십시오, 저렇게 해 주십시오"라는 표현으로도 모자랄 것이다. "아무쪼록 잘 부탁합니다" 정도의 마음가짐이 필요하다. 그러다가 이보다 더욱 규모가 커져 종업원이 5~10만 명 정도가 되면 "두 손을 모아 빕니다"라는 겸허한 마음가짐이 아니고는 일에 대한 직원들의 열정을 끌어내기 어려울 것이다.

경영자가 이 정도의 열의를 가지고 있다면 같은 말이나 행동을 해도 느낌이 달라지기 때문에 직원들이 그 마음을 헤아려 조금 벅차다고 생각되는 명령을 받아도 이해하고 열심히 일하게 된다. 반면 그런 마음가짐이 없다면 아무리 명령을 내려도 직원들이 마음에서 우러나와 따르지 않기 때문에 일을 대충하게 되며, 따라서 큰 성과도 올리지 못할 것이다.

이 점을 경영자는 명심해야 한다. 과연 여러분들이 종업원 수의 변화에 따라 다른 마음가짐을 가지고 대처하고 있는지는 의문이지만, 나는 지금 그런 생각을 가지고 경영하고 있다.

한 도매상이 얻은
뜻밖의 복

•

마쓰시타전기가 직원 400~500명 규모의 공장으로 성장하면서 신용도가 높아지던 무렵의 일이다.

어느 날 직원 한 명이 거래처 방문을 위해 외근을 나갔는데 그곳 사장이 불같이 화를 냈다.

"너희 회사 물건을 소매업체에 팔았는데 소비자들의 평판이 나쁘다며 반품했다고! 기껏 팔았더니 반품이나 당하고, 얼마나 기분 나쁜지 알아? 마쓰시타가 전기제품을 만드는 것 자체가 웃기는 일이야. 전기제품을 만들려면 어려운 기술이 필요한 법이라고. 이런 물건이나 만들 거라면 구운 감자 가게나 하는 게 나아. 그게 너희한테 어울리는 일이야. 돌아가서 사장한테 그렇게 전해!"

직원은 회사로 돌아와 나에게 그대로 보고했다. 그래서 나는 "아, 그래? 그렇게 화가 났단 말이지. 조만간 찾아가서 사과해야겠군"이라고 말했다. 그리고 직접 그 거래처를 찾아갔다.

"지난번에는 사장님의 기분을 상하게 해서 정말 죄송했습니다. 직원에게 이야기를 들었습니다. 정말 죄송합니다."

내가 이렇게 말하자 거래처 사장은 "이거 미안하게 되었네요. 그때 내가 너무 화가 나서 말을 좀 심하게 했어요. 그 직원이 설마 구운 감자 가게나 하라는 이야기까지 그대로 사장님께 말하리라고는 꿈에도 생각하지 못했습니다. 제가 실례했습니다. 너무 기분 나빠하지 마세요"라고 말했다. 그래서 내가 "아닙니다. 기분 나쁘다니요. 앞으로 주의해서 더 좋은 제품을 만들겠습니다"라고 말하자 그쪽도 멋쩍어했고 그 후 서로 기분 좋게 웃는 이야기를 했다. 이 일을 계기로 그 거래처 사장은 나와 매우 친해졌고 단골 거래처가 되었다.

나는 이 일화가 잘 마무리되었다는 이야기를 하고 싶은 것이 아니다. 이것이 아랫사람의 의견이 위로 전달되는 바람직한 모습이라는 말을 하고 싶은 것이다. 우리 직원이 그 거래처 사장의 말을 들은 그대로 내게 전한 이유는 평상시에 내가 좋지 않은 말이라도 꼭 내게 전해 달라고 강조했기 때문이다.

그러지 않았다면 어떻게 되었을까? 아마도 직원은 이런 이야기를 그대로 보고하면 내가 싫어할 것이라고 생각하고 거래처 사장이 화를 냈다는 정도만 이야기했을지 모른다. 또는 그 내용을 바로 위의 상사에게 상의했다면, 상사가 구운 감자 가게 이야기는 사장에게 말하지 말라고 했을 수도 있다. 그렇게 되면 사장인 나는 사실을 알지 못했을 것이다.

경영자나 임원들이 좋지 않은 말을 듣고 싫은 표정을 짓거나 기분 나빠하면 직원들은 이후에 그런 이야기를 상사에게 보고하지 않게 된다. 그러나 싫은 소리, 거북한 이야기일수록 반성해야 할 점, 개선해야 할 점을 담고 있다는 점을 꼭 기억해야 한다.

따라서 경영자는 신속한 대처가 필요한 외부에서 일어난 일을 직원들이 자신에게 그대로 알릴 수 있도록 끊임없이 분위기를 만들어 가야 한다. 이것은 사업의 성패를 가를 정도로 중요한 일이다.

* * *

지금까지 경영에 관해 여러 가지를 이야기했다. 그것들은 머리로는 이해가 되더라도 실제로 활용하기는 쉽지 않을 것이다. 중요한 것은 경영과 관련한 각종 현실적 문세에 대처하면서 '바로 이거다'라고 스스로 깨닫는 것이다.

'스스로 터득한 경영노하우의 가치는 백만금'이라는 말은 오래전 1934년 정월에 내가 마쓰시타전기 직원에게 새해 덕담으로서 선사한 말이다. 사업을 하면서 경영의 비결은 바로 여기에 있구나!라고 깨달을 수 있다면 그 가치는 백만금, 아니 그 이상 가치가 있는 것이 아닐까?

여기서 언급한 것들은 대부분 시대를 뛰어넘는 사업의

통념과도 같은 것이다. 그러나 오늘날 같은 민주주의 시대에서는 가치관도 옛날과는 달라졌다. 그러므로 여기에 쓴 것을 그대로 받아들여서는 안 된다. 새로운 시대에 맞게 고쳐서 창의적으로 활용해야 할 것이다.

즉 오늘날 사업에서는 여기서 언급한 사항을 항상 마음에 새기되, 근대적인 감각으로 가치판단을 해 나아가야 한다는 말이다.

제
3
장

경영하는
마음

사업은
사회의 요구에 부응하는 것

작년에 그간 사업에 대해 이곳저곳에서 글과 말로 발표한 내용을 엮어 '사업 비결수첩'이라는 제목의 책을 냈는데, 생각지 못하게 많은 분이 읽어 주셨다. 덕분에 많은 분에게서 의견과 감상을 받았는데, 좀 더 다른 관점에서 속편을 내달라는 요청이 있었다. 그래서 최근 정세를 포함해 불경기와 경영난을 헤쳐 나가기 위한 경영노하우를 중심으로 내 나름의 생각을 정리한 것이 이 책이다.

말할 필요도 없이 사업, 경영은 매우 복잡하고 심오하며, 그만큼 어렵다. 그렇지만 또한 보기에 따라서는 정말 간단하다고 생각할 수도 있다. 왜냐하면 사업은 사회의 요구, 바꿔 말하면 세상 사람이 필요로 할 때 비로소 성립하기 때문이다. 따라서 사업의 기본은 세상 사람의 목소리, 사람들의 요구에 성실하게 부응하고 성심성의껏 노력하는 것이라고 생각한다. 나 스스로 50년 동안 마쓰시타전기를 경영하면서 항상 그런 마음으로 지냈다.

이런 기본적인 생각을 갖고 이 책을 읽는다면 오늘날의 관점에서 무엇인가 참고되는 점을 찾을 수 있을 것이다.

1974년 7월 1일

마쓰시타 고노스케

경영에
흥미를 느끼고 있는가

•

경영이나 사업에는 무한한 방법이 있다고 생각하지만, 관점을 바꿔 보면 거기에는 무한한 개선의 여지가 있다고도 볼 수 있다. 기술만 보더라도 시시각각 새로운 발명과 개발이 이루어지고 있어서 어제 나온 새 모델이 오늘은 구식이 되어 버리는 상황이다.

따라서 판매 방식, 광고 방법, 인재 육성 방법 등 여러 가지를 생각해 보면 개선해야 할 점은 얼마든지 찾아낼 수 있다. 그래서 지금 순조롭게 성장하고 있는 기업이라도 절대 그대로 좋다고 할 수 없고 수많은 개선점이 남아 있다고 봐야 한다. 그러니 우리는 끊임없이 관점을 바꿔가며 항상 새로운 것을 추가하고 필요한 개선을 추진해 가야 한다.

이는 개선에 관한 생각들을 영원히 무한하게 할 수 있다는 말이다. 이것을 실행하느냐 못하느냐에 따라 그 회사가 발전을 지속하느냐 발전을 멈추고 쇠퇴하느냐가 정해진다. 이렇게 생각해 보면 경영은 참 흥미로운 것이다. 사고방식과 추진 방법에 따라 생각하는 대로 움직이는 게 가능할 수도 있기 때문이다.

중요한 것은 그런 경영에 대해 흥미를 느끼느냐이다. 경영과 기술적 측면에서 무한하게 개선해 갈 수 있고, 그런 개선점을 찾아 창의적으로 새롭게 바꿔 나가는 것이 너무 재미있어서 잠자는 시간조차 아까울 정도가 되면 그 사업은 분명 성공할 것이다. 그렇지만 흥미를 느끼지 못하고 오히려 그것을 고통스럽게 느낀다면 성과를 올리기 어렵다.

개선의 여지는 무한하게 있지만 그것을 실현해서 성과를 내느냐는 결국 자신이 하는 경영에 흥미를 느끼느냐에 달렸다고 봐야 옳을 것이다.

전화로 일을 한다

●

나는 지난 55년 동안 사장과 회장을 역임하며 경영에 관여해 왔다. 그런데 나는 젊은 시절부터 몸이 건강한 편이 아니었고 병치레가 잦았던 탓에 현장에 직접 나가 진두지휘하기보다 주로 후방에서 지켜보는 경영을 할 수밖에 없었다.

그래서 제조 공장이나 사무소에 직접 방문하지 못하는 대신 전화로 많은 것을 해결했다. 공장은 공장 책임자에게 전화해서 최근 상황을 묻고 문제가 있는지 확인했다. 문제점이 확인되면 해결 방안을 조언하는 식으로 처리했다. 물론 제품을 검토해야 하는 일이면 전화만으로는 어려워서 책임자를 오게 하는 일도 있었지만, 그 외의 일은 대부분 전화로 끝마쳤다.

이런 경영방식이 보기에는 미덥지 못할 수 있지만 줄곧 이 방식을 고수해 결과적으로는 성과를 올렸다고 생각하고 있다.

세상에는 원기 왕성하게 공장 구석구석까지 스스로 둘러보며 진두지휘하는 경영자도 적지 않다. 그렇게 함으로써 큰 성과를 올린 회사도 있지만 모든 회사가 반드시 그런 것만은 아니다. 사장이 쉴 새 없이 뛰어다녀도 부진을 면치 못하는 회사도 있기 때문이다.

결국 생각해 보면 내 방식이 의외로 능률이 높았다고 본다. 공장까지 가게 되면 아무래도 시간도 많이 소요된다. 그리고 모처럼 공장을 방문했으니 서서 이야기하고 마칠 수 없어 내 시간과 공장 책임자의 시간도 필요 이상으로 쓰게 된다. 그렇지만 전화라면 대략 10분 정도면 충분하다. 공장을 왕복해야 하는 내 시간을 절약할 수 있고 공장 책임자의 시간도 아낄 수 있다.

　물론 사장이 스스로 현장을 보고 더 큰 성과를 올리는 경우도 있을 것이고 '사장님이 직접 와 주셨다'라며 직원의 사기가 오를 수도 있다. 따라서 어느 쪽이 더 낫다고 쉽게 단정하기 어렵지만 이런 방식도 있다는 것을 알아주길 바란다.

어음은 내가 만든 지폐

●

경기가 과열되면 중앙은행은 금융 긴축을 시행한다. 이리면 각 기업이나 상점은 자금 유통에 어려움을 겪게 되는데 이때는 어떻게 해야 할까?

이럴 때는 재고를 줄이고 거래처에 양해를 구해 판매 대금을 신속하게 회수하는 것이 좋다. 그러면 경영 체질도 건전한 방향으로 향하게 되고 오히려 바람직한 결과를 가져온다.

그런데 일반적으로는 그렇게 하지 않고 오히려 대금 지

급을 늦춘다. 일례로 지금까지 현금으로 지급하던 것을 어음으로 바꾼다. 90일짜리 어음이 100일이나 120일로 늦어지기도 한다. 이는 그 경영 주체가 불건전한 상태가 될 뿐 아니라 경제계 전체에도 금융의 긴축과 완화가 동시에 일어나 충분한 효과를 기대하기 어려워진다.

좀 더 생각해 보면 오늘날의 지폐는 일본은행이 경제 상황에 맞게 적절하게 발행하고 있고 이를 위조하면 법에 따라 처벌을 받는다. 그러나 어음은 지폐처럼 완전한 형태로 통용되지는 않지만, 물건을 살 수도 있고 대금 지급으로 쓰기 때문에 '사제 지폐'라고 할 수도 있다. 뒷면에 서명만 하면 타인에게서 타인으로 계속거래도 가능하다. 가령 1억 엔의 어음이 열 번 돌면 10억 엔의 지폐가 발행된 것과 같은 효과를 가진다.

이렇듯 개인이 발행하는 지폐인 어음은 여러 기업과 상점이 발행하고 있고 그 기간이 장기화되어 있어 생각해 보면 무서운 일이다. 지폐가 경제 실태 이상으로 발행되면 인플레이션을 초래한다. 그래서 중앙은행은 지폐 발행을 엄격하게 조정하고 있다. 그런데 한편에서 '사제 지폐'가

지속적으로 발행되어 유통되면 시장은 혼란에 빠지게 될 것이다.

또한 그런 어음 남발은 한 기업의 현금 유동성 악화가 연쇄 부도로 이어질 우려를 키운다.

어음 발행 억제는 크게는 정치의 힘으로 조정해야겠지만, 사업하는 기업인들도 그런 점을 충분히 생각해서 어음의 안이한 발행과 장기화를 엄격하게 점검해야 할 것이다.

경영력이란

●

사업을 발전시키는 데 경영력이 중요하다는 것은 두말할 필요가 없다. 하긴 경영력의 필요성은 구태여 사업에 국한된 것만도 아니다.

예를 들어 훌륭한 시설을 갖추고 유능한 과학자를 모아 연구소 하나를 만들었다 하더라도 그것만으로 위대한 연구 성과가 나오는 것은 결코 아니다. 우수한 과학자의 능력을 활용할 수 있는 연구소 운영, 바꿔 말하면 그런 훌륭한 시설에 걸맞은 경영력이 엄연히 존재해야 한다. 그래야 비로소 연구 성과가 만들어진다. 뛰어난 경영력을 발휘하는 병원은 의사가 각각의 전문 분야에서 활기차게 치료에 전념한다.

경영력이 부족한 곳에서는 아무리 훌륭한 인재를 확보하더라도 그 인재가 역량을 제대로 발휘하지 못한다. 오히려 그 사람을 번민하게 만들지도 모른다. 따라서 회사나 상점에서도 각각에 어울리는 경영력을 갖추어야 한다.

그런 경영력은 그 주인공이라고 할까, 경영을 책임지고 있는 사람 스스로 이것을 갖고 있는 게 가장 바람직할 것이다. 하지만 현실은 그렇지 않은 경우도 있는 것 같다. 그렇다고 그 회사나 상점의 경영이 잘 풀리지 않느냐 하면 꼭 그렇지도 않다.

과거 역사를 살펴보면 한 나라의 제왕 스스로 높은 경영력을 갖고 있던 사람은 그렇게 많지 않다. 그렇지만 그렇다고 그 나라가 망했느냐 하면, 오히려 경영력이 없는 제왕 통제하에 번영의 시대를 보냈다. 이는 제왕이 경영력이 없으면 그 지위를 그대로 유지한 채 자신을 대신할 제상을 두고 그에게 실제 운영을 맡겼기 때문이다. 이렇게 함으로써 한 나라가 제대로 경영되었으니, 이것은 제왕의 책임일 것이다.

회사나 상점을 경영하는 것도 마찬가지다. 주인공 스스로가 경영력이 없으면 자신을 대신할 사람을 찾으면 된다. 경영력의 중요성 그 자체만 잊지 않는다면, 방법은 얼마든지 있다.

일의 시작은
납득이 되었을 때

●

우리가 일이나 사업을 할 때 적당히 타협하지 않고 스스로 납득 갈 때까지 일을 시작하지 않는 태도는 정말 중요하다.

한 거래처로부터 제품을 대량 주문받았는데 반드시 납품을 완료해야만 다음 거래가 성사되는 경우가 있다고 가정해 보자. 그런데 그 제품이 품질 면에서 용납할 수 없는 문제가 있다면 어떻게 해야 할까?

이런 경우 대개는 이번에 납품하지 못하면 다음 거래가

성사되지 않을지도 모른다는 염려 때문에 무심결에 타협하기 쉽다. 이것이 인간의 약한 모습이기도 하니, 한편 이해가 되기도 한다. 그러나 이런 결정은 왕왕 실패로 이어진다.

따라서 어떤 유형의 주문이라도 스스로 납득할 때까지는 납품하지 않겠다는 생각을 평상시 가지고 있는 것이 중요하다. 또한 스스로 그런 생각을 가지고 있을 뿐 아니라 부하 직원에게도 충분하게 설명해야 한다.

그렇게 옳다고 스스로 결정한 다음에는 완벽을 추구해야 한다. 물론 완벽을 기한다고 해도 인간이기 때문에 현실적으로 한계가 있을 수 있다. 그러나 스스로 납득하지 못하는 일은 하지 않는다는 기본 생각을 분명하게 가지고 있지 않으면, 일의 규모가 커져 취급하는 물품이 많아졌을 때 수습하기 어려운 일이 발생한다.

실제로 한 회사는 이런 점을 중요하게 생각해서 크게 성장하고 있다. 이 회사는 제품에 불충분한 점이 있으면 누가 주문을 했든, 어떤 상황이 벌어지든 절대 납품하지 않는다. 그로 인해 경쟁에서 밀리더라도 상관없다는 방침을 견지하고 있다. 그 대신 납품하는 물건에 대해서는 완벽을 추구한다.

또한 이 회사는 그런 기본 방침을 바탕으로 일을 하고 있지만, 만일 그와 다른 방침을 세워야 할 때는 어떻게 해야 할 것인지까지 생각하며 경영한다. 어쨌든 기본은 스스로 납득할 수 있는 일을 하는 것이다. 이를 몸에 익히는 것은 무엇보다도 중요하다.

고객의 불평을
활용한다

●

오랫동안 사장과 회장 자리에 있으면서 고객에게 편지를 자주 받았다. 그 가운데는 칭찬하는 내용도 있었지만 대개는 나쁘다고 할까, 이른바 불평 혹은 질책하는 내용이었다. 나는 칭찬하는 편지도 고맙지만, 불평의 내용이 담긴 편지도 감사하다고 생각한다.

한번은 이런 일이 있었다. 한 대학교수로부터 그 대학이 구매한 우리 제품이 고장이 났다는 편지를 받았다. 그래서 바로 제품을 담당하는 최고 책임자를 그 대학으로 보냈다. 그 책임자는 제품이 고장 나서 화가 많이 나 있던 교수에게 성심성의껏 고장의 원인을 설명하는 등, 적절한 조치를 했고, 교수는 화를 멈추고 만족스러워 했다. 그리고 호의를 가지고 다른 학부 이런저런 곳에도 제품을 판매해 보면 어떻겠느냐고 알려 주었다. 고객의 불평에 대해 성의껏 대처한 결과 새로운 비즈니스 기회가 창출된 것이다.

그러므로 고객이 불평을 호소하는 것은 정말 감사한 일이라고 생각한다. 그 덕분에 인연을 맺을 수 있기 때문이다. 제품이 마음에 들지 않아도 불평하지 않는 고객은 '그 회사 제품은 다시는 안 살 거야'라고 생각하고 그대로 관계를 끝내 버릴지 모른다. 그렇지만 불만을 표시하는 고객은 일단 '다시는 안 산다'라고 생각했지만, 찾아가서 설명하면 '일부러 여기까지 와 주셨네요'라고 말하며, 서로 성의가 통하게 된다. 따라서 회사가 어떻게 대처하느냐에 따라 상황을 반전시켜 인연을 만들어 갈 수 있는 것이다.

물론 고객의 불평을 듣고도 방치하거나 대처 방법이 나쁘면 서로의 인연은 거기서 끝난다. 그러므로 불평을 들으면 "인연을 맺을 기회!"라고 생각하고 정중하게 불만의 원인을 파악하고 성심성의껏 대처해야 한다. 고객 불평을 꺼리지 말고 그것을 좋은 기회로 만들어 가야 하는 것이다.

기술도입 포기를
결정한 이유

•

1950년경 우리 회사가 미국에서 건전지 기술을 도입하려고 한 적이 있다. 당시 사장이었던 나는 미국으로 건너가 상대 공장을 시찰했다. 그곳은 당시 세계 제일의 건전지 제조 공장이라 불리던 곳으로 역시나 시설이 정말 훌륭했고 공정도 반자동화되어 있었다. 우리도 당시 잘하고 있는 측면이 있었지만, 역시 최고는 다르다는 생각이 들어 일본으로 돌아와 즉시 기술도입을 추진하기로 했다.

그래서 상대 회사를 일본으로 초청해 우리 쪽 공장도

보여 주며 논의를 이어 갔는데 마지막 가격 협상 단계에서 문제가 생기고 말았다. 상대 회사가 상품 전체에 대해 2퍼센트의 기술도입비를 요구한 것이다. 그 숫자 자체는 문제가 되지 않았으나, 건전지 본체만이 아니라 그것을 이용한 회중전등 케이스에 대해서도 똑같은 2퍼센트를 요구한 게 문제였다. 우리는 케이스는 관계가 없다고 주장했으나 양사의 의견이 조율되지 않아 계약은 진전되지 못했다. 그러던 중 우리 회사의 기술 책임자가 이런 말을 했다.

"사장님. 이번 기술도입은 포기하는 편이 좋겠습니다. 그만한 비용을 연구비로 쓰면 더 나은 제품을 만들 수 있습니다."

그래서 나는 "그렇지만 지금부터 연구한다고 해도 시간이 너무 오래 걸리지 않을까? 상대 회사에 좋은 기술이 있으니까 그것을 도입하는 것이 빠르지 않겠어. 만약 연구했는데 좋은 물건이 나오지 않으면 어떡하지?"라고 되물었다. 그랬더니 그는 "아니요. 꼭 해내 보이겠습니다. 꼭 시켜 주십시오"라고 열의를 보였다.

그래서 "자네가 그렇게 말한다면 한번 해 보지"라고 말하고 기술도입 건을 중지하고 독자적 개발을 추진하기로 결정했다. 결과적으로 그 기술 책임자가 선두에 서서 모두 하나가 되어 전심전력을 다한 결과 미국보다 뛰어난 제품을 만들 수 있었다. 그 후에도 새로운 제품 개발에 성공해 다른 나라 기업에 기술을 제공하는 수준에 이르렀다.

만일 그때 기술도입이 계획대로 진행되었다면 이런 성과는 없었을 것이다. 이런 생각을 하면 경영의 미묘한 한 부분은 인지가 미치지 못하는 곳에 있는 것인지도 모른다.

불경기에는
때를 기다린다

●

몇 해 전 불황에 닥쳤을 때 친분이 있던 중소기업 사장으로부터 이런 말을 들었다.

"마쓰시타 씨, 저는 직원 400명 정도의 회사를 경영하는데, 요즘 불경기로 일이 줄어 걱정입니다."

이 말을 듣고 나는 이렇게 말해 주었다.

"걱정하시는 것은 잘 알겠습니다만 이럴 때 절대 당황해서는 안 됩니다. 오랫동안 일을 하다 보면 일감이 줄어드는 때도 있기 마련입니다. 그런데 그럴 때 실패하는 사람을 보면 대개 서둘러서 다른 일을 찾는 경우였어요. 경기가 좋지 않을 때는 일이 없는 것이 당연합니다. 때로 일이 있을 수도 있지만, 그때 상대는 대체로 가격을 깎으려고 하지요. 그것도 필요 이상으로 가격인하를 요구하며 상황을 이용해서 후려치려 합니다. 이렇게 되면 공장을 놀리는 것보다는 낫겠다 싶어 그 가격을 받아들이기 십상입니다. 그런데 그렇게 한 기업은 거의 실패했습니다."

대충 이런 이야기를 했던 것으로 기억하는데, 내 생각이 틀리지 않았다고 본다. 경영난을 맞은 기업은 대체로 일거리가 줄어 당황한 나머지 무리해서 주문을 받으려고 한다. 그런데 무리해서 주문을 받으면 그만큼 싸질 수밖에 없다. 그 결과 반대로 커다란 손실을 입고 회사가 파산에 이르게 된다.

반대로 그런 무리를 하지 않고 '뭐, 일이 없을 때도 있는 거지. 일시적인 현상이니 이참에 개선할 점을 개선하고 평소 너무 바빠서 챙기지 못했던 거래처 서비스를 신경 써야겠다'라든가 '기계 손질을 더 철저하게 해 두어야겠다'라는 태도를 보인 회사는 조금도 후퇴하지 않고 오히려 때를 기다려 발전하는 모습을 보인다.

일거리가 없어 직원들이 손을 놓고 있는 것이 아깝다고 생각하는 것도 일리가 있다. 그러나 인건비 손실도 손실이지만 당황해서 괜한 일에 손을 내밀어 회복할 수 없는 손실을 입는 것은 더 큰일이다.

쉽지 않은 결정이지만, 불경기일수록 인내하며 때를 기다리는 마음가짐이 중요하다.

이 가게의 물건이라면
틀림없다

●

일본의 옛 상인들은 포렴布簾(가게 출입구에 늘어뜨린 천−옮긴이)을 매우 소중하게 여겼다. 포렴은 그 가게의 신용을 나타내는 상징이다. 즉 이 가게의 물건이라면 틀림없다, 안심하고 살 수 있다는 고객의 믿음이 그 속에 담겨 있다. 그래서 모든 가게는 포렴을 소중하게 여기고 포렴이 손상되지 않도록 노력했다.

예를 들어 같은 상호로 분점을 내는 것을 함부로 하지 않았다. 10년, 20년 동안 성실하고 근면하게 일을 해 자기 가게의 신용을 절대 손상시키지 않을 것이라는 믿음이 생긴 사람에게만 동일 상호의 분점을 내는 것을 허락했다. 포렴에는 그만큼 고객을 소중히 여기고 좋은 물건을 제공해 온, 오랜 기간에 걸쳐 쌓아 올린 신용과 노력이 있다.

따라서 포렴 없이 새로운 가게를 여는 것은 매우 어려운 일이었다. 이것을 반대로 생각해 보면 옛날에는 포렴만으로도 장사를 할 수 있었다. 그러나 지금은 조금 다르다. 신용이라든지 고객을 소중하게 여기는 것의 중요함은 예나 지금이나 다르지 않지만, 지금은 사회의 변화 속도가 너무 빨라졌다. 옛날에는 장사에 부족한 점이 조금 있더라도 포렴이 그걸 가려 주었던 것이다.

그러나 예전과 다르게 이제 그런 식은 통하지 않는다. 손님의 신용을 소중히 여기는 풍조는 예나 지금이나 변함없지만, 요즘 고객들은 포렴(과거의 신용)만 중요시하지 않는다. 이것이 새로운 시대의 모습이라고 할 수 있다.

과거의 신용은 물론 중요하다. 그렇지만 오랫동안 쌓아 올린 신용도 무너질 때는 한순간이다. 몇 년이 걸린 건물도 부수는 데는 단 3일이면 충분한 것처럼 말이다.

따라서 과거의 신용, 포렴으로 장사를 하겠다는 생각은 버려야 한다. 항상 고객이 원하는 것이 무엇인지 적절하게 파악해서 신속하게 대응해 나가야 한다. 매일매일 새로운 신용을 만들어 내야 하는 것이다.

구매 잘하는 비결

•

제조원가를 10퍼센트 낮춰 그만큼 판매가를 낮추고 싶다면 제조공정의 합리화를 통해 생산 비용을 절감해야 하는 것은 당연한 일이다. 그런데 이 일을 실행하기 위해서는 원재료와 부품을 공급하는 협력 업체에도 납품단가 인하를 요청해야 한다.

이런 경우 협력 업체에게 이 상황을 어떻게 설명하는 것이 좋을까? 어쨌든 납품단가를 10퍼센트 인하해 달라고 요청하는 것도 하나의 방법이 되겠지만, 나는 그렇게 하지 않았다. 어떻게 했느냐 하면, 이번에 이 상품의 가격을 10퍼센트 내려 더 많은 소비자가 제품을 살 수 있도록 하고 싶은데, 협력해 줄 수 있겠느냐고 협조를 부탁했다. "그렇지만 가격을 내려서 귀사가 손해를 보는 건 곤란하다. 가격을 내려도 적정 수준의 이윤을 챙길 수 있는지 검토해 봐 달라"라고 물었다.

그렇게 해도 충분히 해 나갈 수 있으면 문제가 없다. 그렇지만 때로는 "죄송합니다. 그렇게 가격을 내리면 남는 게 없습니다"라는 말을 들은 적도 있다.

이런 경우에는 왜 남는 게 없는지 구체적인 설명을 요청했다. 설명을 들어도 납득하기 어려우면 협력 업체의 공장을 보여 달라고 부탁했다. 그리고 그 공장을 보고 이런 점을 개선하면 더 저렴하게 만들 수 있지 않을까 함께 검토했다. 결과적으로 상대가 충분히 납득해서 가격을 내리는 데 합의했다.

그 결과는 단순히 납품 가격만 낮추는 데 그친 것이 아니었다. 우리 회사 이미지가 '자기 이익만을 생각하지 않고 협력 업체 입장까지 배려해 주는 회사'로 개선되었다.

나중에는 우리 쪽에서 요구하지 않았는데도 협력 업체들이 스스로 문제를 개선해 가격을 낮추는 일까지 생겼다.

결국 원자재와 부품을 공급해 주는 협력 업체와의 공존공영이 중요한 것이며, 바로 이런 부분에 구매의 포인트가 있는 것이다.

신용을 쌓는 판매 방식

●

일본의 한 회사 이야기이다. 자신들이 만든 제품을 독일에 수출할 계획을 세우고, 이 회사의 담당 임원이 독일로 출장을 갔다고 한다. 그 제품은 품질이 뛰어나 세계 어디에 내놓아도 손색이 없다고 생각해서 수출을 고려한 것이었다.

독일 최고의 도매업체를 찾아가 논의를 시작했는데 가격이 문제가 되었다. 일본 업체는 "이 제품을 독일에서 가장 평판이 좋은 일류 제품과 같은 가격에 판매하고 싶다"

라고 말했다고 한다. 그러자 독일 도매업체는 "너무 비싸다. 일본의 다른 회사 제품은 그보다 15퍼센트 저렴하다. 같은 나라 제품이 15퍼센트 저렴한데 너희 회사 제품만 독일 일류 제품과 같은 가격을 설정하는 것은 안 된다"라고 했다. 이 말에도 일리는 있었다. 그러나 그 임원은 "그렇군요" 하고 수긍하지 않았다. 오히려 독일 최고 제품과의 비교를 강조했다.

"맞는 말씀입니다만, 이 제품은 독일 일류 제품의 품질과 비교해서 못하지 않습니다. 그러니 같은 가격에 파는 것은 당연하지 않을까요? 다만 아직까지 우리 회사 제품이 독일에서 이름이 그다지 알려져 있지 않으므로 수입하신다면 '일본 최고의 제품'이라는 설명이 필요할 겁니다. 따라서 그 광고비를 감안해 3퍼센트 싸게 드릴 수는 있습니다."

이 말에 독일 업체 담당자는 "일본에서 온 사람 중 당신처럼 말하는 사람은 처음 봤다. 장사하는 방법을 한 수 배웠다. 이 제품을 기꺼이 사겠다"라고 말하고 계약을 체결했다.

이것은 참 흥미로운 이야기라고 생각한다. 같은 일본 제품이라도 어떤 회사는 독일 제품의 가격보다 15퍼센트 싸게 수출하고, 어떤 회사는 광고비 명목으로 3퍼센트만 빼고 독일 최고의 제품과 똑같은 가격에 수출하고 있고, 그것도 잘 팔린다니 말이다.

지금까지 일본 제품은 해외시장에서 처음에는 100엔, 그다음에는 90엔, 80엔 하는 식으로 가격변동이 심했다. 이것은 자국 제품끼리 덤핑 경쟁을 하기 때문이다. 이런 판매 방식으로는 시장에서의 가격 하락과 함께 신용도 추락해 현지의 자국 도매상조차 제품을 안정적으로 취급할 수 없게 된다. 그런데 앞에 예를 든 회사는 매출도 지속적으로 늘어나고 신용도 높아지는 효과를 거두었다. 이 역시 장사하는 방법 가운데 하나일 것이다.

사업은
자기자본 범위 내에서

•

경기후퇴로 기업 도산이 많아졌다. 이런 도산을 보면 나는 일본 기업들이 너무 과도한 부채를 안고 있는 것은 아닌지 궁금해진다. 이런 현상은 제2차세계대전 이전에는 없었다. 가령 자본금 1000만 엔의 기업이 경영 위기를 맞아 부채가 2000만 엔, 3000만 엔으로 자본금의 2배, 3배에 달하면 큰 문제가 될 수밖에 없다.

그런데 지금은 1000만 엔짜리 회사가 경영 위기를 맞으면 자본금의 수십 배에 달하는 2~3억 엔의 부채가 남는 것이 일반화되었다. 이런 기업은 정말 불안한 상황에 놓이는 것이다. 경기가 좋을 때는 그다지 문제가 되지 않을 수도 있다. 그렇지만 불경기에 금융 긴축정책을 시행하면 금방 자금 흐름이 악화해 부도로 이어질 공산이 커진다. 또한 부채 이자 때문에 순익이 줄어들 수밖에 없다.

물론 지금까지 일본의 기업이나 상점이 차입경영에 치우칠 수밖에 없었던 이유 가운데 하나는 패전으로 다들 자금이 부족하고 물자도 없는 상황에서 서로 신용을 주고받는 길 이외에 다른 방법이 마땅히 없었기 때문일 것이다. 그러나 차입경영은 전쟁 직후 비상 상황에서 허용될 수 있는 일이었다. 따라서 앞으로는 부채를 안고 경영하는 것이 아니라 축적한 자금, 자기자본 범위에서 사업을 추진하는 방향으로 회사 경영을 선회해야 옳다고 본다.

그러나 말처럼 쉽지만은 않을 것이다. 자기자본만으로 경영하기 위해서는 그만큼 돈을 벌어야 하기 때문이다. 게다가 치열하게 다른 회사와 경쟁해야 하는 상황에서 이윤을 더 챙기기 위해 단순히 가격을 올리는 것은 소비자가 용납하지 않을 것이다.

그렇다면 결국 여러 궁리와 노력으로 원가를 낮추고 더 세심한 서비스로 고객에게 봉사하는 길밖에는 없다. 이 방법이 성공한다면 고객은 만족하고 회사는 적정 수준의 이윤을 창출할 수 있고 회사의 체질도 개선될 것이다.

철저하게 자기자본만으로 경영하겠다는 결심만 선다면 이런 방법은 반드시 가능하다.

일은 즐겁게

●

사업이나 일을 할 때 중요한 것은 여러 가지가 있겠지만, 즐겁게 하는 것도 그 가운데 하나일 것이다. 일이 재미없고 사업하는 것이 즐겁지 않다면 그 사람의 인생은 불행할 것이고 일에서 성과도 나지 않을 것이다. 따라서 같은 일을 하더라도 즐거운 마음으로 하는 게 무엇보다 중요하다.

그렇다면 즐거운 마음은 어떻게 하면 만들어지는 것일까?

한 가지 방법으로 적재적소 경영을 들 수 있다. 이와 함께 중요한 것은 자신이 하고 있는 일이 다른 사람들에게 기쁨을 주는 일이라는 마음가짐을 갖는 것이다. 만약 자신의 일이 사람들이 원하지 않는 그다지 가치가 없는 일이라면 즐거움도 샘솟지 않을 것이다. 그런 의미에서 올바른 경영이념을 바탕으로 세상의 요구에 적합한 일을 해 나가는 것은 정말 중요하며, 서로 그런 사회를 만들어 가는 것이 바람직하다.

예를 들어 판매 유통업에 종사하는 사람이 소비자가 기뻐할 만한 제품을 아무리 열심히 제공하고 싶다고 생각해도, 그에 어울리는 좋은 제품이 만들어지지 않으면 판매할 수 없다. 또한 팔려고 해도 가격을 깎아 이윤 확보가 쉽지 않기 때문에 보람을 느끼지 못한다. 따라서 제조업에 종사하는 사람은 판매 유통업 사람들이 자신감을 갖고 판매할 수 있는 좋은 제품을 만들어 그들에게 공급함과 동시에, 그들이 적정 수준의 이윤을 확보할 수 있다는 확신을 가질 수 있도록 유도해야 한다.

또는 회사 경영자가 직원들에게 올바른 사명을 가르치

고 강조하는 것도, 그 회사 직원들이 즐겁게 일을 할 수 있게 하는 방법이 될 것이다.

이렇듯 모든 사람이 기쁨에 넘쳐 자신의 일을 한다면, 거기서 생기는 성과는 상상하기 어려울 정도로 크지 않을까?

서비스할 수 있는 범위에서
사업을 하자

●

아무리 좋은 상품이라도 서비스가 수반되지 않는다면 고객은 만족하지 않는다. 오히려 서비스가 나쁘면 고객의 불만을 초래해 상품 자체의 신뢰를 떨어뜨리게 될 것이다.

이런 점을 감안하면 제조와 판매보다 더 우선해야 할 것이 서비스이다. 가령 판매한 물건에 대한 완전한 서비스를 할 자신이 없다면, 할 수 있는 범위로 생산 규모를 줄이는 것도 하나의 방법이 될 수 있다.

예컨대 지금 가령 다섯 가지 일을 하고 있고 그 다섯 가지 모두에 대한 서비스가 충분하다면 그것으로 좋다. 그렇지만 그만한 역량이 갖추어져 있지 않다면 과감하게 그것을 세 개로 줄여서 일과 서비스에 만전을 기하는 것도 때로는 필요하다. 그렇게 하지 않으면 생산자와 판매자로서 소비자에 대한 진정한 책임을 다했다고 말할 수 없을 것이다.

따라서 사업 규모를 확장할 때는 소비자에 대한 책임을 충분히 인지하고, 그에 맞는 서비스를 할 수 있는 역량이 있는지 자문자답해야 한다. 다행히 그럴 능력이 있다면 확장해도 좋지만, 서비스까지는 할 자신이 없다면 그 일이 아무리 마음에 들더라도 결코 확장해서는 안 될 것이다. 이것을 무시하고 사업 확장을 강행하면 처음에는 잘될지 몰라도 결국에는 서비스에 만족하지 못하는 소비자들로부터 외면당함으로써 실패하고 말 것이다.

결국 서비스란 그 어떤 사업에서도 간과할 수 없는 영역이다. 따라서 그 어떤 경우라도 완전한 서비스가 가능한 범위에서 사업을 추진하는 것이 중요하다. 이 점을 명심하고 사업을 한다면 견실한 경영 상황을 유지하며 발전해나갈 수 있을 것이다.

의존하지 않는 경영이
중요하다

•

최근 제조업의 유통계열화 움직임이 두드러지게 나타나고 있다. 이렇게 하면 도매업체와 소매업체 모두가 여러 제조사의 물품을 취급하는 것이 아니라 한 회사 상품만 취급하게 된다.

　시간이 흐르면서 여러 가지 새로운 제품이 출시되고 품종도 다양해지면서 그만큼 사업도 복잡해졌다. 그래서 단한 회사와의 거래에 노력을 집중하는 편이 낭비도 줄이고 사업도 간단명료해질 수 있다. 아울러 제조사와 유통업체의 관계도 더욱 긴밀해지고 소비자에게 더 충실한 서비스를 할 수 있게 된다. 이런 의미에서 유통계열화는 나름대로 시장이 진화하는 과정으로도 볼 수 있다.

그러나 그렇다고 해서 계열화만 하게 되면 모든 가게가 바라는 대로 성장하는 것은 결코 아니다. 물론 가게 사장의 경영 수완이 좋으면 성과를 낼 수도 있을 것이다. 그러나 그와 더불어 중요한 것은 이른바 자주 경영이라고 할 수 있다.

여러 회사의 제품을 취급할 때, 유통업체 경영자는 자신의 생각과 시장상황을 고려해서 자주적 판단을 내려 경영한다. 이와 달리 한 회사와만 거래하다 보면 자주적 경영이 쉽지 않게 된다. 예컨대 판매할 제품을 들여놓을 때 제조사가 "이번 달에는 이만큼 거래합니다"라고 제시하면, 대개의 경우 그것이 많다고 생각되더라도 "할 수 없죠, 뭐 그렇게 하시지요"라고 받아들인다. 이런 행동의 이면에는 "제조업체가 많이 준 거니까 안 팔리면 반품하면 되겠지" "결재를 좀 미뤄야지" 등과 같은 의존심이 깔려 있다.

이렇게 되면 매출에 특별한 성과도 나기 어렵고 소비자

에게도 별 이득이 돌아가지 않는다. 이렇게 되면 계열화한 것이 오히려 부질없는 일이 되고 말 것이다.

그러므로 유통업체는 "한 회사 물품만 취급해서 사업이 더 견실해졌고 소비자를 위해서도 나은 결정이었다"라고 생각하고 한층 더 자주적인 독립 경영을 할 수 있도록 노력해야 한다. 한편 제조업체도 "계열화로 인해 더 판매가 쉬워졌다"라는 안이한 생각을 접고 거래 유통업체가 자주적 경영을 할 수 있도록 도와야 한다는 책임을 인식해야 한다.

이렇듯 서로 자주 경영을 강화해 나가는 노력을 해야 비로소 성과도 올릴 수 있지 않을까?

시장의 수요는
무형의 계약

●

사업을 할 때 미리 주문을 받아 제품을 생산하거나 판매하는 경우가 있다. 회사나 상점에 따라서는 그런 형태가 대부분인 곳도 있다.

그러나 일반적인 사례를 말하자면, 그런 예약 주문 없이 많은 고객이 그때그때 원하는 제품을 구입할 것으로 예측해 생산하고 판매하는 경우가 많다. 우리 회사는 1년에 1조 엔 정도의 물품을 생산해서 판매하고 있는데, 그 대부분은 예약 주문 없이 시장에서 고객이 자유롭게 구매하는 것이다.

생각해 보면 이런 방식은 매우 위험부담이 크다고 할 수 있다. 왜냐하면 아무런 주문도 받지 않았기 때문에 생산한 물품이 모두 팔릴 것이라는 보장이 없고, 가령 다 못 팔더라도 어디에 하소연할 곳도 없기 때문이다. 정말 미덥지 못한 불안정한 경영방식임에 틀림없다.

그렇다면 어떻게 하면 이런 상황에서 재고를 남기지 않고 공급부족도 없는 적절한 생산 판매가 가능할까? 이는 정말 어려운 문제지만 나는 이렇게 해 보는 것은 어떨지 생각하고 있다.

기업은 고객에게 미리 주문을 받지도 그렇다고 고객과 계약서를 작성한 것도 아니지만, 자사 제품을 구매해 주는 세상 사람들과 보이지 않는 계약 또는 무형의 계약을 맺은 것이라고 본다. 세상 사람들이 언제든지 자유롭게 자사 제품을 살 수 있다는 것이 전제다. 생산자와 판매업자는 그런 수요를 무형의 계약으로 해석하고 세상 사람들이 원하는 것을 공급할 의무가 있다.

따라서 제조와 판매 규모를 늘리고 새로운 설비와 공장

을 세울 때도 그냥 아무 생각 없이 진행하면 안 된다. 따로 예약 주문을 받은 것은 아니지만, 많은 사람이 이 제품을 원하고 있다는 그 자체를 마치 예약 주문 계약을 맺은 것처럼 해석하고, 그 의무감으로 일을 진행해야 한다. 그렇게 철저하게 해석해야 일에 대한 신념이 생기고 기업활동에도 활력이 붙는다.

나는 시종일관 무형의 계약을 생각하며 사업을 해 왔다. 그리고 그런 생각에 따라 어떨 때는 3000만 엔, 또는 5억 엔, 10억 엔, 1000억 엔 하는 식으로 규모가 늘어나는 과정에서도 항상 과부족 현상 없이 공급 의무를 다해 왔다.

오늘날 사회가 점점 복잡해지면서 생산이나 판매에 여러 가지 어려운 문제가 많아지고 있다. 그런 만큼 이러한 무형의 계약을 인식하고 공급자의 의무를 더 철저하게 지켜 나가는 게 중요해질 것이다.

지진 피해가 만들어 낸
개선

●

1964년 니가타에 큰 지진이 일어난 적이 있었다. 기억하시는 분도 많겠지만 여러 건물과 교량이 무너지고 일반 시민은 물론 경제계도 큰 피해를 입었다.

　우리 회사도 그 지역에 판매지점이 있었기 때문에 적지 않은 피해가 있었지만, 나는 그 피해 규모를 듣고 조금 이해가 가지 않는 부분이 있었다. 한마디로 피해액이 지나치게 컸기 때문이다.

　만약 니가타에 생산 공장과 같은 제조시설이 있었다면

그럴 만하다고 생각했을 것이다. 그러나 단지 지점이 있었을 뿐이었기 때문에 그 피해액이 너무 크다고 생각했다.

그래서 이야기를 더 들어 보니, 결국 니가타로 필요 이상으로 물품을 보내 그것이 현지에서 과잉재고로 쌓여 있던 것이었다. 만약 적정한 물품이 보내져 적정규모의 재고가 유지되고 있었다면 피해를 줄일 수 있었을 것이다.

보통 어떤 재해로 인해 손실이 발생하면 불가항력이므로 어쩔 수 없었다고 생각하기 쉽다. 특히 지진은 현대 과학으로는 예측할 수 없기 때문에 천재지변이라고 간주하는 게 더 쉽다. 그러나 잘 생각해 보면 천재지변 그 자체는 어쩔 수 없었다고 하더라도 그로 인한 피해 규모는 경영을 어떻게 하는지에 따라 달라질 수도 있다.

이 일을 계기로 전국의 판매지점 상황을 조사했더니 니가타 지점과 대체로 비슷한 상황이었다. 그래서 이대로 두면 안 되겠다 싶어서 여러 방향을 검토하고 개선을 한 결과 경영 체질 개선에 성공할 수 있었다.

만약 지진이 발생하지 않았다면 재고가 과잉 상태라는 것을 알지 못하고 아무런 개선 조치도 없었을 것이다. 지진과 같은 큰 재난이 원인이 되어 오히려 상당한 성과를 올린 결과가 된 것이다.

이런 경험을 통해 나는 경영의 묘미를 느끼기도 한다.

엄격한 거래처를
대하는 마음

●

사업을 하다 보면 거래처로부터 심한 독촉을 받을 때가
있다.

거래처가 물품을 주문하고 빨리 가져오라고 하는 경우
이다. 그러면 "네, 알겠습니다. 가능한 서둘러 납품하겠습
니다"라고 대답은 하지만 아무래도 일을 하다 보면 어느
정도 시간은 필요해진다. '내일 납품하면 되겠지, 마침 내
일 그쪽으로 가야 하는 다른 배달도 있으니까 함께 가져
다주면 되겠지'라고 생각하기도 한다. 그런데 다음 날 다

른 더 급한 일이 생기면 다음 배달할 때 한꺼번에 몰아서 해야겠다고 생각하고 그 일을 다시 미루기도 한다. 실제로 이러한 일은 빈번하게 일어난다.

이런 경우 상대 거래처가 어쩔 수 없다고 상황을 이해해 주면 그대로 납품은 며칠이나 미뤄진다. 그러나 그렇지 않고 성가실 정도로 계속 전화로 독촉하는 경우도 있다.

"아까 주문한 제품, 바로 보내 주세요."

"내일 가져다드리려 생각하고 있습니다."

"안 돼요. 내일은 늦어요. 오늘 바로 가져다주세요."

"그건 어렵습니다."

"안 된다고 하지만 말고, 이번만은 어떻게든 부탁합니다. 지금 너무 곤란한 상황입니다."

이렇게 재차 독촉을 받으면 '일단 여기부터 납품하고 보자'라고 생각하게 된다.

거래처로부터 받는 이런 심한 독촉은 신속한 납품의 중요성을 각인시켜 주는 동기가 된다.

보통의 주문이더라도 일부러 주문하는 것이니 곧바로 가져다주어야 하고, 상대는 많이 기다리고 있다는 것을 알게 되기 때문이다.

결국 거래처로부터 받는 심한 독촉은 사업의 성장과 발전에 보탬이 되는 것이니, 엄격한 거래처일수록 감사해야 한다.

이윤을 인정한다

●

사업을 하는 과정에서 적정 수준의 이윤을 남기는 것은 정말 중요하다. 적정이윤 확보는 사업을 발전시켜 더 많은 사람에게 도움되는 일을 하게 하고, 그 이윤의 상당 부분을 나라에 세금으로 납부해서 사회 전체의 번영에도 기여한다. 그런 의미에서 적정한 이윤을 남기는 것은 국민으로서 귀중한 의무이자 책임이라고 할 수 있을 것이다.

따라서 경영하는 사람은 항상 '적정이윤을 남기는 것은 귀중한 의무이자 사회 구성원으로서의 책무를 다하는 일'이라는 마음가짐으로 일에 매진해야 한다.

물론 사업의 기본은 더욱 질 좋은 제품을 가능한 저렴한 가격으로 공급해 소비자에게 기쁨을 주는 데에 있다. 따라서 기업을 경영할 때는 끊임없이 창의적으로 궁리해 새로운 상품과 더 효과적인 사업 방법을 강구해서 서비스에 만전을 기해야 한다.

그러나 이와 함께 적정이윤의 중요성을 잊어서도 안 된다. 그러지 않으면 덤핑 판매와 같은 과당경쟁이 일어나 모든 사업자가 예외 없이 곤경에 처하는 일이 발생할 것이다.

단 자신의 적정이윤만을 중시할 뿐 아니라 그러한 생각을 거래처나 세상 사람들에게도 널리 알려 충분한 이해를 얻어야 한다. 아무리 적정이윤을 중시하더라도 그것을 사람들이 인정해 주지 않으면 아무런 의미가 없다. 그러므로 그 중요함과 정당함을 기회가 있을 때마다 알리고 강조해야 한다.

성의와 열의를 가지고 끈기 있게 이해를 구하는 노력을 계속하면 반드시 세상도 알아줄 것이다. 적정이윤은 중요하다는 생각이야말로 사회 전체의 번영을 가능하게 하는 기초라고 생각하기 때문이다.

이런 설득에 성공하는 것이 세상과 사람을 위해 진정한 사업을 가능하게 하는 한 방법이다.

불량을 없애다

●

여러 가지 원재료와 부품을 구매하는 어느 자동차 회사 이야기이다. 이 회사는 구매 대금을 결제할 때 일정액을 공제하고 지급한다고 한다. 공제하는 금액은 전화비라고 한다. 즉 제일 먼저 물품을 주문할 때 사용하는 전화비는 당연히 자사 부담이지만, 납기가 늦어 독촉한다든지 불량품이 있어 민원을 제기하는 경우에 사용하는 전화비는 공급자에게 귀책사유가 있으므로 당연히 지급 대금에서 공제한다는 것이다.

한 기계 회사에서도 역시 일정 비율을 결제액에서 공제한다고 한다. 납품받은 부품에 불량이 있을 경우, 그 비율에 따라 반품액과는 별도로 벌금을 부과한다는 것이다. 불량이 있으면 반품한다. 이는 당연한 일이다. 그런데 가령 불량률이 5퍼센트였다면 95퍼센트에 해당하는 금액을 지급하는 것이 아니라 그 금액에서 다시 일정 비율의 벌금을 공제하고 지급하는 것이다. 게다가 그런 사실을 상대 회사의 대금 회수 담당자가 아니고 최고 경영자에게 알린다고 한다.

나는 이 두 회사의 이야기를 듣고 크게 느끼는 바가 있었다. 두 회사 모두 일본을 대표하는 훌륭한 회사이다. 그런 회사가 이렇게까지 철저하게 일하고 있다는 사실이 놀랍고 감탄스러웠다.

아마 두 회사 모두 전화비를 공제하거나 벌금을 부과하는 자체가 목적은 아닐 것이다. 어떻게 하면 구매하는 원재료와 부품의 불량을 줄여 좋은 제품을 생산할 수 있을까를 진지하게 고민한 결과 이러한 방법을 택했으리라고 본다.

불량품이 발견되면 반품하면 그만이라고 생각해서는 안 된다. 반품에는 나름의 수고와 시간이 소요된다. 더욱이 많은 부품 중 하나만 불량이어도 자동차가 움직이지 않거나 기계가 돌아가지 않는 등의 문제가 발생할 수 있다.

그런 위험을 잘 알고 있기 때문에 어떻게든지 불량을 없애려 하는 것이다. 단 하나의 불량도 없이 납품을 받고 싶다는 열의가 반영되어 벌금이라는 형태로 나타난 것이 아닐까 싶다.

불량품을 없애는 것은 납품하는 측의 책임이겠지만 구매하는 측의 생각과 방법에 따라 없앨 수도 있다. 그런 생각을 하게 되는 사례였다.

물심양면으로
공헌하자

●

기업의 사명은 다양한 물자를 풍부하게 생산 또는 공급하고 판매해서 사람들의 생활을 풍요롭게 만들어 가는 데 있다. 바꿔 말하면 인간 생활을 물질적인 측면에서 풍족하게 하는 데 그 의의가 있는 것이다.

그렇지만 한편으로 우리 생활이 물질적인 면에서 풍부해지기만 하면 되는 것은 아닐 것이다. 이와 함께 정신적인 풍요로움이 더해져야 진정한 행복을 느낄 수 있다.

이렇게 생각해 보면 기업경영은 물질적인 풍요로움만을

목표로 삼아서는 안 되고, 정신적인 풍요로움을 함께 생각해야 한다고 보는 게 타당하다. 물론 우리 사회에는 종교나 도덕, 예술 등 여러 분야가 있어, 이것이 인간 삶의 정신적 풍요로움을 채워주고 있다. 따라서 기본적으로 기업경영은 물자의 풍족한 공급을 목표로 삼는 것이 좋지만, 한편으로 사람들의 정신생활을 윤택하게 만들어 풍요로운 사회 실현에 공헌하는 것도 중요하다.

올바른 거래 습관, 상도덕을 정립하고 그 실천에 노력하는 것도 그 방법 가운데 하나가 될 수 있다. 만약 대금 지급과 수금을 제때 하지 않으면 무의식중에 사업을 쉽게 여기고 정신상태가 흐트러져 사람들의 마음까지 악하게 만들 수 있다. 그러므로 지급과 수금을 확실하게 기한을 지켜 실행해야 한다. 이는 사업을 건전하게 만들 뿐 아니라 사람들의 마음을 선하게 만드는 데도 중요하게 작용할 것이다. 또한 자주 경영을 철저하게 실행하고 서로 협력해 나가는 것도 중요하다. 아마 그 방법은 여러 가지가 있겠지만, 기업경영이 풍요로운 사회를 만드는 데 물심양면으로 어떻게 공헌할 것인지 깊이 고민해야 할 것이다.

광고의 필요성

●

제조업체의 사명은 뭐니 뭐니 해도 역시 소비자에게 도움되는 제품을 만드는 것이다. 그런 사명감이 없다면 생산자로서 존재가치가 없다고 할 수 있을 것이다. 그러나 단순히 좋은 제품을 만드는 것만으로 끝나서는 안 된다. 제품을 어떤 식으로든 사람들에게 널리 알리는 일이 중요하다.

'이번에 이런 좋은 제품이 나왔습니다. 이 제품을 사용하시면 분명히 여러분의 생활에 도움이 될 것입니다'라는 소식을 세상에 알릴 의무가 있는 것이다. 바로 거기에 광고의 사회적 의의가 있다. 따라서 본래 광고란 단순히 제품을 팔기 위한 것만은 아닐 것이다. 바꿔 말하면 광고는 이렇게 좋은 제품이 만들어졌고 그 사실을 어떻게든 세상에 알리고 싶다는 뜻에서 하는 행위이다.

또한 광고를 하는 것은, 제조업체로서 그 제품을 판매하는 사람들의 의욕을 불러일으키고 그 활동을 돕는 것이다. 판매업자는 제조업체로부터 공급받은 좋은 제품을 직간접적으로 소비자에게 판매해 생활 편의를 개선한다는 사명감을 가지고 일하는 사람들이다. 그런데 제조업체가 판매는 판매자가 하는 일이라고 치부해 버리고 광고를 소홀히 한다면 판매자는 의욕이 떨어질 것이다. 반대로 제조업체가 적극적으로 광고하면 판매자도 그 힘을 받아 목표를 달성하고자 열정을 가지고 판매에 임할 것이다.

물론 이런 말을 굳이 할 필요가 없을 정도로 오늘날 광고 활동은 매우 활발하게 이루어지고 있다. 그것은 그것 나름대로 바람직하다. 하지만 판매만을 위한 광고, 광고를 위한 광고로 보이는 것도 일부 나타나고 있어서 광고 본래의 의미를 되새겨보는 일이 필요해 보인다.

상대의 시간도
소중하게

●

기업을 경영하다 보면 종종 서로 접대를 하기도 하고 받기도 한다. 접대는 인간관계를 원활하게 해서 사업을 더 긴밀히 수행하는 데 일면 필요하기도 할 것이다.

다만 접대에는 당연히 절제가 필요하다. 접대가 부정부패로 이어질 수 있다는 점은 논외로 하더라도, 접대로 인해 상대방의 소중한 시간을 빼앗을 수 있기 때문이다. 사업에 열중하는 경영인은 항상 시간에 쫓기게 마련이므로, 서로의 귀중한 시간을 불필요하게 낭비하지 않는다는 의미에서도 일과 직접 관련 없는 접대는 되도록 피하는 것이 좋다.

거래처를 방문했는데 마침 공교롭게 식사 시간일 경우, 상대로부터 "함께 식사라도 하실래요?" 하고 제안하는 경우가 있다. 이럴 때도 일단 "바쁘실 텐데 다음에 하지요"라고 사양해야 한다. 그래도 굳이 같이 식사를 하자고 하면 "그럼 간단히 우동이라도 시켜서 먹으면서 일 이야기를 좀 더 하면 어떨까요"라는 식으로 대처하는 게 좋을지도 모른다. 또한 "괜찮습니다. 바쁘신데 사양하겠습니다. 그동안 일을 더 보십시오. 저는 대접받은 걸로 생각하겠습니다"라고 내답하는 것도 괜찮은 내응일 것이다. 물론 밀투는 최대한 정중해야 하지만 이렇게 하면 기분이 상하기보다는 '경우가 바른 사람이구나'라고 생각하고 신뢰할 것이다.

물론 접대를 무조건 다 사양하라는 말은 아니다. 때에 따라 충분히 대화를 나누어야 하는 상황이라면 접대가 필요하기도 하다. 다만 접대하거나 받는 것을 당연하게 여기는 태도는 서로의 시간을 절약한다는 의미에서 좋지 않다는 뜻이다.

경영에 필요한 설득력

•

사업에 성공하려면 설득력을 갖추는 것이 매우 중요하다.

가게에 손님이 찾아와서 "여기는 물건값이 비싸네요. 다른 데는 15퍼센트 싸게 팔고 있는데, 여기는 10퍼센트밖에 안 깎아 주네요?"라고 묻는다면 어떻게 대응할 것인가? 15퍼센트나 저렴하게 팔면 가게를 유지하기 어려워지니 이런 상황이 안 생기는 게 좋겠지만, 그렇다고 "그렇게싸게는 안 되겠는데요"라고 말하면 손님은 다른 가게로가 버릴 것이다.

그러므로 어떻게든 손님을 설득하는 능력을 키워야 한다. "이 가격은 가게 유지를 위한 최저 수준입니다. 이 이상 싸게 팔면 적자를 보게 되니, 이 가격으로 구입 부탁드립니다. 대신 사후 서비스 등 다른 면에서는 만전을 기하도록 하겠습니다." 사업을 한다면 적어도 이렇게 고객을 설득할 수 있어야 한다.

종교도 설득력이 있는 종교는 발전한다. 물론 훌륭한 교리를 가지고 있어야 하겠지만, 아무리 좋은 교리를 갖고 있다 하더라도 설득력이 없는 종교는 쇠퇴하고 말 것이다.

사업도 마찬가지다. 아니 어쩌면 종교 이상으로 설득력을 갖는 게 중요할지 모른다. 자사의 세품 가격은 적정가격이고 그것을 구매하면 반드시 도움이 될 것이라는 확신을 가지고 고객을 설득해야 한다. "이 제품은 절대 비싸지 않습니다. 가격을 깎으시면 가게 유지가 어렵고 고객 서비스도 소홀해질 수밖에 없습니다"라고 설득하면 열 중에 아홉은 공감해 줄 것이다. 그게 세상의 이치이다.

따라서 이런 설득력이 없고 고객의 공감을 이끌어 낼 자신이 없다면, 그런 사람은 좀 심하게 말해서 사업에 소질이 없다고 보아야 옳다. 이런 사람이 사업을 하면 자신도 힘들고 다른 사람에게도 폐를 끼치는 결과로 이어질 공산이 크다.

경쟁이 점차 심해지는 요즘이야 말로, 이 정도까지 자신을 엄격하게 평가해야 하는 시기다.

사업은 예산 안에서만
진행되지 않는다

●

금전적 측면에서 나라의 운영을 살펴보면, 이른바 예산을 편성하고 이에 맞는 다양한 정책을 시행하는 것을 알 수 있다. 즉 국민으로부터 세금을 거둬 각 부처로 그 돈을 배분해서 주어진 일을 한다. 물론 국가 예산은 의회의 승인을 거쳐야 한다. 국회의 승인은 국민이 써도 좋다고 인정하는 절차이며 그 범위에서만 일을 하겠다는 국민과의 약속이기도 하다. 그러므로 정해진 예산을 초과해서 일할 수 없다.

기업도 예산을 세워서 일을 추진하는 경우가 적지 않다. 예산 시스템은 기업을 더욱 효율적으로 운영해서 더 나은 성과를 올리기 위한 수단이라는 점에서 바람직하다.

다만 이 경우 잊어서는 안 되는 중요한 사실이 있다. 기업이 벌이는 사업은 살아 움직이는 생명체와 같아서 계획된 예산대로만 움직이지 않는다는 사실이다. 바꿔 말하면 사업을 위해 예산이 있는 것이지, 예산을 위해 사업이 있는 것은 아니라는 점이다.

정부 부처의 예산집행은 국민의 승인이 있어야 하므로 '예산이 없다'라고 하면 일단은 허용된다고 본다. 그러나 정부도 가령 전쟁과 같은 비상시가 되면 특별예산을 편성해서 대응한다. 하물며 기업경영은 매일 전쟁과 같은 상황에 놓여 있다고 봐야 한다. 따라서 예산이 없다고 해서 필요한 일을 늦춰서는 안 된다. 정부 기관처럼 기업경영을 해서는 안 된다는 말이다.

보통은 이런 점을 너무 당연하게 여기지만 정작 실제로는 의외로 비슷한 실수를 하는 경우가 종종 있다. 예산이 없다는 핑계로 거래처의 요청을 거절하거나 필요한 광고를 하지 않는 경우를 어렵지 않게 발견한다.

　그렇지만 고객은 예산이 없다고 해서 기다려 주지 않는다. 점점 다른 곳으로 떠나간다.

　예산 범위에서 사업을 하는 것은 물론 중요하다. 그렇지만 그것은 어디까지나 예외가 인정되는 원칙 정도로 생각하고, 필요하다면 돈을 빌려서라도 살아 움직이는 경영을 하는 것이 맞다.

목숨을 건 진정함

•

최근(1974년) 들어 경영환경은 날로 더 힘들어지고 있다. 다른 한편으로는 대폭적인 급여 인상도 추진해야 하는 상황이다. 더불어 원재료 등의 물가 폭등도 더해지고 있다. 이런 가운데 제조판매하는 상품의 가격 인상은 용납되지 않고 우리 사회는 가능한 한 현재의 가격을 유지하거나 인하하는 것을 요구하고 있다.

따라서 기업은 낭비를 가능한 줄이고 효율을 높여 생산성 향상을 도모해서 대내외로부터의 다양한 요구에 대응해야 하는 상황이다.

그런데 업종이나 기업에 따라 다소 차이는 있겠지만 이런 엄중한 정세는 대체로 어디나 비슷하게 느끼고 있는 것 같다. 세상 대부분의 기업은 임금을 대폭 올리고 있는데 자사만 그렇게 하지 않을 수도 없는 상황이다.

그러나 이와 같은 정세 속에 있지만 모두 다 곤란한 상황에 처해 있는 것은 아닌 것 같다. 어떤 기업은 20퍼센트 임금을 올려도 그 인상분만큼을 생산성 향상으로 해소하는가 하면, 임금을 못 올려 주어서 악전고투하고 있는 기업도 있다. 어떤 가게는 비교적 저렴하게 판매하면서도 이윤을 적절히 챙기고 있는가 하면, 비싸게 팔고도 이윤을 내지 못하는 다른 가게도 있다. 이런 현상이 같은 업종에서 나타난다.

왜 이런 차이가 발생하는 것일까? 이는 사전 대비에 대한 필요성을 얼마나 절감하고 평소에 경영합리화를 지속적으로 해 왔느냐에 달려 있다고 본다. 예컨대 내년부터 임금을 인상해야 한다고 판단되면 지금부터 경영합리화를 시작해 임금인상 전까지 그 부담을 전부 흡수하면 문제가 없다. 때가 되어 임금인상을 해도 이미 매출 계획에 반영되어 있으므로 충분히 이윤을 낼 수 있는 것이다.

반면 불경기로 매출이 줄어 이윤이 감소하자 경영합리화를 추진하는 기업은 미리 대비하지 못했다는 이유로 큰 희생을 치르기도 한다. 역시 기업경영은 어떤 사태가 일어날지 어느 정도 예측해서 필요한 대책을 세워 놓고 차분하게 때를 기다려야 한다.

물론 이런 필요성은 어느 기업이나 잘 알고 있을 것이다. 그럼에도 기업마다 차이가 발생하는 이유는 느끼고는 있지만 실행하지 못했기 때문으로, 경영에 대한 진지함의 차이라고도 볼 수 있다. 기업경영은 영리하거나 머리가 좋다는 것만으로 되지 않는다. 역시 목숨을 걸 정도의 경영에 대한 진정성이 있어야 비로소 무엇을 언제 어떻게 해야 한다는 감이 생기고, 그 느낌을 힘 있게 실행에 옮길 수 있게 된다.

절대 쉽지 않은 일이라는 걸 알지만 지금은 이런 경영 태도가 필요한 시기라고 생각한다.

제
4
장

사람을
키우는 법

불경기와 인재 육성

●

사람의 마음은 참 희한하게도, 한동안 편안한 상태가 계속되면 나도 모르게 안이해지고 방심하기 쉬워진다. 그러나 평온무사할 때 오히려 언제 닥칠지 모를 난관에 대비해야 한다. 그래서 예부터 '번영할 때 역경을 생각하라'는 말도 있다. 그런 훈계가 있어도 순조로운 나날에 익숙해지기 쉬운 것이, 우리의 일반적 삶의 모습이 아닐까 싶다.

그러다가 한번 난관에 봉착하면 겁이 나서 두렵기도 하지만 한편으로는 어떻게든 극복해야겠다고 평상시와는 다른 강인한 마음가짐으로 지혜를 짜내고 노력도 하게 된다. 그러면서 경영자로서 또 인간으로서 성장할 기회를 얻기도 한다.

이렇게 생각해 보면 회사의 인재 양성에서도, 모든 회사 일이 순조롭게 이루어지는 시기에는 인재가 충분하게 성장하기 어려운 면이 있다고 볼 수 있다. 곤란한 상황에 처했을 때 또는 일이 순조롭게 풀리지 않을 때 오히려 직원이 성장해서 인재가 양성되는 측면도 있을 것이다.

그렇지만 곤란한 상황을 일부러 만들어 낼 수는 없는 일이다. 그뿐 아니라 사업이 순조롭게 진행되고 있다는 것은 무엇보다 다행스러운 일이므로, 극복해야 하는 어려운 일을 굳이 만들어 낼 필요는 없다.

그런 의미에서 나는 예컨대 불경기야말로 인재를 육성할 수 있는 절호의 기회라고 본다. 물론 불경기 그 자체는 결코 반가운 일이 아니며, 커다란 견지에서 보면 인간의 힘으로 없앨 수도 있다고 생각한다. 그렇지만 오늘날에는 현실적인 문제로 호경기 이후 불경기가 찾아오는 것은 어느 정도는 피할 수 없는 일이 되었다.

이렇게 불경기가 찾아오면 물건이 팔리지 않고 판매 대금을 받기도 어려워진다. 그러나 이런 곤란한 상황에 그냥 "어쩌지, 어떡하지"라고 낙담만 하고 있지 말고, "곤란한 상황이지만 지금이 직원에게 살아 있는 교육을 할 수 있는 절호의 기회"라고 적극적으로 생각해 보는 것은 어떨까?

불경기가 되더라도 굳게 마음을 먹고 지금이 인재를 양성할 기회, 더 나아가 경영 체질을 강화할 절호의 기회라고 생각해야 한다.

사명감이 필요하다

●

자녀를 교육할 때 중요한 요소는 여럿 있겠지만 그 가운데 하나는 자기만의 인생관, 세계관을 갖도록 하는 것이 아닐지 생각한다. 인간의 공동생활이란 어떤 것이며, 인간으로서 올바른 모습은 어때야 하는 것일지 등에 대해, 생각의 차이는 있겠지만 하나의 주관을 명확하게 가져야 한다.

사람은 그런 주관을 통해 신념이 생긴다. 그리고 신념은 자기도 모르는 사이에 그 사람의 말과 행동으로 나타나고, 자녀를 바람직한 방향으로 가르치고 이끄는 결과로 이어진다. 주관과 신념 없이 자녀에게 이래라저래라 말로만 해서는 충분한 교육을 하기 어려울 것이다.

기업도 마찬가지다. 정말 바람직한 인재를 육성하려고 생각한다면 경영자 자신이 분명한 사회관, 경영관, 인생관을 갖추고 있어야 하며, 이런 신념을 바탕으로 회사의 사명감이 만들어진다.

그렇게 되면 직원에게 "우리 회사는 이런 사명을 갖고 있습니다. 그 사명을 달성하는 것이 우리 회사가 존재하는 의의입니다. 그러므로 여러분은 이 사명을 깊이 이해하고 달성하기 위해 최선을 다해 주기를 바랍니다"라고 말할 수 있게 된다. 직원도 이런 말을 들으면 "아 그렇구나, 이 회사는 그런 사명을 갖고 있구나, 내가 이 회사에서 일하는 것은 그 사명 달성을 위함이며 내 이익만을 위한 것이 아니구나, 열심히 해야겠다"라는 생각을 하기 쉬워질 것이다. 이렇게 되면 자연스럽게 인재가 양성될 것이다.

사명감을 갖지 않고 아무 생각 없이 일만 하면, 시간이 지나면서 일에 대한 지식과 경험은 쌓이겠지만 인간으로서 정말 바람직한 성장은 얻어지지 않을 것이다.

기업경영이 점점 어려워지고 있는 오늘날, 이런 지점이 한층 더 중요해지고 있다.

부하 직원을
어떻게 바라보는가

●

나는 학력이 높은 것도 아니고 지극히 평범한 사람이다. 그런데 그런 나에게 주위에서 '경영을 잘한다' '인재 기용을 잘한다' 하고 칭찬한다. 나 스스로는 그렇게 훌륭한 사람이 아니라고 생각하지만 반복해서 그런 말을 듣다 보면 그들이 왜 그렇게 생각하는지 궁금해진다. 그 이유로 마음 짚이는 데가 하나 있다.

　내게는 직원들이 나보다 더 대단해 보인다는 점이다. 어떤 직원을 보더라도 나보다 학력도 높고 재능도 있어 보인다.

물론 나는 사장과 회장 자리에 있으면서 직원들에게 주의를 주거나 때로는 "자네 이래서 되겠어?" 하고 호되게 꾸짖은 적도 적지 않다. 그렇지만 이건 내가 사장이나 회장이라는 직책에 있었기 때문이지, 스스로 내 자신이 대단하다고 생각해서 한 일은 아니다. 꾸짖으면서도 내심 '이 사람은 나보다 대단한데'라고 생각했다.

그런 마음으로 인재를 기용하고 직원을 대한 것이 특별히 뛰어난 점이 없는 내가 경영을 잘하고 사람을 잘 쓴다는 말을 듣게 된 원인이 아닐까?

이 점은 오랫동안 사업을 하면서 상대해 온 거래처들의 경우를 봐도 알 수 있다. 거래처 사장 중에는 "아무래도 우리 직원들은 안 되겠어. 정말 골칫거리야"라며 직원들을 못마땅하게 여기는 사람도 있다. 그 사람은 너무 훌륭하고 수완도 좋아서 직원들이 부족하다고 생각하는지도 모르겠다. 그렇지만 그런 회사는 거의 예외 없이 일이 잘 풀리지 않는다. 반대로 사장이 '우리 회사 직원들은 모두 정말 좋은 사람들이고 그래서 나는 너무 기쁘다'라고 말하는 곳은 모두 실적도 좋고 사업도 잘 풀린다.

이렇게 생각해 보면 어떤 곳이든 윗사람이 부하 직원을 나보다 더 훌륭하다고 생각하는지 그렇지 않은지에 따라 사업의 승패가 갈리는 것은 아닐까? 아무것도 아닌 것처럼 보일지 모르지만 그런 사소한 것 하나가 경영과 인사의 핵심이 된다.

인사는
적재적소의 원칙이 우선

●

어떤 단체나 그룹의 리더가 본인이 하는 일이 적성에 정말 잘 맞다면 그 그룹 전체가 발전하고 구성원도 행복할 것이다. 반대로 리더가 적성에 맞지 않는 일을 하고 있다면 그 그룹의 발전은 기대하기 어려울 것이다. 발전하지 못할 뿐 아니라 붕괴할지도 모른다. 한 사람의 적임자는 그룹에 이처럼 큰 영향력을 미친다.

불교 경전에 '한 사람이 출가하면 구족九族이 극락에 간다'는 말이 있다. 즉 한 사람이 출가하면 부모 형제를 비롯해 그 집안사람 모두가 극락왕생한다는 뜻이다. 적절한 비유가 아닐지 모르지만 한 사람이 적소에 배치되면 그 그룹 전체가 번성하는 것은 틀림없는 사실이다.

일본은 여전히 연공서열에 따라 인사를 하는 곳이 많은 것 같다. 물론 연공서열 방식이 가진 버리기 어려운 장점도 있기 때문에 전부를 배척할 필요는 없을 것이다. 그러나 그 장점을 살리되 연공서열에만 얽매여 적재適材를 썩히는 우를 범해서는 안 될 것이다.

예전에 어떤 회사가 위기에 처해 우리 회사에 경영을 위탁하러 온 적이 있었다. 다소 친분도 있고 해서 인수하기로 하고 아직 마흔이 안 된 젊은 직원에게 그 회사의 경영을 담당하게 했다. 그런데 그 일을 계기로 그 회사는 눈에 띄게 달라졌다. 장기간 적자에 주주에게 배당금도 지급하지 못하던 회사가 제품도 좋아지고 이윤도 늘어나면서 두 차례의 증자를 하고도 배당금을 늘리는 상태가 되었다.

이는 하나의 사례에 불과하지만, 이처럼 모든 측면에서 적재적소의 원칙을 지키는 것은 중요하다. 다만 적절한 인재를 발탁해도 모두의 이해가 없으면 실행할 수 없다. 모두가 그런 인사를 이해하고, 일을 잘하기 위해서는 자신의 부하 직원이라 할지라도 그 자리에 적합하다면 기꺼이 양보하는 철저함이 한편으로 필요할지 모른다.

적재적소 인사로 결과가 좋아지면 그 혜택은 구성원 모두에게 돌아가고 비로소 회사도 발전하는 것이다.

곤란한 상황에
빠졌을 때

•

사업을 하다 보면 어려운 상황에 직면하는 일이 적지 않다. 때로는 진퇴양난의 상황에 빠질 수도 있다.

그런 어려움에 직면하면 어떻게 대처해야 좋을까? 여러 가지 방법이 있겠지만, 우선 그런 중요한 사태에 놓여 있다는 것을 있는 그대로 직시하는 것이 중요하다고 본다. 그리고 그 사태를 초래한 원인이 어디에 있는지 차분하게 생각해 보는 것이다. 그 원인이 외부에 있을 수도 있다. 그러나 대부분 그 원인은 자기 내부에 있는 경우가 많을 것이다.

그러므로 만약 자신의 생각이 부족했거나 방법이 잘못된 것이 어려움의 이유라면 그 사실을 솔직히 인정한다. 그렇게 개선할 지점을 고친다면, 난국에 대처하는 길도 열리고 그 경험을 앞으로도 활용할 수 있게 될 것이다.

이처럼 일을 그르친 후에야 비로소 잘못을 깨닫는 것은 어쩌면 우리 같은 평범한 사람들에게는 늘 있는 일이다. 일을 그르친다고 하더라도 실제로는 수습이 되는 경우가 많을 테지만 중요한 것은, 일을 그르치게 되는 상황에 이르렀을 때 나름의 깨달음을 얻는 것이다. 그래야만 그 이후의 성장을 기대해 볼 수 있다.

위대한 일에 성공한 사람 가운데 아무런 실패도 경험하지 않은 사람은 없을 것이다. 도전하며 실패하고 그때마다 무엇인가를 발견하며 깨달음을 얻었을 것이다. 이런 과정을 수없이 체험하며 점차 성장해서 결국 훌륭한 신념을 가지게 된 결과 위대한 업적을 이룬 것일 테다.

그러므로 실패해서 곤란한 상황에 빠졌을 때는 그것을 있는 그대로 자신의 실패라고 인정하는 일이 중요하다. 실패를 인정하지 않으면 실패로 얻을 수 있는 것도 없다. 그냥 세상과 남 탓만 해서는 또 다른 실패를 반복해서 불행을 초래하게 될 것이다.

어렵게 된 원인을 있는 그대로 받아들이고 '이번에 정말 좋은 경험을 했다. 비싼 대가를 치렀지만 소중한 교훈이 되었다' 하고 열린 마음을 가질 수 있는 사람은 훗날 성장을 기대해 볼 수 있을 것이다.

겸허함이 결여된
확신은 위험하다

●

무슨 일을 하는지 그 일에 대한 신념과 확신을 가지는 것은 중요하다. 물론 기업경영도 예외는 아니다. 신념이 없는 경영, 확신이 결여된 사업은 역동적이지도 않고 성과를 내기도 어렵다. 그러므로 일을 하면서 확신의 정도를 끌어올리고 신념을 키워 나가는 것이 중요하다.

그러나 아무리 중요하다고 하더라도 그냥 아무 근거 없는 확신을 가져서는 안 된다. 필요한 것은 겸허한 마음속에서 만들어지는 확신이다. 겸허함을 잃은 확신은 확신이

라기보다는 자만심이다. 실제로 실패한 사람을 보면 왕왕 겸허함을 잃고 자신이 의견에 고집을 부리는 경향이 나타나는 것 같다. 이에 비해 겸허한 마음을 가진 상태에서 나타나는 확신은 훌륭한 신념으로 이어져 대체로 일을 성공으로 이끈다.

겸허함은 특히 윗사람일수록 명심해야 하는 대목이다. 부하 직원이 만약 겸허함이 결여되어 있다면 윗사람이 "자네 생각은 틀렸어. 그렇게 해서는 안 돼"라고 주의를 줄 수 있다. 아랫사람은 주의를 받고 자신의 교만함을 돌아보고 반성한다. 반면 윗사람은 그런 충고를 들을 기회가 드물다. 기업의 임원이나 경영자는 스스로 자신의 마음을 다스리고 항상 버릇처럼 자신이 겸허한지 자문자답해야 한다.

겸허한 마음을 갖추면 다른 사람의 훌륭한 점이 보인다. 심지어 부하 직원도 자기보다 훌륭하다고 생각하게 된다. 부하 직원을 안 되겠다고 평가하는 동안에는 겸허함을 갖추고 있다고 보기 어렵다. 물론 모두가 그렇다는 것은 아니며, 자신보다 못한 사람도 있을 것이다. 그러나 겸허한 마음은 무능력한 직원에게서조차 장점을 발견하고 배울 수 있게 만든다. 따라서 적당한 제안에 대해서는 곧바로 찬성할 수 있고 의사결정도 빨라 일이 물 흐르듯 순조롭게 진행될 것이다.

우리 모두 겸허한 마음에서 생겨나는 확신을 서로 키워 나갔으면 한다.

한 젊은 사장의
일 잘하는 비결

•

공항에서 있었던 일이다. 공항에 도착했는데 아직 출발까지 시간이 남아 라운지로 갔다. 거기에는 미리 와 있는 승객들이 있었다. 그 가운데는 아직 젊은 50세가량 된 대기업 사장도 있었다. 우리 회사와는 업종이 달라 마주칠 기회가 많지 않았지만 두세 번 얼굴을 본 적이 있었다. 그 회사는 업계에서 일본 최고의 훌륭한 회사라고 들어 알고 있었다.

그 사장은 나와 얼굴이 마주치자 벌떡 일어나 인사를

하기 위해 외투를 벗으려고 했다. 나는 당황해서 "괜찮습니다. 그대로 계십시오"라고 말했으나 그는 이미 외투를 벗고는 정중하게 머리를 숙여 인사했다. 나는 감기 기운이 있어 외투를 입은 채 인사를 했지만 내심 놀라웠다.

요즘은 지위에 차이가 많이 나더라도 공항 라운지 같은 장소에서 이 정도의 예의까지 갖추지는 않는 것 같다. 더욱이 자신도 대기업의 사장이고 우리와 거래가 있는 것도 아니었다. 그런데도 두세 번 얼굴을 봤을 뿐인 내게 일부러 외투까지 벗으며 정중하게 예의를 표한 것이다. 그 세심한 배려에서 나오는 겸허한 태도에 나는 크게 감동받았다.

전해 들은 바에 따르면, 그는 지금의 회사에 아무 연고도 없이 입사해 이미 40대에 사장이 되었다고 한다. 그런 젊은 나이에 사장이 되어 수년간 일본 유수의 대기업을 흔들림 없이 경영해서 업계가 주목하는 훌륭한 성과를 올리고 있는 것이다.

이런 생각을 떠올리며 나는 "젊으신 나이에 회사를 아주 훌륭하게 경영하신다고 들었습니다. 대단하십니다"라고 말했다. 그러자 그는 "아닙니다. 모르는 게 너무 많아서 직원들과 상의도 자주 하고 외부 전문가들께도 많은 조언을 얻고 있습니다. 마쓰시타 회장님께도 잘 부탁드립니다"라고 말해서 나는 또다시 그의 겸손한 태도에 감명을 받았다. 그런 그에게 호의를 가지지 않을 수 없었다.

이것이 바로 이 젊은 사장의 일 잘하는 비결임을 알 수 있었다.

잘못을 지적해주는
사람이 있는가

●

한번은 우리 회사에서 꽤 높은 직위에 있는 사람이 사소한 잘못을 했는데, 그냥 넘길 수 없어 경고장을 전달해서 주의를 주기로 했다. 그래서 나는 그 사람을 불러 이렇게 말했다.

"나는 자네가 한 일에 대해 경고장을 전달하려고 생각하고 있는데, 만약 자네가 조금이라도 불만이 있다면 별로 의미가 없으므로 전달을 그만두겠네.

자네가 정말 '그래, 당연히 받아들여야지'라고 생각한

다면 자네는 앞으로 반성하고 정말 훌륭한 사람이 될 것이기 때문에, 경고장에 충분한 가치가 있다고 생각하네. 반면에 '꼭 이렇게까지 해야 되나? 정말 기분이 나쁘지만 어쩔 수 없지'라고 생각한다면 만들어 놓은 경고장은 주지 않을 거야. 자네 생각은 어떤가?"

"무슨 말씀인지 잘 알겠습니다."

"정말 내 의도를 알겠는가? 경고장을 기꺼이 받아들이겠는가."

"네, 그렇습니다."

"그렇다면 좋네. 나도 기꺼이 그렇게 하겠네."

내가 막 경고장을 전달하려고 할 때, 마침 그 직원의 동료와 상사가 사무실로 들어왔다.

"마침 잘 왔군. 자네들도 들어 보게나."

"무슨 일이십니까."

"사실은 지금 이 친구에게 경고장을 전달하려는 참이었네. 기꺼이 받아들인다고 하니 나도 더할 나위 없이 유쾌하군. 지금 그 내용을 읽어 볼 테니 자네들도 함께 들어 보게."

경고장 내용을 모두 읽고 나서 나는 세 명의 직원에게 이런 말을 했다.

"자네들은 운이 좋아. 잘못을 지적해 주는 사람이 있다는 건 정말 좋은 일이지. 사장인 내가 잘못하면 뒤에서 이런저런 말을 하겠지만 면전에서 지적해 주는 사람이 없다네. 결국 모르는 사이에 나는 계속 같은 실수를 반복하겠지. 그러나 자네들은 나를 비롯해 다른 상사가 잘못을 지적해 줄 수 있으니 얼마나 다행인가. 지위가 올라갈수록 이런 기회는 점점 줄어든다네. 게다가 요즘 윗사람들은 아랫사람들의 잘못을 지적하기보다는 함께 일하기를 피하는 경향이 있지. 그러니 이번 기회를 소중히 생각하게."

이렇게 주의를 주는 것은 다소 비상식적인 행동일지 모른다. 그러나 다행히 그 직원은 있는 그대로 상황을 받아들이고 그 이후 너무 훌륭하게 성장했다. 내가 체험한 여러 일 가운데 참고가 될 것 같은 좋은 사례여서 기꺼이 소개한다.

시키는 대로만 하면
안 된다

●

일을 할 때 '시키는 일만 한다'라는 것은 한편으로 중요할 수도 있다. 윗사람이 내린 지시가 아랫사람에 의해 적절하게 실행되면 일이 순조롭게 진행되어 일에서 성과가 날 수 있다. 지시한 대로 이행이 되지 않는다면 경영이 성립하지 않는 것으로 볼 수 있다.

그렇다고 '시키는 일만 한다'라는 것으로 충분하다는 말은 절대 아니다. 윗사람의 명령을 윗사람이 원하는 것이라고 안이하게 생각하게 되면 이른바 무사안일주의에 빠저 조직은 경직된다.

이를테면 홍보 부서에서 회사의 비용 절감 취지에 맞춰 광고비를 줄이자는 방침을 세웠다고 하자. 본래의 취지를 잘못 이해해 꼭 해야 할 광고까지 중단하면 잘 팔리던 상품도 팔리지 않고 회사는 오히려 손해를 입는다. 이 경우 불필요한 광고는 없애고, 그 비용으로 필요한 광고를 더욱 적극적으로 하는 것이 바람직하다고 볼 수 있다.

가령 어떤 부서의 부장이 한 가지 방침을 내세웠다고 가정해 보자. 그러면 그 부서의 과장이나 대리는 각자의 소신을 밝혀야 한다. 만약 그 방침이 타당하지 않다면 "부장님, 그건 틀린 것 같습니다"라고 자주성을 발휘해서 말할 수 있어야 한다. 이른바 '자주 경영력'을 갖추는 것이 중요한 것이다. 자주 경영력이 없으면 윗사람이 잘못된 판단을 했을 때 모두 잘못된 방향으로 갈 수밖에 없다.

이런 점은 누구나 알고 있겠지만, 조직이 커지고 직원도 늘어나면 나도 모르게 시키는 일만 하는 무사안일주의에 빠지기 쉬워진다.

그러므로 상사는 부하 직원의 자주성을 고양시키도록

노력해야 한다. 또한 윗사람은 항상 부하 직원의 의견에 귀를 기울여서, 평소에 그들이 마음껏 의견을 토로할 수 있는 자유로운 분위기를 만들어 가야 한다.

현장을 통해
실무 전문가가 되어라

●

우리 회사에서는 매년 신입 직원이 입사하면 일정 기간 공장에서 생산 실습을 하고 소매점에서 판매 실습을 체험하도록 하고 있다. 회사가 아직 작은 규모였을 때는 그렇게 할 필요가 없었다. 업무가 곧 현장 수업이었기 때문에 개발이나 설계를 담당하는 기술자는 직접 나사를 조립해보면서 제품 생산과정을 충분히 익힐 수 있었고, 판매 기획자는 일선 영업 현장의 상황을 경험함으로써 일에 대해 직접 피부로 느낄 수 있었다.

그런데 회사 규모가 커지면서 업무가 전문화, 세분화되어 점점 현장을 직접 체험할 기회가 없어졌다. 그래서 앞서 언급한 대로 현장을 체험하는 실습 제도를 도입한 것이다.

기업경영을 의학으로 비유하면 기초의학이 아니라 임상의학에 해당할 것이다. 이런 의미에서 나는 모든 직원을 현장 감각이 있는 임상 전문가로 키워야 한다고 본다.

가령 판매 계획을 세우는 사람이 스스로 판매 경험 없이 그냥 지식과 재능에 의지한 채 책상에 앉아서 계획을 구상하면 실현 가능성이 낮아 실패할 확률이 높아질 것이다. 같은 논리로 실제 제조 현장 경험이 없는 기술자가 제품의 개발과 설계를 하더라도 뛰어난 제품을 만들 수 있을까요? 나는 만들 수 없다고 생각한다.

현장의 일을 하는 이상 실제 체험부터 시작하지 않으면 전문가답게 일을 해내기 어렵다. 만약 2년이든 3년이든 매장이나 소매점에 견습생으로 들어가 바닥 청소부터 배우며 수련한 사람이 정식 점원이 되어 영업 일을 하면 어떻게 될까? 그 사람은 판매 현장의 상황을 너무 잘 알고 있기 때문에 책상에 앉아서 세우는 계획보다 훨씬 더 실제 상황에 맞게 일을 해낼 공산이 클 것이다.

물론 어떤 형태로 일을 체험하고 터득해 나갈지 그 방법은 여러 가지겠지만, 현장 체험 원칙을 지켜 나가는 것만은 잊어서는 안 된다.

직원 교육에
혼을 담아라

●

'사업의 성패는 사람에게 달려 있다'라는 말이 있듯 인재 육성은 정말 중요하다. 그래서 최근에는 어느 기업이든지 직원 교육에 힘을 쏟으며 관련한 제조와 조직을 정비하는 것이다.

그런데 나는 직원 교육을 위한 제도와 조직을 잘 정비하는 것도 중요하지만, 무엇보다 중요한 것은 그 교육에 이른바 혼을 불어넣는 것이라고 생각한다. 무슨 말이냐면 회사라면 경영자, 상점이라면 사장의 인격이 반영된 직원

교육이어야 한다는 뜻이다. 그런 교육이 가장 훌륭한 교육법이라고 본다.

그렇다고 기업의 경영자나 상점의 사장이 정말 훌륭한 인격자이고 무슨 일에서든지 모범적인 사람이어야 한다는 말은 아니다. 그런 것은 쉬운 일도 아니고 무엇보다 너무 피곤한 일이 된다. 꼭 신과 같은 존재가 될 필요도 없고 그럴 수도 없다. 보통의 인간이면 충분하며 인간적인 결점을 가지고 있어도 좋다. 오히려 그런 점을 드러나게 하는 것이 좋을 것이다. 내가 말하는 인격과 인간적 결점은 동전의 양면처럼 공존하는 것이다.

결점이 많아도 괜찮고 부족한 부분이 있어도 좋다. 그렇지만 무슨 일을 하든지 간에 열의만큼은 그 누구에게도 뒤지지 않아야 한다. 책임자는 직원과는 달라야 한다. 경영자로서의 모범적인 행동은 다름 아닌 솔선수범이다. 윗사람이 움직여야 아랫사람이 따른다. 이것은 사람 사는 세상의 보편적 원칙이다. 경영자가 학력이 높고 훌륭한 재능을 갖추었다 하더라도 열의가 부족하면 직원이 따르지 않는다. 잘 갖춰진 교육제도나 조직이 무색해진다.

무엇보다 부하 직원의 의견에 귀를 기울이고 그들의 지혜를 모아야 한다. 중지를 모아 경영 성과를 올리기 위해서도 직원의 의견을 놓쳐서는 안 된다. 직원의 의견을 수렴하는 것은 경영에 도움이 될 뿐만 아니라 직원의 자신감을 높여서 성장을 촉진시킨다.

그러므로 인재 육성을 바란다면 우선 경영자가 나서서 경영에 열의를 보이고 직원의 의견을 충분히 수렴해야 한다.

아드님을
다른 회사로 보내십시오

●

경세가 불황의 늪에서 오랫동안 벗어나지 못하던 때의 이야기이다. 우리 회사의 거래처였던 도매업체들도 심각한 위기 상황에 빠져 있었다. 당시 200곳의 거래처 가운데 30곳 정도를 제외하면 모두 적자일 정도로 불황이 심각했다.

그래서 나는 거래처와 여러 이야기 창구를 마련해 그들의 요청 사항을 들었다. 그리고 솔직하게 내가 할 수 있는 지원책을 전달하고 함께 여러 가지 강구책을 마련해 난국에 대응했다.

그 거래처 가운데 매우 오랫동안 거래를 해 온 도매업체가 하나 있었다. 그 업체 사장은 사업 경력도 오래되었고 누구보다 일에 대한 열정이 있었지만, 다른 도매업체보다 큰 손실을 보고 있었다. 내 나름대로 그 업체의 경영 상태를 분석해 보니 한 가지 중요한 원인이 있음을 알 수 있었다. 그래서 나는 그 사장을 만나 이렇게 이야기했다.

"경영 실적이 계속 나빠지는 원인이 어디에 있다고 생각하십니까?"

"글쎄요. 마쓰시타 씨. 최선을 다하고 있지만 생각만큼 실적이 오르지 않는군요. 그 원인을 모르겠습니다."

"제가 보기에는 사업에 방해가 되는 사람이 한 명 있습니다. 당신이 아무리 열심히 해도 적자를 벗어날 수 없는 건 당연하지요. 그를 놔둔 채 사업을 정상화시키는 건 어렵습니다."

"그런 사람이 우리 회사에 있단 말입니까? 누군지 전혀 모르겠는데, 대체 그 사람이 누구입니까?"

"전무 자리에 있는 당신의 아드님입니다."

내 말을 들은 그의 얼굴에는 놀란 기색이 역력했다. 예상된 반응이었다. 나는 계속해서 설명했다.

"물론 아드님이 나쁜 뜻을 가지고 방해하고 있지는 않습니다. 오히려 회사를 위해 열심히 노력하고 있지요. 그런데 경영의 기본을 충분히 모르고 있는 것 같습니다. 그리고 아드님이 전무라는 중요한 위치에 있기 때문에 결과적으로 일에 방해가 되고 있다고 생각합니다."

"아, 그런 건가요?"

"사업을 바로 잡고 싶으시다면 아드님을 3년 정도 다른 회사로 보내 일을 처음부터 다시 배우게 하는 게 좋을 거 같습니다."

내 충고에 난색을 표하던 사장은 곰곰이 생각하더니 결국은 수긍했다. 그리고 그 아들은 다른 회사로 옮겨 3년간 다녔고, 그 사이 도매업체는 다시 정상궤도에 올라 멋지게 재건했다. 처음으로 남의 밥을 먹으며 일을 배운 그 아들은 다시 회사로 돌아와서는 훌륭한 경영인으로 성장해 지금은 자기 몫을 다하고 있다.

전무로 있는 아들을 다른 회사로 보내라는 내 제안은

보기에는 따라서는 무례하게 들렸을 수도 있다. 보통의 경우라면 받아들이기 어려운 제안이었을 것이다. 그럼에도 그 제안을 받아서 실행에 옮긴 것은, 지금 생각해 보면 당시 그만큼 절박하기도 했고 진심으로 회사를 걱정했기 때문이지 않았을까? 좋은 의도와 성의를 가지고 한 조언은 입에 쓰더라도 몸에는 좋은 약처럼 결과적으로 상대에게 이익을 안겨 준다.

상사에게
도움을 청하라

●

기업을 경영하면서 중요한 것 가운데 하나는 '자주 책임경영'을 하고 있는가이다. 모든 구성원이 회사의 기본 방침에 근거해 책임을 갖고 자주적으로 일을 추진해 나가는 바람직한 모습으로 일을 하는가 하는 것이다. 시키는 일만 하겠다는 자세로 하나하나 상사의 지시에 따르고 일일이 상사에게 물어서 일을 진행해서는 성과를 내기도 어렵고 인재가 육성되지도 않는다. 구성원 모두가 독립적으로 행동하고 경영해 가는 것이 올바른 기업의 형태이기 때문이다.

다만 어디까지나 이는 평상시에 적용할 수 있는 형태이다. 일이 잘 풀리지 않는 어려운 시기에도 그렇게 하라는 말은 아니다. 스스로 최선을 다해 궁리해도 최고의 방책이라는 확신이 들지 않는다면 곧바로 상사에게 자신의 망설임에 대해 솔직하게 보고하고 도움을 청해야 한다. 그렇게 하지 않고 1개월이고 2개월이고 상태를 방치하면 상황은 점점 악화되고 혼자 고민하는 사이에 예기치 못한 사태가 벌어질 수도 있다.

물론 상사도 신이 아니기 때문에 보고를 받더라도 딱히 묘안이 떠오르지 않을 수 있다. 그럴 때는 외부에 도움을 요청하는 것이 좋다. 의외로 외부의 전문가가 해결 방법을 제시해 줄 수도 있다. 전문가에게 조언을 듣는 것은 결코 부끄러운 일이 아니며 오히려 성의를 가지고 일 처리를 한다는 증거이다.

나도 대개의 경우 스스로 판단했지만, 아무리 궁리해도 해결책이 떠오르지 않을 때도 있었다. 그럴 때는 주저 없이 다른 사람에게 도움을 청했다. 조언해 주는 사람이 반드시 자신보다 지위가 높아야 하는 것은 아니다. 다른 각도에서 문제를 바라봤을 때 어떤 판단을 하는지 충분히 참고할 수 있다고 생각한다. 이런 과정을 통해 해결의 힌트를 얻어 결정하면 문제는 의외로 순조롭게 풀릴 것이다.

혼자 문제를 끌어안고 고민하면서 상사에게 보고도 하지 않으면 상사는 일이 잘 진행되고 있다고 판단해 안심한다. 그러다가 더 이상 해결 방안이 없는 상황에서 보고해서 이미 손쓸 시기를 놓치게 되는 일이 실제로 적지 않다.

상황이 좋지 않을 때는 한시라도 빨리 상사에게 보고하고 지시를 받아야 한다. 그것이 진정한 책임경영의 모습이다.

무엇이든 괜찮다고
생각하는 태도

●

집안 형편이 어려워지면서 나는 열한 살 때부터 상점에서 일을 하기 시작했다. 요즘이야 일일 근로시간이 8시간으로 정해져 있지만 당시는 아침 일찍부터 밤 10시까지 휴식 시간조차 없던 시절이었다. 그리고 설날과 추석을 제외하면 휴일도 없는 연중무휴 상태이었다. 그래서 일을 마쳐도 공부할 시간이 없었다.

그런 나를 보고 어머니는 읽고 쓰기를 충분히 익히지 않으면 나중에 커서 곤란하니까 다른 회사에 급사로 들어가 야간학교라도 다니라고 권하셨다. 나도 그 말에 마음이 크게 움직였던 것이 사실이다. 그런데 아버지는 몹시 반대하셨다. 일단 장사하는 길로 들어섰으니 끝까지 한 우물을 파라는 말씀이었다. 결국 나는 열입곱 살까지 상점에서 일을 했다.

그런데 지금 생각해 보면 내가 사업의 기본과 요령을 익힐 수 있었던 건 그때의 경험 덕분이고, 그게 지금까지도 많은 도움이 되고 있다. 그 당시 내가 원하던 공부를 하지 못하게 된 것도 결과적으로는 행운이었던 셈이다.

이런 면에서 운명이란 참 아이러니하다. 사람들이 저마다 나름대로 뜻을 세우지만 뜻대로 실행하거나 이루기는 쉽지 않다. 그렇지만 희망과 정반대의 길이 자신에게 정확하게 맞아떨어져 성공하는 경우도 있다. 나는 그렇게 생각한다.

인생 전체를 통해서 스스로 생각하고 자신이 모든 것을 결정하는 일은 많지 않다. 나 한 사람의 시야는 극히 좁기 때문이다. 내가 알고 있는 것은 세상의 1퍼센트에 불과하고 나머지 99퍼센트는 모른다고 생각하면 된다. 모르는 세상일은 암중모색이다.

그러므로 한 가지에 사로잡혀 너무 끙끙대며 고민할 필요는 없다. 처음부터 아무것도 모른다고 생각하면 마음이 편하다. 사람에게는 다양한 모습이 있어도 되는 것이다. 혜택받은 생활이든 무엇이든 괜찮다고 생각하는 태도가 중요하다.

한 호텔 사장에게
배운 교훈

●

사업에서 시비스의 중요함은 아무리 강조해도 지나치지 않는데, 얼마 전 한 호텔 사장으로부터 이런 이야기를 들었다.

그 호텔은 개점을 앞두고 건물, 설비, 비품 등 모든 부분에서 주도면밀하게 준비를 했다. 특히 그중에서도 가장 중점을 둔 것은 종업원에 대한 서비스 교육이었다.

빠르게는 개점 2년 전에 사람을 채용했고 늦어도 6개월 전에는 모든 채용을 마치고 개점 직전까지 다양한 현장

실습을 시행했다고 한다. 그래서 개점을 앞두고 큰 문제는 없을 거라 생각했지만 그래도 걱정이 사라지지 않았다고 한다.

나는 이 이야기를 듣고 큰 감명을 받았다. 아무리 훌륭한 시설을 갖춘 호텔이라도 그것만으로는 고객이 만족하지 않는다. 이에 덧붙여 빈틈없는 서비스가 있어야 비로소 고객이 "이 호텔에 머물러 너무 좋았다. 다음에도 여기에 또 와야지"라고 생각할 것이다.

물론 요즘은 이와 같이 사전에 인재를 양성해 서비스에 만전을 기하는 일은 호텔 경영의 상식이 되었다. 한편 돌이켜 생각하면 과연 우리 회사가 그 정도까지 마음을 써가며 고객에게 서비스했는지 반성하는 계기도 되었다.

최근 서비스의 중요함이 강조되면서 모든 사업에서 나름 관련 제도나 체제를 정비하고 있는 것으로 보인다. 그러나 제도에 걸맞은 서비스 감각을 발휘할 인재가 부족해 이것이 제대로 실천되지 못하면 화룡점정하지 않은 그림처럼 서비스에 혼이 담기지 않을 우려가 있다.

진정으로 고객이 만족할 수 있는 서비스를 하기 위해서

는 그 업무에 종사하는 사람이 회사를 대표해서 적절한 화법과 태도로 대응해야 한다. 그런 사람을 육성하고 훈련시키는 데 노력을 아껴서는 안 된다. 오히려 가장 중요한 것으로 간주해야 한다. 나는 그 사장의 이야기를 듣고 이런 점을 느꼈다.

분수에 맞는 사람을
채용하는 것이 최선

•

요즘(1974년) 사람이 부족해서 구인에 어려움을 겪는 회사가 많은 것 같다.

내가 사업을 시작할 무렵(1918년)에는 다행히 사람이 많았다. 물론 당시 마츠시타전기는 학교 수석 졸업생 정도의 우수한 인재가 찾아올 만한 회사가 아니었다. 오히려 우수한 인재가 입사한다고 해도 부담스러운 입장이었다.

당시 우리 회사 직원들은 대부분 초졸자들이었고, 중학교를 졸업한 사람도 드물었다. 일반적인 다른 회사들도 고등학교 졸업자를 채용하기가 상당히 어려웠던 시절이었다. 마쓰시타전기는 1927년 무렵에 가서야 전문학교 졸업자 두 명을 겨우 채용할 수 있었다. 사업을 시작하고 9년째 되던 해였다.

나는 이렇듯 회사의 성장과 상황에 맞추어 직원을 채용했고, 그런 방법이 좋았다는 생각이 든다. 따라서 모든 회사가 자신들의 현재 상황과 입장에 어울리는 인재를 채용해야 한다고 생각한다.

너무 뛰어난 인재가 와도 곤란할 수 있다. 많은 것을 갖춘 사람 가운데 일을 잘하는 사람도 있지만, 그런 사람은 왕왕 '뭐야 이렇게 단순한 일만 하다니 정말 회사 생활 재미없군' 하고 느끼기가 쉽다. 그러나 그렇지 않은 사람이라면 채용해 준 것에 감사하며 회사에 만족하며 일할 것이다. 회사 입장에서는 그런 사람이 고마우니, 너무 뛰어난 인재만 있어도 곤란하다.

'분수에 맞다'라는 말이 있듯 나는 분수에 맞는 회사, 분수에 맞는 상점, 분수에 맞는 사람을 채용하는 것이 최선이라고 생각한다. 그런 사람들을 열심히 모은다면 큰 걱정을 하지 않아도 될 것이다.

어떤 경우라도 완벽한 인재만 채용할 수는 없을 것이다. 그러나 70점 정도의 사람은 모을 수 있을 것이다. 그리고 어쩌면 그런 선택이 오히려 행복할지 모른다.

급여 수준이 적정한가

•

두말하면 잔소리겠지만, 급여는 회사에나 식원에게나 정말 중요하다. 급여 수준이 적정한지는 회사와 직원의 안정 및 번영과 직결되는 중대한 문제인 동시에 사회 번영의 기초가 된다. 따라서 서로 충분히 배려하고, 끊임없는 모색으로 창의력을 발휘해 그 적정화를 도모해야 한다.

누구든 급여는 많은 게 좋다고 생각한다. 그런 생각 자체는 나쁘다고 보지 않는다. 하지만 가령 회사가 아무리 많은 급여를 주고 싶어도 그 자체만으로는 실현되지는 않는다. 더욱이 그 급여 수준을 오랫동안 지속하는 것은 더 더욱 어려운 일이다.

그렇다면 어떻게 해야 가능할까? 그것은 결국 사회의 공평한 승인을 얻음으로써 가능해진다고 생각한다.

회사 단독으로 또는 사장의 생각만으로 급여를 올리거나 내리는 것은 용납되지 않는다. 결국 사회의 승인을 얻어야 비로소 그것이 용인되고 항구적인 것이 된다.

따라서 단순히 노조가 요구한다고 되는 일도 아니다. 노조의 과다한 요구를 가령 사장이 받아들이려 해도 세상이 허락하지 않는다. 또는 회사 재무 상태가 허락하지 않을 것이고, 더욱이 그런 상황이 오랫동안 지속되는 것 역시 허용되지 않는다.

그러므로 급여에 대해서는 항상 때를 생각하고 업계를 생각하고 나라를 생각하고, 그리고 이 정도라면 세상도 허락하겠지, 이 정도라면 여러 가지 점에서 문제가 일어나지 않겠지, 이 정도 급여 수준이라면 오랫동안 지속할 수 있겠지처럼, 여러 측면을 감안해서 결정한 범위에서 최고 수준을 따져 봐야 한다. 바꿔 말하면 적절한 급여는 서로 올바른 가치판단을 내려서 정하는 것이다.

　만약 거기서 잘못된 판단을 한다면, 일시적으로 바람직한 상태가 되더라도, 결국 회사도 직원도 점차 쇠퇴의 길로 접어들 것이다.

인사 불만은
제대로 해소하자

●

이건 전쟁(제2차세계대전) 전 이야기인데, 당시 우리 회사는 1급 사원, 2급 사원, 3급 사원 그리고 사원보社員補(오늘날로 치면 '수습사원' 정도에 해당-옮긴이)순으로, 사원들에게 일종의 등급을 매기고 있었다. 그런데 어느 날 한 사원보가 나에게 찾아와 이렇게 말했다.

"저는 입사 이래 지금까지 근속했고, 업무도 상당히 숙달했습니다. 이제 3급 사원의 자격을 충분히 갖추었다고 자부합니다. 하지만 아직 승진 발령을 받지 못했습니다.

사장님. 아직 저의 노력이 부족합니까? 만약 그렇다면 앞으로 더 많은 지도하에 더욱 분발하겠습니다. 그렇지만 혹시 승진에 누락이 있었던 것은 아닌지요?"

대략 이런 질문이었다. 그래서 나는 바로 인사과에 확인 지시를 했는데 그 사람 말대로 승진 발령에 오류가 있음을 발견했다. 그 사원은 곧바로 3급 사원으로 승진했다. 당시 그 직원의 담백하고 솔직한 자세가 나는 유쾌하고 기뻤다.

그런데 비슷한 시기에 다른 사람이 자신의 상사를 통해 사표를 제출했다. 그 직원이 왜 그만두겠다고 했는지 이유를 분명히 알 수는 없었지만, 아무래도 틀림없이 승진 발령이 날 거라 생각했는데 그렇지 않았던 것이 원인이었던 같다.

원래 인사란 공평성에 문제가 있어서는 안 된다. 그렇지만 사람이 하는 일이 100퍼센트 완벽할 수 없다. 그래서 한편으로 여러 의문과 불만이 생기는 게 이해가 된다. 이때 그 의문과 불만을 어떻게 해소하는지가 중요하다. 아무 말 하지 않고 자신의 가슴에 묻어두는 것도 하나의 방법이 될 수 있을 것이다.

그런데 나는 먼저 예를 든 직원처럼 자기 의사를 솔직히 말하고 마음속의 불만을 푸는 것이 더 바람직한 방법이라고 생각한다. 뒤에 예로 든 직원처럼 자기 생각을 표현하지 않은 채 혼자서 고민하는 자세로는 결코 좋은 결과를 얻을 수 없다.

스스로 강한 신념을 갖고 일을 하고, 이해하기 힘든 점이 있다면 거리낌 없이 의사를 개진해야 한다. 그럴 수 있는 분위기를 조성하는 것은 전적으로 상사나 경영자가 해야 할 중요한 몫이다.

프로라는
자각이 있는가

•

이전에 1964년 도쿄올림픽을 앞둔 선수늘이 어떻게 훈련했는지를 다룬 〈투혼의 기록〉이란 영화를 본 적이 있다. 모든 종목의 선수들이 이를 악물고 혹독한 훈련에 임한 것을 보고 크게 감명받았다. 특히 여자배구에서 우승한 선수들의 연습 장면은 정말 비참하다 못해 잔혹하다고 표현해도 좋을 정도로 강렬했다. 간담이 서늘해질 정도의 놀라움과 충격 그 자체였다. 이런 혹독한 연습과 훈련 과정을 알고 있기에 올림픽에서 이루어 낸 영광은 보는 사람들로 하여금 더욱 큰 감동을 불러일으킨다는 것을 느낄 수 있었다.

그런데 생각해 보면 올림픽에 출전하는 선수는 모두 아마추어다. 물론 국가의 영광을 위해 서로 경쟁하는 자리인 만큼 경기를 대하는 마음가짐이 더 특별할 수 있다. 그렇다 하더라도 각자의 본업이 따로 있는 사람들이다.

돌이켜 생각해 보면 사업은 두말할 것도 없이 모두가 본업으로 삼는다. 아마추어가 아니라 프로페셔널인 것이다. 그렇다면 아마추어인 사람이 본업이 아닌 것에 열정을 쏟아붓는 것 이상으로 사업하는 사람은 자신의 본업에 혼신의 노력을 다해야 하는 것 아닐까?

조금 심하게 말하면 본업에 몸과 마음 모두를 쏟아부어 더할 나위 없는 기쁨을 느끼지 못한다면 그 본업에서 떠나야 한다고 보는 견해도 있을 수 있다. 능력의 문제는 아니다. 몸과 마음 모두를 쏟아붓고 기쁨을 느낄 수 있는지가 문제이다.

힘에 부친다는 사람도 많을 것이다. 그러나 부족하면 부족한 대로 최선을 다하는 모습은 훌륭하다. 그런 모습이 사람을 감동시키고 사람을 움직이는 힘이 된다. 결국 지혜와 힘이 모여 성과를 내는 것이다.

그런데 아무리 힘이 있더라도 그런 모습이 보이지 않는다면 성과를 올리지 못할 것이다. 그러므로 그런 의미에서 온 힘을 다해 본업에 임하고 흥미를 느끼지 못한다면 그 일을 그만두는 게 맞다.

특히 책임 있는 자리에 있는 사람은 스스로 그런 마음가짐으로 일을 하고 있는지 자문자답해야 한다.

경영자로 산다는 것

•

경영자는 쉼 없이 머리를 써야 할 때가 많다. 열심히 하면 할수록 시간이 부족하고 온전히 나만의 시간도 가질 수 없다. 언제 어떤 장소에 있든 경영과 관련한 일들이 머리에 떠오른다. 조금 극단적으로 말하면 그런 상태가 아니라면 정말 혼을 쏟아붙는 경영이라고 말하기 힘들 것 같다.

 직원으로 근무하는 사람은 정해진 근무시간이 있고 개인 시간도 있다. 당연한 일이다. 그렇지만 회사 규모나 크기와 상관없이 경영자는 직원들이 쉴 때도 일을 해야 한다. 물론 실제로 하루 종일 쉬지 않고 일하라는 말은 아니다. 휴식을 취해도 좋고 놀아도 된다. 그러나 몸은 쉬고 놀고 있어도 마음은 쉬거나 놀아서는 안 된다. 언제나 회사 경영을 생각하고 있어야 한다. 답답하고 피곤한 일이지만 적게는 몇 명에서 많게는 몇천 명이 되는 직원들의 운명을 양어깨에 짊어지고 있는 입장이기 때문에 그 정도는 감당해야 한다.

그리고 어떻게 보면 이런 점이 경영자가 누릴 수 있는 삶의 보람과 재미이며 긍지라고 할 수 있다. 만약 조금이라도 이런 마음이 생긴다면 그건 답답하거나 피곤한 일이 아닐 수도 있다. 그런 기분 좋은 긴장이 혈액순환을 좋게 하고 피로를 가시게 할 것이다.

결국 남보다 열심히 일하고 노력해서 얻는 자리는 결코 그 자리에 안주하고 편안해지려고 있는 것이 아니다. 오히려 쉴 여유도 없을 정도로 고생이 이어지는, 생각하기에 따라서는 정말 힘들고 재미없는 일이다. 그러나 한편으로 일에서 느끼는 삶의 보람이 위로가 되기도 한다.

조금 심하게 말하는 것 같지만, 이런 기분과 마음가짐을 갖고 있는지가 경영자 스스로 적격성을 판단하는 하나의 기준이 된다.

내가 과장 자리에
맞는 사람인가

●

인재는 사업을 하는 데 있어 말이 필요 없는 중요 요소다. 그런데 그 '인재'의 적격성에 대해서는 얼마나 충분하게 검토되고 있는지는 의문이다. 물론 웬만한 곳은 대부분 나름의 검토가 이루어지고 있겠지만 의외로 적격하지 않은 사람이 과장이나 부장이 되고, 또는 사장이 되는 회사도 비교적 많은 것 같다. 이 같은 현상은 봉건제도의 잔재와 연공서열의 병폐가 일정 부분 영향을 주고 있는 것으로 보인다.

연예계나 스포츠계에서는 자질이 없거나 실력이 부족하면 바로 쉽게 판명이 난다. 그런데 경영계에서는 그 적격성을 확실하게 판별할 수가 없다. 승부를 봐서 지면 적격성이 없는 것이 되겠지만 승부를 볼 장소도 없고 있다고 해도 곧바로 승부가 나지도 않는다.

회사에서는 과장이라면 과장 자리에 적절한지에 대해 나름의 검토를 거친 후 임명하지만, 때로는 잘못 판단하기도 한다. 그때 그 사람 스스로 자기의 적격성을 어떻게 판단하고 있는지도 문제이다. "자네, 과장을 맡아주게"라는 말을 들으면 대체로 누구나 받아들일 것이다. 그때 "아닙니다. 과장이 되는 건 어렵습니다. 다행히 지금 하고 있는 일이 잘 풀리고 있고, 재미도 있습니다. 그러니 과장 자리는 거절하겠습니다"라는 말을 할 수 있을지가 관건이다. 그 가운데는 이렇게 말하는 사람이 있을지 모르지만 대부분은 그렇지 않을 것이다. 일본에서는 보통 평사원보다 과장이 좋다는 생각이 일반적이기 때문이다.

미국 등에서는 "과장으로 승진하는 것은 좋은 일이지만 현재의 일에 충실하겠습니다. 저는 이 일이 적성에 맞습니다. 또한 그것이 회사를 위해서도 이득입니다"라고 거절하는 사람이 열에 한 명 정도는 있을 것 같다.

물론 일본과 미국은 사정이 다르지만 자기 점검을 포함해서 제대로 그 적절성을 검토하는 일이 때로는 필요할 것 같다.

완수할 결심이
일의 성패를 가른다

●

기업경영에는 수없이 많은 방법이 있다. 예를 들어 어떤 제품이나 기구를 만들어 사회에 보급해 국민의 생활수준을 높이겠다고 생각했다면, 그 구체적 실천 방법은 무한에 가까울 정도로 많다.

그러므로 하기에 따라서 당연히 성과도 달라진다. 그렇지만 진정으로 일의 성패를 좌우하는 것은 좀 더 다른 곳에 있는 것이 아닐까?

그것은 그 일을 끝까지 해내고야 말겠다는 의지와 결의

다. 즉 세상과 사람들을 위해 반드시 이 일을 완수하겠다는 강한 결의가 필요한 것이다.

만약 그런 강한 결의와 열정, 극단적으로 말해 목숨을 걸 정도의 기개 없이 일을 한다면 실패로 끝날 공산이 크다.

인간은 생각보다 대단한 존재다. 힘을 모아 열심히 일을 하면 아폴로 우주선이 달에 가듯 불가능해 보이는 일도 그 방법을 찾아내고야 만다. 반년 무슨 일이 있어도 반드시 달에 착륙시키고 말겠다는 지도자의 강한 결의가 없었다면 아폴로 우주선도 성공하지 못했을지도 모른다.

기업경영도 아폴로 우주선과 나를 게 없다. 세상에 필요한 훌륭한 제품을 만들고 유능한 인재를 양성해 사람들이 기뻐할 일을 많이 하겠다고 마음먹으면 반드시 성공할 것이다.

그러기 위해서는 경영자 스스로 강한 염원과 굳은 결의를 가져야 한다. 그리고 이를 바탕으로 직원을 독려하고 지도한다면 그 기업은 크게 성장할 것이다.

유연하고
두려움 없는 조직

●

기업은 창업 후 세월이 지나고 규모가 커지면 관료 조직처럼 경직되기 쉽다.

그 예로 평사원은 대리에게 자기 의사를 말할 수 있지만 과장에게 말해서는 안 되고, 대리는 과장에게는 말할 수 있지만 부장에게 직접 말할 수 없고, 부장은 임원에게 말할 수 있지만 사장에게는 말해서는 안 된다는 조직문화가 알게 모르게 만들어지는 것이다. 이런 조직문화는 한 사람 한 사람이 구애됨 없이 자주 독립성을 발휘해서 더 나은 회사로 발전하게 만드는 원동력을 저해한다. 따라서 이런 현상은 엄격하게 관리해서 생기지 않도록 막아야 한다.

극단적으로 말해서 오늘 입사한 신입 사원이라 하더라도 사장에게 자유롭게 의사를 표현할 수 있는 조직문화가 조성되어야 한다. 그러기 위해서는 윗사람이 그런 분위기를 만들고 유지해 나가는 게 필요하다. 평사원이 대리, 과장, 부장을 넘어서 직접 임원이나 사장에게 의사를 자유롭게 말한다고 해서 과장이나 부장의 권위가 실추되는 일은 결코 없다.

만약 과장이나 부장이 자신의 권위가 손상되었다고 생각하거나, 반내로 평사원이 대리나 과상의 기분을 상하게 하지 않았을까 걱정한다면 이것은 이미 그 조직이 경직되어 있다는 증거이다. 과장이 아래 직원에게 '의견을 나한테 말해도 좋지만, 나중에 보고만 한다면 직접 부장님에게 말해도 괜찮다'라고 해서, 그런 말을 자유롭게 할 수 있는 분위기를 만드는 것은 윗사람의 중요한 책무이다.

부하 직원의 의견은 부장 입장에서 보면 타당하지 않을 수도 있지만 그중에는 부장이 생각하지 못했던 좋은 제안도 있을 수 있다. 중요한 것은 각자의 의견이 항상 자유롭게 개진되는 시스템이며, 좋은 제안은 적극적으로 채용할 필요가 있다. 자신의 생각이 옳다고 믿고 고집을 부리면 생각 범위는 한 발도 나아가지 못한다. 부하 직원이 제시한 좋은 제안을 윗사람이 수용해 그것이 개선으로 이어질 때 회사는 더욱 발전할 것이다.

또한 부하 직원의 제안에 대해서도 절대로 틀림없다고 생각하는 것만 채용하는 것이 아니라 다소 부족해 보이는 제안이라도 "자네가 거기까지 생각했으니, 한번 해 봅시다" 하고 귀를 기울여 주는 자세가 중요하다. 그렇게 하면 부하 직원은 더욱 적극적으로 좋은 제안을 하게 될 것이고 훌륭한 인재로 무럭무럭 성장해 나갈 것이다.

앞에서도 이미 언급했던 말이지만 '시키는 일만 한다'라는 태도로는 아무리 많은 인재를 확보했다고 해도 회사 발전을 기대하기 어렵다. 아무리 회사가 커지고 많은 인재가 모여 일해도 젊은 직원들이 항상 스스럼없이 자신의 의견을 말하고 자유롭게 일할 수 있는 조직문화를 만들어야 한다.

自得
자득

스스로 깨달을 마음의 준비 없이
그냥 배운 대로 책에서 읽은 그대로 해서는
진정한 프로가 되지 못한다

2부

경영철학에
대해

自得

松下幸之助

경영할 때 알아야 할
20가지 원칙

60년 경영의 길을 걸으며
깨달은 것들

내가 변변찮은 사업을 시작한 지 60년이 된다. 사람으로 치면 환갑이 되는 셈이다. 병치레가 잦았던 내가 이 나이까지 사업을 할 수 있었던 것은 큰 행운이다. 당초 세 명으로 출발했는데, 60년 사이 수많은 사람의 도움을 받으며 이제는 10만 명이 넘는 규모가 되었다. 성공이라고 하면 큰 성공이지만, 예상하지 못했던 결과로, 그저 감사한 마음뿐이라는 것이 거짓 없는 솔직한 마음이다.

이 책은 지난 60년간의 사업 경험을 통해 터득해서 실천해 온 경영에 대한 기본적인 생각, 즉 경영이념, 경영철학을 정리한 것이다. 물론 학문적으로 체계를 가지고 정리한 연구는 아니다. 어디까지나 실천적인 내용으로서 이러한 기본적인 생각을 가지고 경영하면 반드시 성공한다는 체험에서 비롯된 것이다.

60년을 맞아 새롭게 제2의 출발을 하려는 지금, 경영에 관한 생각과 방법을 정리해서 여러 사람이 참고할 수 있도록 하면 좋겠다는 생각에 책을 발행했다.

1978년 6월

마쓰시타 고노스케

경영이념을 우선 정립할 것

●

나는 지난 60년 동안 기업경영을 하면서 경영이념이 얼마나 소중한지 깨달았다. 바꿔 말하면 '이 회사는 무엇을 위해 존재하며, 어떤 목적과 방법으로 경영하는 것인가'에 대한 내용이다.

기업을 경영할 때 소중히 여기는 것은 경영자마다 다를 수 있다. 어떤 경영자는 기술력이라고 하고, 또 어떤 경영자는 판매력이라고 한다. 무엇보다도 자금력과 사람이 중요하다고 생각하는 경영자도 있다. 그러나 나는 경영의 근간이 되는 것은 올바른 경영이념이라고 생각한다. 올바른 경영이념이 바탕이 되었을 때 비로소 사람이나 기술, 자금이 제대로 활용된다. 바꿔 말하면 인재, 기술, 자금은 올바른 경영이념이 정립된 회사일수록 쉽게 만들어진다고 할 수 있다.

따라서 경영의 건전한 발전을 위해서는 무엇보다 먼저 경영이념을 갖추는 것부터 시작해야 한다. 이것이 바로 내가 60년간의 기업경영을 통해 몸소 실감한 것이다.

그러나 사실을 말하자면, 나 또한 사업을 시작할 때부터 분명한 경영이념을 가지고 일을 한 것은 아니다. 그저 먹고살기 위해 아내, 처남과 함께 셋이서 변변찮은 상태에서 사업을 시작했다. 그래서 경영이념 따위는 생각할 겨를도 없었다. 물론 장사를 하는 이상 성공하려면 어떻게 해야 할까에 대해 이리저리 궁리하기는 했다. 그러나 그 수준은 당시의 상식과 장사의 통념에 따라 '좋은 물건을 만들어야 한다. 공부해야 한다. 단골손님을 정성껏 대하자. 거래처에도 늘 감사해야 한다' 하고 생각하며 열심히 그것을 실천했을 뿐이다.

사업이 어느 정도 번창해서 종업원도 많아진 무렵, 나는 이런 통념적인 것만으로는 부족하다는 생각이 들었다. 물론 장사의 통념이나 사회의 상식에 따라 열심히 노력하는 것도 의미 있는 일이지만, '무엇을 위해 사업을 하는 걸까?' 하는 '생산자의 사명'과 같이 좀 더 높은 차원의 것이 있지 않을까 생각했다.

그리고 나름대로 정립한 그 사명을 종업원들 앞에게 발표하고 그것을 회사의 경영 기본 방침으로 삼아 사업을 추진해 왔다.

그때는 아직 제2차세계대전이 일어나기 전인 1932년이었으나, 그렇게 명확한 경영이념을 가짐으로써 나는 이전에 비해 훨씬 더 신념적으로 강인한 경영자가 될 수 있었다. 뿐만 아니라 종업원과 단골 거래처에 해야 할 말을 분명하게 하고, 해야 할 일도 확실하게 실행하는 활기찬 경영을 할 수 있게 되었다. 나의 발표를 들은 종업원들은 감격했고, 사명감을 가지고 최선을 다해 일하기 시작했다. 한마디로 요약하자면 경영에 혼이 담긴 것과도 같은 상태가 되었다. 그 후로 사업은 나 자신도 깜짝 놀랄 정도로 빠르게 성장했다.

그런데 불행하게도 그로부터 얼마 지나지 않아 전쟁이 시작되었고 일본은 패망했다. 전후 혼란 속에서 회사 경영은 눈에 띄게 어려워졌다. 그럼에도 그 역경을 딛고 회사를 지탱할 수 있었던 것은 생산자로서의 사명감과 '무엇을 위해 경영하는가?' 하는 회사의 경영이념 덕분이었다.

우리 회사의 경영이념은 전쟁 전이나 전쟁 후에도 기본적으로 바뀌지 않았다. 상황에 따라 구체적인 경영활동이 그때그때 바뀌기는 했지만 경영이념은 그대로 유지했다. 나는 일관된 하나의 경영이념에 입각해 경영을 했고, 다행히도 그 이념은 많은 사람의 지지를 받으며 오늘날까지 회사 발전의 밑거름이 되고 있다. 전쟁이 끝나고 해외로 진출할 기회가 많아졌지만, 기본적인 경영이념은 일본에서의 이념과 다를 것이 없었다. 물론 적용 방법이라든가 구체적인 경영은 그 나라의 실정에 따라 제각각 달랐지만 근간이 되는 경영이념은 다르지 않았다. 그리고 그것은 그 나라에서도 높은 평가를 받으며 성과로 이어졌다.

오늘날 우리 사회에는 크고 작은 기업이 존재한다. 작은 개인 상점에서 크게는 몇 만 명이 근무하는 대기업에 이르기까지 수많은 기업이 있다. 뿐만 아니라 보통 경영하면 기업경영만을 떠올리기 쉽지만, 넓게는 개개인의 인생 경영, 조직 경영, 나아가 한 국가의 경영까지도 생각할 수 있다. 그 어떤 경영을 하든지 간에 중요한 것은 '경영의 목적이 무엇인가, 그것을 어떻게 해 나갈 것인가?라는 기본적인 생각, 즉 경영이념을 정립하는 일이다.

예컨대 국가에 '이 나라를 어떤 방향으로 끌고 갈 것인가?'라는 경영이념이 분명하게 확립되어 있으면 각계각층의 국민과 단체도 그에 맞춰 스스로 나아갈 방향을 설정하기 쉬워진다. 또한 다른 나라에 주장할 것을 주장하면서 적정한 협력을 이끌어 낼 수도 있다. 그런데 만약 그런 국가의 경영이념이 없다면 국민의 활동은 의지할 곳을 찾지 못하고 뿔뿔이 흩어지게 되고, 다른 나라와의 관계도 즉흥적인 대처로 인해 상대의 논리에 따라 좌지우지된다.

따라서 한 나라의 안정적인 발전을 위해서는 국가 경영의 이념을 가지는 것이 무엇보다 중요하다.

기업경영도 이와 다르지 않다. 올바른 경영이념이 바로

서 있어야 기업의 건전한 발전도 가능해진다. 시시각각 변화하는 사회 정세 속에서 연이어 발생하는 여러 문제에 착오 없이 올바르게 대처하는 데는 기업의 확고한 경영이념이 큰 버팀목이 된다. 또한 수많은 종업원의 마음과 힘을 모아 만들어 내는 기업경쟁력의 기반이 되는 것 역시 경영이념이다.

기업을 경영하면서 단순하게 이익과 손실만을 따지고 사세를 확장해 나가는 것만 생각해서는 안 된다. 반드시 그 근간에는 올바른 경영이념이 있어야 한다.

그리고 그 경영이념은 '무엇이 옳은가?'라는 인생관, 사회관, 세계관을 바탕으로 확립되어야 한다. 이러한 토대가 바탕이 될 때 비로소 올바른 경영이념이 정립된다. 그러므로 경영자는 평소에 참된 인생관, 사회관, 세계관을 갈고 닦아야 한다. 참된 인생관, 사회관, 세계관이란 사회의 법칙, 자연 섭리에 합당한 견해를 뜻한다. 만약 이에 반하는 것이라면, 그것은 진정한 의미에서 올바른 인생관, 사회관, 세계관이라고 말할 수 없으며, 그로 비롯된 경영이념 역시 적절한 것이 될 수 없다.

결국 진정한 경영이념의 출발은 그러한 사회의 법칙과 자연 섭리에서 시작되어야 마땅하며, 여기에서 싹트는 경영이념은 상황 변화에 따라 조금씩 바뀔 수는 있지만 그 기본은 영원불변하다.

바꿔 말하면 '자연의 섭리에 비추어 볼 때 올바른 인간의 본질이란 무엇인가?'라는 생각에 입각한 경영이념은 과거나 현재 그리고 미래에도 통하고, 국내에서든 외국에서든 통하게 마련이다. 이것이 바로 내가 체험을 통해 얻은 깨달음이다.

결론적으로 자연의 섭리와 진리를 생각하면서 '무엇이 옳은가?'라는 인생관, 사회관, 세계관에 입각한 경영이념을 확립하고, 이를 기초로 경영하는 것이 중요하다.

세상의 모든 것은
끊임없이 생성되고 발전한다

•

올바른 경영이념은 경영자 개인이 수관으로 세워서는 안
되며, 그 근간에는 반드시 자연의 섭리와 사회의 법칙이
있어야 한다. 그렇다면 자연의 섭리와 사회의 법칙이란 무
엇일까?

이것은 매우 심오하고 광대해서 사람의 지혜로 모든 것
을 파악하는 것은 어려울 것이다. 그러나 감히 내가 말하
자면 모든 것은 끝없이 생성되고 발전한다는 것이 그 기본
이 아닐까 한다.

아주 오랜 과거부터 대우주, 대자연은 미래를 향해 장구한 시간 동안 끊임없이 생성되고 발전해 왔다. 이 우주와 자연의 법칙 안에서 우리 사회도 물질적, 정신적으로 발전을 거듭하고 있다.

이러한 생성과 발전의 이치가 우주와 우리 사회에서 작동하고 있고, 그 사회에서 우리는 기업을 경영하고 있다. 나는 그동안 이러한 점에 기초해 경영이념을 만들어 왔다.

일례로 자원 고갈에 대한 우려를 들 수 있다. 몇 십 년 후면 자원이 완전히 고갈되어 인간은 살 수 없게 된다는 극단적인 생각을 말하는 사람이 나타날 정도이다. 그러나 나는 기본적으로 그렇게 생각하지 않는다. 분명히 여러 자원 중에는 유한한 것이 있어 시간이 지나면서 고갈되는 것도 생길 것이다. 그렇지만 인간은 그것을 대신할 자원을 만들어 낼 수 있는 지혜를 가지고 있다. 실제 과거를 돌아보면 그러한 사례가 적지 않다. 옛날에는 지금보다 훨씬 인구가 적었으나 대부분의 사람은 빈곤한 생활을 면치 못했다. 지금은 일반 서민이라도 어떤 면에서는 과거의 왕후귀족과도 같은 삶을 살고 있다.

이렇게 될 수 있었던 것은 그에 맞는 자연적인 조건이 갖추어졌기 때문이기도 하지만 동시에 그러한 환경을 만들기 위해 노력한 인간들의 노력이 있었기 때문이기도 하다. 바꿔 말하면 끊임없는 생성과 발전이 자연의 섭리와 사회의 법치로서 엄격하게 작동했기 때문일 것이다.

만약 앞으로 몇 십 년 후에 자원이 완전히 고갈되어 우리의 생활이 비참할 정도로 빈곤해진다면 기업경영 역시 그에 대처해야 할 것이다. 아마도 투자를 새롭게 할 필요는 없어질 것이고 경우에 따라서는 사업 그 자체를 축소하거나 포기해야 하는 상황이 벌어질 것이다.

그러나 우주에 존재하는 만물이 날마다 새롭게 생성되고 발전한다는 생각에 입각하면 자연스럽게 그런 모습과는 다를 것임을 알 수 있다. 속도는 그때그때 다르겠지만 인간의 공동생활이 끊임없이 생성되고 발전하면서 기업은 새로운 제품을 만들고 서비스의 질을 높이기 위해 더욱 노력할 것이다. 따라서 기업을 경영하면서도 원칙적으로 지속해서 새로운 개발과 투자를 해야 할 필요가 생기는 것이다.

생성되고 발전한다는 말은 끊임없이 새로운 것이 만들어진다는 의미이기도 하지만, 또 다른 한편으로는 그와 동시에 쇠퇴하거나 소멸하는 것이 있다는 뜻이기도 하다. 이러한 것을 모두 포함해 전제적으로 생성하고 발전한다는 의미로 말하는 것이다.

기업경영에서도 각각의 상품이나 업종에 일정한 수명이 있다고 생각해야 하지만, 그렇다고 그것에 너무 얽매여 거시적인 생성과 발전 속도에 뒤처져서는 안 된다.

결론적으로 경영자는 끊임없이 생성되고 발전하는 대우주, 인간의 공동생활은 물론 그것을 포함한 대자연이 속해 있는 사회에서 기업을 경영하고 있다는 생각을 잊어서는 안 될 것이다. 그러한 명확한 인식을 확고하게 지니고 있어야 어떠한 경우에라도 활기 넘치는 경영을 전개해 나갈 수 있는 것이다.

인간관을
가지고 있어야 한다

•

경영은 사람이 하는 것이나. 기업을 경영하는 경영자 본인도 사람이고, 함께 일하는 종업원도 사람, 고객은 물론 관계되는 모든 곳에서도 사람이 일한다. 즉 경영이란 사람들이 한데 모여서 모두의 행복을 위해 행하는 활동이라고 할 수 있다.

따라서 그 경영을 적절하게 하기 위해서는 인간이란 무엇인지, 어떤 특성을 가진 존재인지를 바르게 파악해야 한다. 바꿔 말하면 인간관을 가지고 있어야 한다는 말이다.

따라서 올바른 경영이념이란 그러한 인간관에 입각한 것이어야 한다.

이러한 관점은 기업경영뿐 아니라 인생 경영, 국가 경영을 포함한 모든 경영은 물론, 더 나아가 인간이 하는 모든 활동에 적용할 수 있다.

인간 스스로가 자신이 무엇인지 정확하게 알지 못하면, 당연히 그가 하는 활동도 적절하다고 보기 어렵다. 예를 들어 인간은 소와 말을 비롯한 여러 동물을 사육하고 있다. 이 경우, 동물들을 가장 적절하게 사육하려면 우선, 먼저 소라면 소의 특성, 말이라면 말의 특성을 정확하게 파악하고 있어야 한다. 어떤 식물을 좋아하는지 어떤 습성을 지니고 있는지 등, 그 동물의 특징을 알아야 비로소 그 때부터 좋은 사육이 가능해진다.

인간도 마찬가지로 인간 고유의 타고난 특징이 있다. 단 인간은 다른 누군가로부터 사육당하고 있는 것은 아니고, 인간 스스로 모여 공동의 생활을 영위하고 있다. 그렇기 때문에 인간의 공동생활을 바른 상태로 유지하고 향상시켜 나가기 위해서는 인간이 인간 스스로의 본질을 정확하게 파악하고 스스로 인간관을 가지는 것이 매우 중요하다.

내 경영이념의 바탕에도 나름의 인간관이 있다. 그것은 한마디로 요약하면 '인간은 만물 중에 왕이라고 할 수 있는 위대하고 숭고한 존재'라는 것이다. 끊임없이 생성하고 발전하는 자연의 법칙에 따라 사람은 자신을 개발하고, 만물을 활용해 꾸준히 공동생활을 발전시켜 갈 수 있다. 그러한 타고난 고유의 본질을 가지고 있는 것이 인간이라고 생각한다.

인간에 관해서는 과거부터 여러 가지 견해가 있었다. 한편에서는 '만물의 영장'으로 강인하고 위대한 존재로 보는 견해가 있는가 하면, 다른 한편에서는 어리석은 존재로 보기도 했다. 이는 현실에 존재하는 인간의 모습이 다양한 양상으로 나타나기 때문일 것이다. 오늘날과 같은 고도의 문명과 문화를 이룩한 것도 인간이며, 동시에 고뇌, 전쟁, 불행 등을 끊임없이 자초한 것 역시 과거와 현재의 인간이 가지고 있는 한 면이다.

그래서 서양에서는 사람을 신과 동물의 중간적인 존재

로 본다고 알려져 왔다. 신과 같은 측면과 동물에도 미치지 못하는 측면을 함께 가지고 있는 것이 인간이라는 견해이다.

나는 인간이 현실에서 그러한 모습을 보이는 것을 물론 부정하지 않는다. 말하자면 신과도 동물과도 마주할 수 있는 다면적 요소를 내면에 지니고 있는 것이 인간이라는 뜻이다. 그러나 이처럼 여러 요소를 가진 인간을 종합적으로 보면, 인간은 만물의 왕으로서 위대한 본질을 가지고 있다고 보는 것이다.

만물 중에 왕이라는 표현이 어쩌면 다소 과장된 오만한 표현처럼 들릴 수도 있다. 그러나 내가 생각하는 왕이란 모든 것을 지배하고 활용할 수 있는 권한을 가졌으면서도 공정함과 자비로 모든 것을 책임지는 존재를 말한다. '인간은 왕이다'라는 의미는 바로 여기에 있는 것으로, 결코 단순하게 자기 욕망이나 감정으로 말미암아 자의적으로 만물을 지배하는 것이 아니다.

이러한 인간의 타고난 위대함과 그에 따르는 왕으로서의 책무를 인간 스스로 자각하고 실천하는 것이 중요하다. 그때 비로소 불행과 고뇌, 전쟁과 빈곤에서 벗어나, 인간의 위대하고 숭고한 본질이 뚜렷이 나타날 것이다.

지금까지 설명한 '인간'의 모습을 가령 각자의 입장이나 일하는 곳에 대비시켜 보면 어떻게 될까?

만약 경영자라면, 그 기업에서 경영자는 왕이다. 그러나 동시에 그에게는 애정과 공정함 그리고 충분한 배려를 통해 모든 직원과 자본이 최대한 활용될 수 있는 방안을 모색하고, 그 기업을 지속해서 발전시켜 나갈 책무가 부여된다.

만약 경영자가 그 기업의 왕에게 부여되는 권한과 책무를 저버린다면 그 경영은 결코 충분한 성과를 올리지 못할 것이다.

인간은 생성과 발전이라는 자연의 섭리에 따라 인간 스스로 또는 만물과의 공동생활을 끊임없이 발전시켜 나갈 권한과 책무를 부여받은 만물 중의 왕이다. 즉 스스로 확립한 인간관을 바탕으로 각각의 기업에서 경영자로서 자각을 지니고 있어야 한다. 이와 같은 확고한 신념이 뒷받침되어 강인한 경영이 만들어지는 것이다.

부여된 사명을
올바르게 인식한다

•

끊임없이 생성되고 발전하는 것이 자연의 이치이자 사회의 법리이다. 이는 관점을 바꿔 말하면 인간은 그러한 끊임없는 생성과 발전을 원한다고 볼 수 있다.

즉 의식주를 비롯한 자신의 생활이 물질적, 정신적으로 더 풍요롭고 쾌적해지기를 바라는 것이 우리 인간의 모습이다. 그 구체적 내용은 사람과 시대에 따라 다양하다 할지라도 보다 나은 생활을 바라지 않는 사람을 거의 없을 것이다.

이처럼 생활을 유지하고 향상하기를 바라는 사람의 마음을 충족시키는 것이 기업경영의 역할이자 사명이다. 사람들이 쾌적한 집에 살기를 원한다고 해도 그러한 주택을 생산하고 공급하지 않으면 그 소망은 이루어지지 않는다. 또한 각종 자재가 생산되고 공급되지 않으면 건축업자는 그러한 주택을 지을 수 없다. 이러한 생산과 공급은 모두 기업경영을 통해서 이루어지는 것이다.

주택뿐 아니라 사람들이 생활하는 데 부족함이 없도록 모든 유형의 생활 물자와 서비스, 정보와 같은 무형의 상품까지 지속해서 발전시키고 적정한 가격에 공급하는 것이 사업 경영의, 또는 기업 본래의 사명이다. 바꿔 말하면 이것이 바로 기업이 왜 필요한가라는 기업의 존재 의의를 설명해 주는 것이다. 공급하는 상품이나 서비스의 내용은 업종에 따라 다양하지만, 사업 활동을 통해 사람들의 일상생활 향상에 공헌한다는 점에서는 모든 기업이 다르지 않다. 이런 근본적인 사명을 잊은 기업경영은 훌륭한 성과를 거둘 수 없다.

기업의 목적은 이윤추구에 있다는 것이 일반적인 견해

일 것이다. 이윤에 대해서는 따로 언급하겠지만, 분명히 이윤은 건전한 사업 활동을 하는 데 빠뜨릴 수 없는 필수 요소임에 틀림없다.

그러나 이윤추구가 기업 목적의 전부는 아니다. 더 근본적인 기업의 목적은 사업을 통해 인간 생활의 향상을 꾀하는 것이고, 이윤이란 그 근본 사명을 잘 수행하는 동안에 얻어지는 요소라고 보는 것이 옳다.

그런 의미에서 경영이란 본질적으로 사적인 일이 아니라 공적인 것이고, 기업은 사회의 공유물이라고 보아야 한다. 물론 대부분의 기업은 외형상으로나 법률상으로는 사私기업이고, 개인기업도 존재한다. 그러나 그 관련된 일이나 사업 내용은 모두 사회와 긴밀하게 연결되어 있는 공적인 것이다.

그러므로 아무리 개인기업이라 할지라도 경영하면서 해야 하는 여러 판단을 개인적인 입장에서 해서는 안 된다. 경영자는 항상 지금 하고 있는 일이 사회의 공동생활에 어떤 영향을 미치는지, 플러스가 되는지 마이너스가 되는지를 생각하고 판단해야 한다.

나는 우리 회사의 기업활동이 사회에 플러스가 되고 있는지 항상 자문자답해 왔다. '우리 회사가 사라진다면 이 사회에 마이너스가 되지 않을까? 만약 그렇지 않다면 우리 회사가 이 사회에 도움이 되지 못한다는 의미이므로 회사는 차라리 문을 닫아야 한다. 물론 종업원이나 거래처 사람들은 곤란해지겠지만 그것은 어쩔 수 없는 일이다. 다수의 사람을 고용하고 있는 공적인 생산 주체로서 사회에 플러스가 되지 못하는 것은 용납하기 어렵다.' 나는 기회가 있을 때마다 이러한 내용을 직원들에게 강조해 왔다.

기업은 우리 사회의 공유물이라는 생각으로 인간 생활의 향상에 공헌한다는 사명을 지니고 있어야 한다. 그런 기업은 경영활동을 통해 반드시 성과를 올리게 될 것이다. 그러한 사명을 실제 행동에 옮김으로써 비로소 그 기업의 존재가 의미를 갖게 된다.

'기업의 사회적 책임'을 강조하는 경우가 종종 있는데, 그 의미는 그때그때의 사회 정세에 따라 달라진다. 그러나 시대가 변하더라도 기본적인 사회적 책임은 본래의 사업을 통해 인간 생활의 향상에 공헌하는 것이라는 점은 변하지 않는다.

　이러한 사명감을 바탕으로 모든 사업 활동을 하는 것이 무엇보다 중요하다.

자연의 이치를 따른다

●

경영이란 건 참 어렵다. 여러 가지 문제가 연이어 생길 때가 많고 그때마다 제대로 대처해야 한다. 생각해야 할 것도 많고 해야 할 일도 많지만, 그것을 실수 없이 올바르게 하는 것은 쉬운 일이 아니다. 그러나 생각하기에 따라 경영은 아주 쉬운 일이기도 하다. 경영은 애초부터 성공하도록 되어 있다고 생각할 수 있기 때문이다.

나는 경영의 비결에 대해 질문을 받는 경우가 많다. 그럴 때 나는 "뭐 그리 특별한 건 없지만 '천지자연의 섭리'

에 따라 일할 뿐이지요"라는 취지의 대답을 주로 한다.

천지자연의 섭리에 따른 경영이라 하면 아주 어렵게 들리겠지만 그 원리는 의외로 간단하다. 한마디로 말하면 '비가 오면 우산을 쓰라'는 것이다. 비가 오면 우산을 쓰는 것은 누구나 하고 있는 극히 당연한 일이다. 만약 비가 오는데 우산을 쓰지 않으면 젖는 것도 역시 너무나 당연한 일이다.

이처럼 누구나 알고 있는 너무나 당연한 사실을 행동에 옮기는 것이 바로 나의 경영 비결이다. 비가 오면 우산을 쓰는 것은 누구나 알 수 있는 일이지만, 이것을 경영이나 사업에 접목하면 조금 어려워진다.

쉬운 예를 하나 들어 보겠다. 원가가 100엔인 물건을 110엔에 파는 것이다. 100엔 물건을 100엔에 팔면 이윤이 발생하지 않기 때문에 장사가 성립하지 않는다. 그러므로 원가 100엔의 물건을 110엔에 파는 것이다. 또는 사회적으로 봤을 때 120엔이 적정하고 타당한 가격이라고 판단이 되면 120엔에 팔게 된다. 이것이 천지자연의 섭리에 맞는 경영방식이다.

그러나 중요한 것은 그것을 파는 것만이 전부가 아니라는 것이다. 물건을 팔았다면 반드시 판매 대금을 회수해야 한다. 철저하게 판매 대금을 회수할 것, 이것 역시 당연한 일이다.

이렇듯 내가 말하는 '천지자연의 이치에 맞는 경영'이라는 것은 당연한 일을 하는 것이다. 경영은 어쩌면 이것이 전부일지 모른다. 해야 할 일을 제대로 하고 있다면 경영은 분명히 잘될 것이다. 그런 의미에서 경영은 극히 간단하고 단순하다고 할 수 있다.

좋은 제품을 만들고 그 제품에 적정한 가격을 붙여 판매하고, 확실하게 대금을 회수한다. 이런 일을 당연한 일로 받아들이고 그대로 하면 되는 것이다. 그런데 실제 경영을 해 보면, 그대로 하지 않는 경우도 생긴다. 좋은 제품을 만들지 않는 것은 논외로 하더라도, 광고효과를 위해서라는 등의 여러 가지 이유를 붙여 100엔인 물건을 90엔에 파는 사람도 있다. 자신도 손해를 보고 다른 사람에게도 피해를 주는 것이다.

또는 적정가격에 물건을 팔고도 판매 대금을 회수하는

데 게으른 경영자도 있다. 물건은 팔렸는데 그 대금이 들어오지 않는다면 그 결과는 흑자 도산이다. 우리는 이런 사례들을 주변에서 어렵지 않게 마주한다. 이는 마땅히 해야 할 일을 하지 않는 것은 천지자연의 이치에 어긋나는 행동이다. 경영에 실패하는 많은 경우가 이런 이유에서 비롯된다고 볼 수 있다.

나는 해야 할 일을 반드시 이행하고, 하지 말아야 하는 일은 결코 하지 않겠다는 신념으로 일을 해 왔다. 물론 때로는 잘못된 판단으로 해야 할 일을 하지 않거나 하지 말아야 할 일을 한 적도 있었지만, 해야 할 일과 해서는 안 되는 일을 구분해야 한다는 신념을 가지고 최대한 노력했다.

모든 것은 끊임없이 생성하고 발전하는 것이 대자연의 이치이다. 그러므로 그 이치를 따르는 것은 곧 생성하고 발전하는 길을 따라 걷는 것과 같다. 이러한 대자연의 이치를 어기고 인간의 보잘것없는 지혜나 재능만 믿고 일하면 실패하기 십상이다. 자신의 재능과 지혜를 맘껏 발휘해서 일하는 것도 중요하지만, 역시 근본이 되어야 하는 것은 인간의 부족한 생각을 뛰어넘는 천지자연의 이치를 따르는 것이다.

경영의 보수는
기업이 이익을 남기는 것이다

●

기업이 이익을 남긴다고 하면 좋지 않게 생각하는 경향이 일부에 존재한다. 그러나 그런 생각은 옳지 않다. 물론 기업 본연의 사명을 망각한 채 이익 추구를 기업의 지상 목표라고 생각하고 수단과 방법을 가리지 않는 기업은 용서해서 안 된다.

그러나 사업을 통해 사회에 공헌한다는 사명과 적정한 이익은 서로 반대되는 것이 아니다. 기업이 사명을 수행함으로써 사회에 공헌한 데 대한 대가를 사회로부터 받는 것이 적정 이익이라고 생각하기 때문이다.

예를 들어 설명해 보겠다. 우리가 돈을 지불하고 물건을 사는 것은, 그것이 그 가격 이상의 가치가 있다고 생각하기 때문이다. 사람들은 100엔짜리 물건을 살 때 그 물건이 100엔 이상의 값어치가 있다고 생각한다. 아주 특별한 경우를 제외하고는 80엔이나 90엔짜리 물건을 100엔에 사는 일은 없다.

반대로 물건을 공급하는 측에서 110엔이나 120엔의 가치가 있는 물건을 100엔에 판매한다면, 그것은 일종의 봉사라고 할 것이다. 즉 기업의 이익이란 이런 봉사에 대한 대가인 셈이다.

더구나 120엔의 값어치가 있는 물건을 이런저런 노력을 해서 90엔의 원가로 만들어서 100엔에 공급하면 기업에는 10엔의 이익이 생기고 구매자는 20엔의 이익을 챙기게 된다. 여기서 기업의 몫으로 발생하는 10엔의 이익은 기업이 기울인 노력과 봉사에 대한 정당한 보수이다.

따라서 기업이 공급하는 상품과 서비스에 포함되어 있는 노력과 봉사가 많으면 많을수록 수요자나 사회에 대한 공헌 정도가 커지고, 그 보수로서의 이익도 그만큼 늘어나는 것이 원칙이라고 할 수 있다. 그런 봉사와 노력을 수반하지 않는, 이른바 폭리라는 것도 이 세상에는 존재하지만, 그것은 어디까지나 예외일 뿐이다. 본질적으로 이익이라는 것은 기업의 사명을 달성한 데 대한 보수라고 보는 것이 타당하다. 따라서 이익을 내지 못하는 경영은 그만큼 사회에 대한 공헌도가 낮고, 그 본래의 사명을 다하지 못했다고 볼 수도 있는 것이다.

이익을 내지 못하는 경영은 기업의 사명인 사회적 책임을 다하지 못한 것이다. 따라서 그런 기업은 보다 나은 사업으로 이익을 냄으로써 사회에 공헌해야 한다. 기업의 이익이 어떻게 사용되고 있는지를 생각해 보면, 기업의 사회 공헌도를 바로 알 수 있다.

기업은 법인세 등 각종 지방세로 이익의 절반 정도를 국가 또는 지방자치단체에 납부한다(1978년 기준). 법인세의 경우는 국가 세수의 약 3분의 1에 달할 정도다. 또한 이 세금을 제외하고 20~30퍼센트의 이익은 주주들에게 배당금으로 지불하는데 이때도 세금이 부가된다. 그 세율을 평균 50퍼센트라고 해도, 그것은 전체 이익의 10~15퍼센트가 된다. 결국 이익의 70퍼센트에 가까운 금액을 세금으로 납부하고 있는 셈이다. 이 정도 규모의 세수가 있어야 비로소 교육이나 복지 등과 관련해 여러 가지 사회 시설을 정비하고 확충하는 정책을 펼칠 수 있다.

만약 이익을 남기는 것이 바람직하지 못하다고 생각해서 모든 기업이 이익을 내지 않는다면 어떤 일이 벌어질까? 틀림없이 국가와 지방자치단체의 세수가 그만큼 줄어 결국 모든 국민이 곤란한 상황을 맞이할 것이다.

실제 불황기에 접어들어 적자를 내거나 이익이 감소하는 기업이 속출하면 그 결과 정부도 지방자치단체도 재정이 악화해 여러 가지 문제가 발생할 것이다. 이는 서로가 체험을 통해 명확하게 깨달은 것이기도 하다. 만약 모든 기업이 항상 적정한 이익을 낸다면, 가령 세율을 내리더라도 안정적인 재정을 유지하면서 국민의 복지와 각종 사회 시설도 착실하게 확충해 나갈 수 있을 것이다.

이렇게 생각해 보면, 기업의 이익이 얼마나 중요한 것인지 알게 된다. 그래서 기업은 어떤 사회 정세에서도 그 본연의 사명을 다하기 위해 성실하게 노력하는 동시에 그 활동을 통해 적정한 이익을 내서 그것을 세금으로 국가와 사회에 환원하는 것을 게을리해서는 안 된다. 그것이 바로 기업의 막중한 책무이다.

기업이 적자 경영에 시달리게 되면 사람들은 동정하는 경향이 있다. 물론 사람이 가질 수 있는 인정으로 생각하면 그럴 수도 있겠구나 싶지만, 결코 옳다고 보기 어려운 측면이 있다. 적정한 이익을 거두어 그것을 국가와 사회에 환원하는 것이 기업의 사회적 의무인 이상, 적자를 내는 것은 그 의무를 다하지 못한 것이고 허용되어서는 안 되는 일이다. 그러므로 인정을 베풀어 동정적으로 보는 것일지 모르지만, 기본적으로 적자를 내는 것은 좋지 않은 것이고, 기업의 사회적 책임을 다하지 못하는 모습으로 인식하는 것이 옳다고 생각한다.

기업은 국가와 사회에 환원하는 것에 아울러, 세금을 제외한 이익의 20~30퍼센트를 주주들에게 배당금으로 나누어 준다. 오늘날 각 기업의 주식을 대체로 일반 대중인 소액주주들이 보유하고 있다.

기업에 따라서는 주주의 수가 몇십만 명이 되기도 한다. 이러한 많은 사람의 출자로 만들어진 자금을 모아 사업 활동을 하고 있는 것이 오늘날 기업의 모습이다.

그러므로 그런 주주에 대해서는 적정한 수준에서 안정적으로 배당금을 나누어 주는 것이 당연하다. 이 역시 기업이 해야 할 중요한 사회적 책임 중 하나이다.

기업의 실적이 불안정해져 종종 배당이 줄거나 없는 사태가 발생하면, 주주는 안심하고 그 기업의 주식을 갖고 있을 수 없게 된다. 가령 그 배당으로 생활하고 있는 사람이 있다면 배당이 줄거나 없어지는 것은 사활의 문제가 된다. 이러한 측면에서 보더라도 기업이 적정한 이익을 창출하는 것이 얼마나 중요한지 알 수 있다.

또 한 가지 중요한 것이 있다.

기업이 인간 공동생활의 끊임없는 생성과 발전에 공헌하기 위해서는 기업 스스로가 지속해서 생성하고 발전해야 한다. 즉 기업은 항상 새로운 연구개발과 설비투자를 하면서 늘어나는 수요자들의 요구에 대응할 수 있는 시스템을 갖춰나가야 한다.

그러나 개발과 투자에는 자금이 필요하다. 문제는 그 자금을 어떻게 만드느냐 하는 것이다. 만약 정부가 하는 사업이라면 필요한 만큼 세금을 거두면 할 수 있을 것이다. 그러나 민간기업은 그렇게는 할 수 없기 때문에 스스로 필요 자금을 조달해야 한다. 그러기 위해서 기업은 이익을 내서 그것을 축적하는 것이다.

　그 이익의 절반 이상을 세금으로 납부하고, 나머지 20~30퍼센트의 이익은 주주에게 배당해야 하므로 기업이 스스로 축적할 수 있는 이익은 전체의 20퍼센트 정도에 불과하다. 예컨대 10억 엔의 이익을 내는 제조업이라면 그중에 약 2억 엔 정도를 축적할 수 있다. 10억 엔의 이익을 내기 위해서는 매출이익률을 10퍼센트라고 가정하면 100억 엔의 매출이 필요하다. 바꿔 말하면 100억 엔의 매출을 올리더라도 기업 본연의 사명을 다하기 위해 신규 개발과 설비 구축에 쓸 수 있는 투자금은 불과 2억 엔에 불과하다는 것이다. 최저로 필요한 수준이라고 할 수 있는 이 정도의 이익조차 확보하지 못한다면, 기업으로서 생성, 발전하는 것은 어려워진다.

나는 매출이익률 10퍼센트를 적정 이익이라고 생각하면서 기업을 경영했다. 물론 적정 이익의 기준은 업종에 따라 또는 기업의 발전 단계에 따라 달라질 것이다. 그러나 그 기준이 어떻든지 간에 경영자는 나라에 납부하는 세금, 주주에게 환원하는 배당금, 기업의 사명을 지속시키기 위한 자금 축적, 이 세 가지를 항상 염두에 두어야 한다. 그리고 기업은 그 적정이윤을 확보하는 것이 사회적 책무라는 것을 분명히 자각해야 한다.

이러한 이익이 갖는 의미를 정부는 물론 일반 국민도 올바르게 인식하는 것이 중요하다.

기업의 이익에 대해 국민복지에 반하는 것으로 생각하는 경향이 일부에 존재하고, 이것은 정부나 지방자치단체가 그릇된 정책을 펴는 원인이 되기도 한다. 이러한 그릇된 정책의 결과, 기업의 이익 감소가 세수 감소로 이어져 정부와 지방자치단체의 재정이 어려워지고 국민복지도 영향을 받는 일이 일어나게 된다.

따라서 과도한 이익, 즉 폭리가 있어서는 안 되지만, 적정 수준의 이익은 기업 스스로에게는 물론 사회 전체, 국민 전체의 복지 향상을 위해서도 필요 불가결한 것이라는 인식을 기업의 경영자는 물론 정부와 국민도 확실하게 가져야 한다.

공존공영이어야 한다

●

기업은 사회의 공적인 존재이다. 그러므로 기업은 사회와 더불어 발전해야 맞다. 기업은 스스로 변화를 통해 사세를 확장하는 것이 필요하다. 이때 중요한 것은 기업만 번영하는 것이 아니라 그 활동을 통해 사회도 번영하는 것이어야 한다. 또한 우리 회사만 번영하는 것은 일시적으로는 있을 수 있는 일일지 모르지만, 그런 상태가 지속되기는 어렵다. 함께 번창해 공존공영하는 것이 아니라면 진정한 의미에서의 발전과 번영은 있을 수 없다. 이것이 자연의 이치이자 사회의 법칙이다. 자연도 인간 사회도 모두 공존공영이 본래의 모습이다.

기업은 사업을 하면서 다양한 관계를 맺는다. 판매처나 구매처, 소비자 또는 자금을 제공해 주는 주주나 은행, 더 나아가 지역사회 등 여러 상대와 다양한 형태로 관계를 유지하면서 기업을 경영한다. 그런 여러 관계를 무시한 채 또는 상대의 희생으로 자기 자신의 발전을 꾀하는 것은 허용되지 못할 뿐 아니라 종국에는 스스로를 망치는 결과를 초래한다. 관계를 맺고 있는 사람들 모두의 공존공영을 생각하는 것이 중요하고, 그것이 오랫동안 스스로 발전하는 유일할 길임을 알아야 한다.

더 낮은 가격을 원하는 소비자의 필요에 따라 생산원가를 낮출 수밖에 없는 경우, 대부분의 기업은 재료 매입처에 가격인하를 강제적으로 요구한다. 그러나 이때 매입처에 일방적인 인하만 요구해서는 안 된다. 가격인하로 상대가 손해를 보아서는 안 된다는 점을 꼭 알아야 한다. 상대가 응하지 않는다면 자기 공장의 상황을 있는 그대로 보여 주고 작업 과정의 개선을 함께 모색하는 등 매입가격은 인하하더라도 상대의 적정 이익을 확보할 수 있는 방법을 찾아 주어야 한다. 상대에 대한 배려는 사업의 필수 요건이다.

이렇듯 거래할 때는 상대의 적정 이익을 충분히 생각하는 것이 중요하다. 한편 자기 회사 상품을 팔아 주는 판매처 역시 적정 이익을 보장할 수 있도록 해 주어야 하고, 소비자에게도 자사 제품이 적정가격으로 공급될 수 있도록 적절한 상품 정책과 판매 정책을 궁리해야 한다. 이처럼 관계를 맺은 모두가 적정 이익을 얻을 때 공존공영이 실현된다.

이때 또 하나 중요한 사실은 거래처로부터 판매 대금을 확실히 회수하는 것이다. 거래처가 결제를 미룰 때 편의를 계속 봐 주기만 하면 오히려 거래처로 하여금 안이한 생각을 갖게 만들어 상황을 악화시키기 쉽다. 그 연쇄작용으로 고객으로부터의 판매 대금 회수도 늦어져 양쪽 모두의 경영 악화를 초래하기 쉽다. 그 결과 업계 전체, 사회 전체에 불건전한 상관행이 난무하게 된다. 이와는 달리 판매 대금을 엄격히 회수하면, 거래처도 결제일을 지키기 위해

돈과 관련된 일들을 확실히 처리할 수밖에 없다. 이런 과정을 통해 양사 모두 견실한 경영이 확립된다. 판매 대금을 확실히 회수하는 일은 업계, 나아가 전체 사회의 건전한 정신을 도모하는 효과가 있으며, 현실에서 공존공영을 이루기 위해 매우 중요한 요소이다.

결론적으로 공존공영은 상대의 입장과 이익을 충분히 고려하면서 경영을 해 나가는 것을 뜻한다. 우선 상대의 이익을 생각하는 것이 조금 어려울 수 있겠지만 이쪽의 이익과 함께 상대의 이익도 함께 생각하는 것이 중요하다. 그것이 상대를 위하는 동시에 자신을 위하는 일이고 결국 그로 말미암아 쌍방의 이익이 만들어지는 것이다.

그런데 가장 어려운 것이 동일한 업종의 다른 회사와 공존공영을 실현하는 것이다. 말할 필요도 없겠지만 이들 간에는 경쟁을 피할 수 없기 때문이다. 그리고 그 경쟁은 치열하게 전개되고, 종종 과당경쟁이 일어나기도 한다.

경쟁이 있다는 자체는 매우 바람직하다. 왜냐하면 경쟁이 있으면 서로 상대에게 지지 않으려고 지혜를 모으며 노력하기 때문이다. 경쟁하는 과정에서 제품의 품질이 좋아지고 비용도 더 합리적으로 조정된다. 반대로 경쟁이 없는 곳에서는 아무래도 품질도 그다지 좋지 않고 가격도 높게 설정된다.

따라서 경쟁 그 자체는 충분히 있어야 하고, 오히려 없으면 안 되지만 지나친 과당경쟁은 폐해를 가져온다. 과당경쟁이란 적정한 이익을 취하지 않는 경쟁을 말한다. 극단적으로 경쟁에서 이기기 위해 일시적으로 채산을 무시한 가격으로 제품을 팔기도 한다.

이처럼 적정이윤을 취하지 않는 과당경쟁이 이어지면 업계 전체가 피폐해지고 급기야 도산하는 기업이 나오게 되는데, 그 대상은 대체로 자금력이 부족한 중소기업이다. 자금력이 있는 대기업일수록 과도한 경쟁에 유리하다. 이는 자본의 횡포라고도 볼 수 있다.

도리에 맞지 않은 경영으로 기업이 도산하는 것은 어쩔 수 없는 일이다. 그러나 정작 문제는 적정이윤을 추구하며 시장경쟁을 통해 살아남은 기업까지도 과도한 경쟁의 희생물로 자본력을 잃고 무너져 내린다는 사실이다.

이렇듯 과당경쟁은 올바른 경영을 하려는 경영자마저

무너지게 만들고, 업계 혼란과 사회 전체의 폐해를 초래한다. 더 나아가 서로 적정한 이익을 확보하지 못하는 상황이 발생하면 납부하는 세금도 줄어 국가, 사회에 마이너스가 된다. 정말 해롭기만 하고 하나도 이로운 게 없는 일이다.

그러므로 서로 적정한 수준에서 경쟁을 펼치는 것은 극히 바람직하다. 그렇지만 과당경쟁은 죄악이라고 해도 지나치지 않으며, 반드시 근절되어야 할 존재이다. 특히 상당한 자금력을 가진 대기업과 업계의 리더 격인 기업일수록 이러한 점을 명심해야 한다. 작은 기업이 다소 과도한 경쟁을 하더라도 리더 격인 기업이 의연하고 당당하게 임하면 업계에 심한 혼란은 피할 수 있을 것이다.

마치 작은 나라끼리 과당경쟁, 예를 들어 전쟁을 시작하더라도 강대국이 거기에 말려들어서는 안 되는 것과 같을 수 있다. 강대국이 공정한 입장에서 조정 역할을 하면 전쟁은 국지전에 머물고 머지않아 진정 국면으로 접어들게 될 것이다. 그런데 리더 격인 기업이 나서서 과당경쟁에 뛰어들게 되면 업계에 세계대전과 같은 대혼란이 초래되어 피폐해지고 그 대기업은 크게 신뢰를 잃고 결국 추락하는 결과로 이어질 수도 있다.

이렇게 생각해 보면 꽤 어려운 일이긴 하지만, 서로 공존공영하겠다는 마음가짐을 가지고 끊임없이 실천해 나가는 것이 무엇보다 중요하다. 기업이 크면 클수록 해당 업계는 물론 사회에 대한 책임도 커지게 마련이다.

세상은 항상 옳다고
생각하라

●

기업은 여러 형태로, 직간접적으로 세상과 대중을 상대하며 활동한다. 여기서 중요한 것은 기업이 세상 사람들의 생각과 행동을 어떻게 바라볼 것인가이다.

만약 기업이 세상은 언제 어떻게 바뀔지 모르므로 신뢰할 수 없다고 생각하면 경영의 방식 역시 그렇게 맞춰지게 된다. 반면 세상은 언제나 옳다고 생각하면 경영은 세상의 요구에 맞춰 움직인다.

나는 기본적으로 세상은 신과 같이 옳다고 생각하고

있다. 그리고 그런 생각을 가지고 일관되게 기업을 경영해 왔다.

물론 세상에는 다양한 사람이 존재하며, 그들의 생각과 판단이 옳다고는 할 수는 없을 것이다. 사회 여론 역시 일시적으로 잘못된 방향으로 흐르기도 한다. 그러나 나는 다양한 사람들의 생각과 판단이 일시적으로 옳지 않을 수는 있어도 전체적으로 긴 안목에서 보면 신과 같이 옳은 판단을 내린다고 생각하고 있다.

그러므로 만약 기업이 잘못된 경영을 하면 세상으로부터 비난을 받거나 배척당하게 되는 것이다. 그 대신 옳은 경영을 하면 세상은 그것을 흔쾌히 수용해 준다.

만약 세상의 판단이 이해하기 어려운 엉터리 수준이고, 옳은 것을 옳다고 인정하지 않는다면 어떻게 될까? 아무리 올바르게 경영하고자 애를 써도 그것을 세상이 받아주지 않으면 보람 없는 무의한 일이 될 것이다.

세상에는 다양한 사람이 있으며, 인간인 이상 항상 옳은 판단을 내린다고 할 수 없다. 그런 일시적인 개인의 잘못된 판단만을 보고 세상 전부가 잘못되었다고 생각해 버리면 무엇에 의지하며 경영을 해야 좋을지 불안하고 막막해질 것이다.

그렇지만 세상이 옳은 것을 옳다고 인정해 준다고 생각하면서 경영에 매진하면 반드시 세상은 그것을 수용해 줄 것이다. 따라서 우리는 이 세상을 믿고 주저 없이 해야 할 일을 해 나가면 된다. 이것만큼 기업인에게 강한 안심감을 주는 생각은 없을 것이다. 즉 마음 편하게 평평한 대로를 걷는 것과도 같다.

자연의 섭리와 사회의 법칙은 끊임없이 생성하고 발전한다. 그 사회를 형성하고 있는 대중의 요구도 기본적으로 그것에서 벗어나지 않는다.

그러므로 그런 생각을 가지고 무엇이 옳은지를 생각하면서 그 옳다고 생각하는 것을 행동에 옮기면 세상은 분명히 그것을 받아줄 것이라고 믿는다. 그리고 나는 세상은 옳은 것은 옳다고 받아준다는 것을 실제 체험을 통해 확인했다.

때때로 기업의 의도가 잘못 받아들여져 오해가 생기는 일도 있다. 그때는 반드시 그 오해를 풀어야 하며 동시에 기업은 그런 오해가 생기지 않도록 기업의 이념이나 업적, 제품 등에 관해 세상이 올바르게 인식할 수 있도록 노력을 다해야 한다. 기업이 홍보나 광고를 하는 중요한 이유가 바로 이것이다.

그렇지만 과대광고와 같이 실적 이상으로 보이려고 하는 것은 절대 해서는 안 된다. 설령 과대광고로 세간의 일시적인 주목을 받더라도, 결국 진실을 추구하는 대중에게 그것은 신용을 떨어뜨리는 행위가 될 뿐이다.

링컨은 "모든 사람을 일시적으로 속일 수는 있지만 모든 사람을 끝까지 속일 수는 없다"라고 했다. 이것은 정치인이 한 말이지만 경영에도 그대로 적용이 가능한 말이다. 있는 그대로의 진실을 보여 주는 것이 긴 안목에서 보면 가장 중요하다.

이처럼 세상은 옳다고 생각하고 그 옳은 세상이 수용해 줄 수 있는 일을 묵묵히 해 가는 것이 사업이 발전하는 길임을 마음에 새겨야 한다.

반드시
성공한다고 생각할 것

•

기업이 사명을 다하면서 사회에 공헌하기 위해서는 항상 안정적으로 발전해야 한다. 기업의 실적이 불안정하면 그 본래의 사명도 충분히 수행할 수 없다. 즉 사회에 어떠한 이익도 환원할 수 없고, 주주들에게 적정한 배당금을 나누어 주지 못할 뿐만 아니라 직원에게 합당한 대우도 해 줄 수 없게 된다.

그러므로 기업은 어떤 상황에서든지 항상 안정적인 성과를 올려야 한다. 그렇다고 크게 염려할 일은 아니다. 올바른 생각과 방법으로 경영하면 기업은 반드시 발전할 수 있다고 생각하기 때문이다. 이것이 바로 흔들릴 수 없는 경영의 원칙이다.

예로부터 '승패는 그때그때의 운' 또는 '승패는 늘 있는 일'이라는 말이 있듯이, 싸움에서 승리할 때가 있는가 하면 패할 때도 있다는 것이 보편적인 생각이었다.

경영도 이와 다르지 않다. 잘될 때도 있고 그렇지 못할 때도 있다. 그리고 이익을 볼 때가 있는가 하면 손해를 볼 때도 있다고 보는 것이 타당하다는 견해도 있다. 분명히 기업을 경영하다 보면 경기의 좋고 나쁨은 늘 따라다니고 운도 어느 정도는 있다. 이런 환경 변화로 실적이 날라져 이익을 보기도 하고 손해가 나기도 하는 상태가 반복되는 것이 경영의 모습이다.

그러나 나는 장기적으로 올바른 생각과 방법으로 경영하면 반드시 성공할 수 있다고 믿는다. 대외 환경 변화에 따라 그 승패가 근본적으로 좌우되어서는 안 되는, 반드시 백전백승해야 할 싸움이 기업경영이라고 생각한다.

그렇다고는 해도 나는 '운' 그 자체를 부정하는 것은 아니다. 오히려 눈에 보이지는 않지만, 우리 인생사 어디선가에서 작동하고 있는 것이 아닐까 하고 생각한다.

나 스스로 이런 생각을 가지고 기업을 경영해 왔다. 즉 일이 잘 풀릴 때는 "운이 좋았어"라고 여기고, 그렇지 못할 때는 '원인은 나에게 있어'라고 생각했다. 즉 성공은 운 덕으로 돌리고 실패는 자신의 탓으로 돌렸다.

일이 잘 풀렸을 때, 그 모든 것이 자신의 힘으로 이룬 것이라고 생각하면 교만과 방심에 빠져 실패하기 쉽다. 실제 성공이라고는 하지만, 그것은 어디까지나 결과에 지나지 않을 뿐 그 과정에서 크고 작은 실패를 경험하게 된다. 그 작은 실수는 자칫 잘못하면 큰 실패로 이어지는 경우도 있는데 교만과 방심에 빠지면 그것을 간파하지 못한다. 그렇지만 '이건 내가 운이 좋아서 성공한거야'라고 생각하면 그러한 작은 실수도 하나하나 반성하게 된다.

반대로 일이 잘 풀리지 않았을 때 그것을 운 때문으로 여기고 '운이 나빴다'고 생각하면 그 실패의 경험을 살리지 못하게 된다. 그렇지만 자신의 방법이 잘못되었다고 생각하면 여러 가지를 반성하게 되고 같은 실수를 반복하지 않게 되어 말 그대로 '실패는 성공의 어머니'가 되는 것이다.

이렇듯 실패의 원인은 확실히 나에게 있다고 생각하면 그러한 원인을 사전에 제거하기 위해 주의를 기울이게 된다. 그 결과 그만큼 실패는 줄어들고 어떤 상황에서도 경영을 순조롭게 해 나갈 수 있게 될 것이다.

경기가 좋지 않으면 업계는 전반적으로 실적이 떨어지고 이익은 감소한다. 그런데 잘 살펴보면 대부분의 기업 실적이 저조하고 적자를 보는데도 착실하게 실적을 올리는 기업이 의외로 적지 않다.

불황이니까 이익이 나지 않아도 어쩔 수 없다고 보는 것도 일견 타당할지 모른다. 그러나 불황 속에서도 실적을 쌓아 이익을 창출하는 기업이 있다는 것은 그 회사 나름의 방법이 존재한다는 의미이기도 하다.

즉 실적이 나쁜 원인을 불황이란 외적 요인에서 찾을 것인지, 아니면 자신의 경영방식이라는 내적 요인에서 찾을 것인지의 차이이다.

경영하는 방식은 무궁무진하다. 자신의 방식이 정당하

고 합당하다면 반드시 성공할 것이다. 그러므로 불황 여부에 상관없이 길은 반드시 있다고 믿고 그 길을 꿋꿋이 걸어가면 나름의 성과를 낼 수 있을 것이다.

호황일 때와는 달리, 불황기에는 사회와 소비자가 기업의 경영과 제품을 바라보는 시선이 더 엄격해진다. 정말 합리적 가격의 좋은 물건만이 선택을 받게 된다. 그러므로 이에 대응할 수 있는 훌륭한 경영을 하는 기업에 불황은 오히려 발전의 기회로 작용한다. '호황은 좋고, 불황은 더 좋다'라고 할 수 있는 것이다.

이러한 경영을 하기 위해서는 평상시부터 철저하게 '실패의 원인은 나에게 있다'고 생각하면서 스스로 엄격한 잣대로 경영을 바라보는 습관을 몸에 익혀야 한다. 이런 기업은 전쟁이나 천재지변만 아니라면 그 어떤 상황 속에서도 발전을 지속하며, 기업의 사명인 사회적 책무를 다할 수 있게 될 것이다.

자주 경영을 명심하라

●

기업을 경영하는 방법은 무수히 많다. 그중에서 정말 중요한 것은 스스로의 힘으로 경영하는 자주 경영의 기본을 갖추는 일이다. 즉 자금을 확보하거나 기술을 개발하는 것은 물론 그 외의 모든 일을 내 자신이 중심이 되어 해결해 나가는 것을 의미한다.

제2차세계대전 이후 일본의 경제계와 기업들은 눈부시게 발전했고, 오늘날에는 구미 여러 나라의 발전을 여러 분야에서 추월하는 성과를 올렸다. 그러나 그 발전 과정에서 상당 부분 외부의 힘에 의존한 것도 사실이다. 즉 필요한 자금의 대부분을 차금으로 조달하고, 구미 여러 나라의 선진기술을 도입해 활용했다.

이는 전후 일본 기업 환경, 즉 전쟁으로 모든 것이 파괴되어 버린 폐허에서 빠르게 국민 생활을 복구하고 재건해야 했기 때문에 일부 외부의 힘이 필요했던 것이다. 만약 당시에 외부의 힘을 빌려 오지 못했다면 오늘날 일본의 경제발전은 물론 국민 생활도 훨씬 낮은 수준에 머물러 있을 것이다.

따라서 외부의 힘을 활용하는 것을 부정하거나 배척할 생각은 없다. 다만 기본이 되어야 하는 것은 자력으로 자주 경영을 하는 것이다. 다른 외부의 힘을 활용하는 것도 필요하고 그것이 효율적인 경우도 있다. 그렇지만 인간은 그런 상황이 이어지면 나도 모르게 안이함에 젖어 스스로 해야 할 일을 충분하게 하지 못하게 된다.

또한 외부에 의존하는 경향이 굳어지면 굳어질수록 외부 환경이나 정세 변화에 영향을 받기 쉬워진다. 이를테면 차입금이 많은데 금리가 오르게 되면 곧바로 실적을 악화시키는 식이다. 이렇게 경영하면 '호황은 좋고, 불황은 더 좋다'라는 기업처럼 언제 어떤 상황에서도 견실한 발전을 하는 기업이 되지 못한다.

그러므로 원칙적으로 기업의 필요 자금은 축적을 통해 만들어진 자기 자금을 바탕으로 충당하는 것이 중요하다. 일본 기업들은 구미 기업에 비해 불충분한 자금 축적으로 인해 자기자본 비율이 대체로 낮다고 알려져 있다. 그것은 전후 일본의 특수한 사정에 기인하는 부분도 있지만, 그 와중에도 나름대로 꾸준한 자금 축적을 통해 구미 기업에 뒤지지 않는 자기자본 비율을 갖춘 기업도 있다. 그리고 그런 기업일수록 불황 속에서도 실적을 내고 있다.

자기자본비율을 높이려면 세제나 어음 규제 등 정부 시책의 도움을 받아야 하는 부분도 있겠지만, 가장 우선해야 할 것은 적정이윤 확보라는 점을 분명하게 인식하고 있어야 한다.

기술도 마찬가지다. 예전에는 해외의 선진기술을 도입하는 것만으로도 충분했다. 앞으로도 부분적으로 그런 것이 필요하겠지만, 스스로 기술을 개발해 시장에 공급하고, 나아가서는 그 기술을 해외의 다른 나라에 제공하겠다는 계획을 세워야 한다.

나는 특정 기술을 개발했을 때 그 노하우를 개발한 기업이 독점할 것이 아니라 적정한 가격에 공개하는 것이 바람직하다고 생각한다. 이렇게 하면 그 기술을 개발하기 위한 타사 또는 다른 나라의 이중, 삼중의 노력이 다른 기술 개발에 투입될 수 있다. 이로써 인류 사회의 기술은 한층 더 빠르게 진보하고 발전할 것이다.

그렇지만 가령 이렇게 기술 노하우가 개방되더라도 개별 기업 차원에서는 독자적인 기술개발을 소홀히 해서는 안 된다. 오히려 그 기술개발의 성공 여부가 기업 발전의 중요한 열쇠가 될 수 있기 때문이다.

자주 경영이란 경영하면서 접하게 되는 다양한 문제들을 스스로 헤쳐 나가는 것을 뜻한다. 그런 생각과 자세를 기본으로 여기면서 동시에 외부의 힘을 활용하면 기업은 더욱 빠른 속도로 발전할 것이다. 또한 자주 경영을 실천하면 대외 신용도를 상승시키는 효과가 있어서 굳이 요구하지 않아도 외부의 힘이 저절로 모여든다. 이것이 상식으로는 추측할 수 없는 불가사의한 도리일지 모르지만, 우리가 사는 세상의 단면이기도 하다.

'댐 경영'을 실행할 것

•

기업경영은 언제 어떤 상황에서든지 견실하게 발전할 수 있다는 것이 원칙이며, 그것은 경영하는 방식에 따라 가능해진다. 그런 기업이 되기 위해서 중요한 경영방식 중 하나가 '댐 경영'이다.

다 알다시피, 댐이란 계절이나 날씨에 좌우되지 않고 항상 필요한 일정량의 물을 사용하기 위해 하천의 물을 막아둔 둑을 말한다.

이와 마찬가지로 기업을 경영하면서 어떤 외부의 변화

에도 크게 영향을 받지 않고 항상 안정적으로 발전할 수 있는 방안을 마련해 놓는 것이 바로 '댐 경영'이다. 즉 설비의 댐, 자금의 댐, 인재의 댐, 재고의 댐, 기술의 댐, 기획 및 제품 개발의 댐 등 닥칠 수 있는 여러 가지 변화에 대해 여유를 갖고 신축적으로 대응할 수 있는 경영을 하는 것을 말한다.

예컨대 설비의 경우라면 100퍼센트 조업하지 않으면 적자가 나는 것이 아니라 80퍼센트나 90퍼센트의 조업률로도 채산이 맞도록 해 두는 것이다. 평상시에는 그 범위에서 가동시키면 된다. 이렇게 하면 갑자기 수요가 발생하더라도 설비에 여유가 있으므로 충분히 내응해 생산을 승가시킬 수 있다. 이것이 바로 '설비의 댐'이다.

자금의 경우는 10억 엔이 필요한 사업에 10억 엔만 준비해서는 안 된다. 갑자기 무슨 일이 일어나 10억 이상의 자금이 필요해지면 대처할 수 없기 때문이다. 따라서 10억 엔이 필요한 사업이라면 10억 엔 또는 20억 엔의 자금을 준비해 두어야 한다. 이것이 '자금의 댐'이다.

그 외에도 항상 적정한 재고를 비축하고 수요 급증에

대비해야 하고, 제품을 개발하는 것도 다음에 개발할 제품을 준비해 두는 댐 경영이 필요하다.

마치 많은 물을 평상시에 모아 두었다가 건기에 물을 방류해 물 부족을 해결하는 댐처럼, 댐 경영 원리를 회사 곳곳에 마련해 외부 상황의 변화에 신속하고 적절하게 대응해야 하는 것이다.

그러나 여기서 한 가지 주의해야 할 점은, 설비의 댐이나 재고의 댐 원리를 과잉설비와 과잉재고로 이해해서는 안 된다는 것이다.

'이만큼은 팔리겠지'라고 생각해 설비에 투자하고 제품을 만들었다가 예상과 달리 저조한 수요로 재고가 남고 설비 시설도 가동되지 않는다면 댐 경영 원리에 맞지도 않고 그것은 그냥 낭비에 불과할 뿐이다. 이는 단순히 예측을 잘못한 것으로 그런 잉여분이 발생하는 것은 결코 바람직하지 못하다. 내가 말하는 댐 경영은 어디까지나 '이만큼은 필요하겠지'라는 정확한 계획을 세우고, 혹시 모를 사태에 대비해서 10~20퍼센트 정도의 여분을 마련해 두는 일이다.

단순 과잉설비나 과잉재고는 피해야 하는 낭비에 해당한다. 그러나 여기서 말하는 '댐'은 기업의 안정적인 발전을 보장하는 보험료와도 같은 존재로, 결코 낭비가 아니다.

따라서 중요한 것은 여러 형태로 나타나는 경영의 댐은 물론이거니와 그 이전에 '마음의 댐'과도 같은 '댐 의식'을 지녀야 한다는 것이다.

그러한 댐 의식을 갖고 경영하면 개별 기업의 상태에 따라 여러 가지 형태로 필요한 댐이 구체적으로 드러날 것이다. 이런 과정을 통해 비로소 어떤 상황에서라도 안정적으로 *성장*해 가는 댐 경영의 *기업*이 탄생하게 된다.

적정 경영을
하는 것이 중요하다

•

경영은 사람이 하는 것이다. 그리고 사람의 능력에서 비롯되는 경영 능력은 사람에 따라 차이가 난다. 그렇지만 사람은 신과 같은 전지전능한 능력을 발휘할 수 없기 때문에 한계가 있을 수밖에 없다.

따라서 그러한 한계를 생각하면서 기업을 경영할 필요가 있다. 자신의 능력이나 회사의 역량을 넘는 대규모 사업을 추진하면 대부분 실패로 끝날 것이다. 이렇게 되면 기업 본연의 사명을 다하지 못하고 우리 사회에도 부정적인 영향을 미친다. 그러므로 능력 범위 안에서 경영해 사회에 공헌하는, 예컨대 적정 경영을 하는 것이 중요하다.

회사 규모를 늘려 사세를 확장할 때 우선 해야 할 일은 기술력, 자금력, 판매력 등을 포함한 자기 회사의 총체적인 능력을 정확하게 파악해 그 역량 범위에서 추진하는 것이다. 이때 경영자가 특히 중요하게 생각해야 하는 것은 자신을 포함한 경영진의 경영 능력에 대한 올바른 인식이다.

나는 오랫동안 사업을 하면서 여러 기업을 봐 왔다. 사업 초기에 일이 잘 풀렸는데 사세를 확장하면서 성과가 나지 않는 부문이 생긴 기업이 과감하게 사업체를 둘로 나누어 한쪽은 경영자 자신이 책임지고, 나머지 하나는 믿을 만한 임원에게 전면적으로 맡김으로써 양쪽 모두 순조롭게 발전하는 경우를 봤다.

결국 이러한 경우는 그 경영자의 능력을 문제 삼아야 한다. 직원 50명 정도라면 경영자 혼자서도 무리 없이 이끌어 갈 수 있겠지만 점점 사세가 확장해서 직원 100명이 되면 오히려 실적이 나아지지 않는다. 그래서 회사를 둘로 나누어 그 하나만 관리하게 되면 자신의 역량 범위 안에서 충분히 할 수 있기 때문에 다시 일이 잘 풀리게 되는 것이다.

물론 회사를 둘로 나누는 것이 어려운 경우도 실제 있을 것이다. 이럴 때는 하나의 회사 형태를 유지하면서 사업부를 나누어 각 사업부에 책임자를 임명하고 전권을 부여해서 마치 독립된 회사처럼 운영하는 것도 하나의 방법이다.

이런 생각에서 비롯된 것이 바로 마쓰시타전기의 사업부제이다. 새로운 사업 분야가 연이어 만들어졌을 때 혼자 모든 것을 관리할 수 없게 되었기 때문에 각각의 분야에 적임자를 선정해 제조에서 판매에 이르기까지의 모든 경영을 일임한 것이다. 그렇게 함으로써 회사 전체의 종합적인 경영 능력이 향상되었고, 이를 바탕으로 추가로 직원을 채용하고 사세를 확장해 나갈 수 있었다.

이렇듯 형태가 어찌 되었든 경영 능력 범위에서 독립회사처럼 운영하면서 점차 사세를 확장해 나가는 것이 바람직하다고 생각하지만, 그 경우 이런 것도 생각해 보아야 한다.

그것은 바로 각 부문의 규모이다. 물론 사람마다 경영 능력이 다르고 그 능력은 점차 성장하는 측면도 있기 때문에 더 유연하게 생각해야 하고 실정에 맞는 형태가 가장 좋을 것이다. 하지만 직원 1만 명을 혼자서 관리할 수 있는 사람은 극히 드물 것이다. 반면 1000명 정도의 회사를 꾸려 나갈 수 있는 사람은 찾을 수 있을지 모른다.

그러므로 아무리 큰 회사라도 1만 명을 하나의 단위로 생각하기보다는 1000명 정도를 기준으로 조직을 생각하는 것이 더 타당하고 실수를 줄이는 방법이 될 것이다. 그렇다고 일률적으로 1000명이 옳다는 것은 아니며, 그 정도 수준을 하나의 기준으로 생각하면 적설한 사람을 찾기도 쉽고 안정적으로 사세를 확장해 나갈 수 있을 것이다.

어쨌든 이와 같이 경영자 자신의 경영 능력과 임원들의 역량을 적절히 파악하고, 자금력, 기술력, 판매력 등 회사의 종합적인 실력을 측정하면서 그 범위 안에서 사업을 발전시켜 나가는 것이 중요하다. 바꿔 말하면 결론적으로 무리하지 말라는 것이다. 나 스스로 지금까지 그런 무리하지 않는 경영을 해 왔고, 어떤 경우에도 그 중요함을 잊지 않았다.

　이렇듯 무리하지 않으면서 자신의 역량 범위에서 회사를 키워나가는 것은 '거북이걸음'과도 같다. 한 걸음, 한 걸음 나아가는 것이 얼핏 느리게 보일 수도 있다. 하지만 그것은 멈추지도 뒤로 물러나지도 않고 착실하게 앞으로 나아가는 모습이다. 그것은 느린 것처럼 보이지만 문득 정신을 차려보니 어느새 토끼에게 이기고 있었던 것처럼, 결국 성공과 발전을 하기 위한 가장 빠른 걸음이다.

기업의 경쟁력은
전문화 역량에서 나온다

●

기업경영에는 사업을 다각화하거나 여러 사업을 두루 취급해 종합화하는 방법도 있고 한 분야에 집중하는 전문화에 주력하는 방법도 있다. 나는 원칙적으로 다각화보다 전문화에 주력해야 한다고 생각하고 있다. 물론 어디까지나 원칙이 그렇다는 것이고, 다각화와 종합화가 반드시 옳지 않다는 이야기는 아니다. 그러나 일반적으로 봤을 때 사업을 전문적으로 집중해서 하는 편이 성과를 올리는 경우가 많다. 각각의 기업이 보유한 경영 능력, 기술력, 자금력의 범위 내에서 경영하며, 그 역량을 가장 효과적으로 발휘하기 위해서는 어떻게 해야 할까? 나는 보유한 역량을 분산시키는 것보다 집중시켜야 더 큰 성과를 올릴 수 있다고 생각한다.

기업은 극심한 경쟁을 피할 수 없는 환경에 놓여 있다. 그런 상황에서 보유한 역량을 여러 일에 분산시켜, 각각의 분야에서 우수한 실적을 올리는 것은 대단한 능력을 가졌다면 모를까 정말 어려운 일이다. 그러나 그런 뛰어난 능력이 없더라도 모든 역량을 하나의 일에 집중하면 타사에 뒤지지 않는 성과를 내기 쉬워진다. 실제 비교적 작은 기업이 한 가지 일에 철저하게 파고들어, 그 전문 분야에서 대기업 이상의 성과를 올리는 경우가 적지 않다. 한 가지 제품으로 세계를 제패한 기업도 있다.

사업 분야를 다각화해 여러 분야를 보유한 경우, 한 사업부가 부진해도 다른 사업부가 성과를 올림으로써 회사 전체의 안정을 꾀하는 것도 경영방식의 하나라고 할 수 있다. 실제 그런 기업도 적지 않다. 따라서 그런 경영방식을 전적으로 부인하는 것은 아니다. 단 이럴 경우 '한 사업부가 부진하면 다른 사업부의 성과로 충당하면 된다'는 식의 안이한 생각에 빠질 수도 있다는 것이다. 이는 정말 바람직하지 않다. 왜냐하면 그 다각화 전략으로 한 분야에 집중하는 전문화를 했을 정도의 성과를 올릴지는 의문이기 때문이다.

나는 기본적으로 기업은 경영 능력, 기술력, 자금력을 모두 하나의 사업 분야에 집중시키고, 그 분야에서만큼은 최고가 되겠다는 목표를 세워야 한다고 생각한다. 그러기 위해서는 경우에 따라서는 현재 사업 분야가 두 가지더라도 그중에서 하나는 과감하게 포기하고 하나의 사업에 전념하는 것도 생각할 수 있다.

그렇지만 실제 경영을 하다 보면 사회의 요구에 따라 그 두 가지 모두를 지속하는 것이 바람직한 상황도 맞이하게 된다. 그리고 한 가지 사업에 집중하고 있더라도 그 사업에서 파생되는 새로운 사업이 연이어 생겨나는 경우도 있을 것이다. 이런 경우에는 그 상황을 적극적으로 받아 들여야 하지만, 이때 중요한 것은 각각의 사업을 전문적이고 독립성이 보장되는 상태로 추진해야 한다는 것이다. 즉 개별 사업도 마치 독립회사처럼 운영해야 한다. 그러므로 각각의 사업부는 어디까지나 그 분야에서는 어디에도 뒤지지 않는 경쟁력을 갖출 수 있도록 목표를 설정해야 한다. 한 사업부의 실적이 안 좋으면 다른 사업부의 실적으로 커버하는 것이 아니라 모든 사업부가 독립경영체로서 성과를 올리는 체제를 만드는 것이다.

이렇게 되면 형태는 여러 사업을 취급하는 종합경영 구조이지만 내용 측면에서는 전문적으로 세분화된 마치 독립회사의 집합체와 같은 형태가 되는 것이다.

그러나 실제로는 이런 종합경영 구조를 갖추더라도 개별 사업부를 진짜 독립된 전문회사처럼 운영하기는 쉽지 않다. 따라서 각 사업부가 강한 독립 의식을 갖고 경영의 주체가 되어 사업을 추진하는 것이 무엇보다 중요하다.

인재를 양성하라

●

'사업은 사람이 전부'라는 말이 있는데 정말 맞는 말이라고 생각한다. 그 어떤 경영도 그에 맞는 적절한 사람을 만났을 때 비로소 제대로 발전한다. 아무리 훌륭한 역사와 전통을 자랑하는 기업이라도 그 전통을 올바르게 계승해 갈 수 있는 사람을 만나지 못하면 점점 쇠퇴해 버린다.

경영은 조직과 운영 방식이 물론 중요하지만, 그것을 활용하는 것은 다름 아닌 사람이다. 아무리 완벽한 조직을 만들고 새로운 경영방식을 도입해도 그것을 활용할 수 있는 사람을 만나지 못하면 성과도 올릴 수 없을 뿐 아니라 기업의 사명을 다하지도 못하게 된다. 기업이 사회에 공헌하면서 스스로 왕성하게 성장해 갈 수 있는지는 전적으로 사람에 달렸다고 본다.

그러므로 기업경영에는 무엇보다 먼저 인재를 양성하는 것이 중요하다.

나는 아직 마쓰시타전기가 그다지 크지 않았을 때 종업원에게 "거래처를 방문해서 '당신 회사는 무엇을 만드느냐'는 질문을 받으면, 우리 회사는 인재를 만듭니다, 전기제품을 만들고 있지만 그 이전에 먼저 인재를 키우고 있다'라고 대답하라"고 자주 언급했다.

좋은 제품을 만드는 것은 회사의 사명이지만 그러기 위해서는 그것에 적합한 인재를 키워야 한다. 당시에는 젊은 패기도 있었겠지만, 인재가 양성되면 자연스럽게 좋은 제품을 만들 수 있게 된다고 생각했기 때문에 종업원에게 그런 말을 했을 것이다. 그러나 그런 말을 하고 안 하고는 별개로, 나는 경영하면서 그런 생각을 일관되게 유지하고 있다.

그렇다면 어떻게 인재를 육성할 것인지가 중요해지는데, 그것은 구체적으로 여러 방법이 있을 것이다. 그러나 가장 중요한 것은 '이 기업은 무엇을 위해 존재하는가, 어떻게 경영하고 있는가?'라는 기본적인 생각, 바꿔 말하면 지금까지 언급한 것처럼 기업의 올바른 경영이념과 사명감의 정립이다.

확실한 경영이념을 바탕으로 경영방침을 세우면 경영자 역시 그것을 토대로 힘 있는 경영을 추진할 수 있다. 직원들 역시 경영자의 이념과 방침에 따라 각자의 마음에 자기만의 사명감을 확립함으로써 모든 일에 전심전력을 다하게 된다. 인재 육성은 이런 환경 속에서 자연스럽게 이루어지는 것이다. 따라서 경영자가 유능한 인재를 얻고자 한다면, 먼저 스스로 확고한 경영이념과 사명감을 갖는 것이 선결 조건이다. 그리고 항상 그 생각을 직원들에게 알려 사내에 침투시키는 것이 중요하다.

경영이념이 종이에 쓴 문서로 존재해서는 아무런 의미가 없다. 회사 구성원 모두가 마음에 깊이 새기고 있어야 그 존재감에 의미를 부여할 수 있게 된다. 그러므로 기회가 있을 때마다 반복해서 모두에게 전달해야 한다.

그리고 또한 그 경영이념을 설명하는 것에서 그치는 것이 아니라 개선하거나 시정할 것이 있다면 실제 실행에 옮겨야 한다.

사적인 관계만을 생각하면, 따끔하게 훈시를 내리거나 단호한 태도를 보이는 것을 피하고 싶을 것이다. 그러나 기업은 사회에 공헌해야 하는 공적인 존재이기 때문에 그곳에서 하는 일 역시 공적인 업무로 봐야 한다. 기업은 사적인 것이 아니다. 그러므로 공적인 입장에서 사물을 바라보고 적당히 넘어가거나 용서할 수 없는 것에 대해 단호하게 지적하고, 혼내야 하는 일은 혼을 내는 것이 맞다. 개인적인 감정으로 대처하는 것이 아니라 사명감을 바탕으로 한 지적과 질책이어야 한다. 따끔한 시정 지시를 받은 사람도 그런 엄격한 대처를 통해 비로소 깨닫게 되고 성장해 나간다.

아무런 지적도 받지 않고 실수에 관대하면 부하 직원은 물론 경영자나 상사도 편할 수 있지만, 그런 안이한 태도로는 결코 인재가 육성되지 않는다는 것을 명심해야 한다.

이와 더불어 중요한 것은 직원 스스로 책임감을 가지고 자주적으로 일할 수 있도록 업무에 대한 권한을 과감히 부여하는 것이다.

인재를 육성하는 것은 결국 경영을 아는 사람, 아무리 작은 일이라도 경영 감각을 갖고 일을 할 수 있는 사람을 키우는 것이다. 그러기 위해서는 모든 것을 명령해서는 안 된다. 그렇게 하면 시키는 일밖에 못하는 사람만 늘어나게 된다. 역시 업무는 과감하게 맡겨야 한다. 그렇게 하면 그 사람은 스스로 생각하고 궁리함으로써 성장하며 나중에는 자신의 능력을 십분 발휘하는 직원이 될 것이다.

마쓰시타진기의 사업부세는 이런 생각을 제노화한 것으로, 그 결과 인재가 육성되는 장점이 있다는 것을 나는 경험을 통해 알게 되었다. 사업부라는 하나의 경영 주체만이 아니라 그 안의 여러 업무, 바꿔 말하면 모든 일에 대해 그런 생각을 갖고 강조해 온 것이 내가 추구해 온 경영방식이다.

물론 중요한 업무를 과감하게 맡길 때도, 기본 방침은 확실하게 지키도록 해야 한다. 그런 생각 없이 일의 권한을 부여하면 각자가 마음대로 일을 처리해서 전체가 흩어져 버린다. 어디까지나 일정 방침에 근거해서 권한을 주어야 한다.

따라서 이 역시 회사의 경영이념을 분명하게 제시하는 것이 무엇보다 중요하다. 그 경영이념에 입각해 각자가 자주적으로 일을 함으로써 비로소 성립된다고 본다.

또한 회사가 인재를 양성할 때 특히 유념해야 하는 것은 일을 잘하고 기술이 뛰어나면 된다고 생각해서는 안 된다는 것이다.

탁월한 능력으로 뛰어난 성과를 거두는 것도 물론 중요하지만, 그와 동시에 한 사람의 사회인으로서 올바른 됨됨이를 가진 사람으로 키우는 것도 기업이 할 일이다.

일은 잘하지만 사회인으로서 결함이 있는 것은 바람직하지 않다. 이 점은 특히 점점 세계시장에서 기업의 활동이 늘어나는 추세이기 때문에 더 중요하다.

물론 사람 됨됨이에 대한 교육은 가정과 학교의 역할이지만 직원을 고용한 이상 기업 역시 여기에서 자유로울 수 없다. 따라서 기업은 인재를 육성할 때 훌륭한 직업인과 사회인을 양성하는 것을 목표로 설정하는 것이 바람직하다.

구성원 모두의
지혜를 모을 것

•

구성원 모두의 지혜가 경영에 유용하게 쓰이면 쓰일수록 그 회사는 발전한다. 나의 이런 철학은 '중지衆智를 모은 전원全員 경영'으로 이어졌다.

내가 중지를 모아야겠다고 생각한 이유 중 하나는, 나 스스로 별다른 학식이 없어 무슨 일을 하든지 간에 직원들과 상의하고 그들의 지혜를 모아 일을 진행해야 했기 때문이다. 말하자면 필요에 쫓겨 어쩔 수 없이 그렇게 했다고 볼 수 있다.

그렇지만 아무리 학문과 지식이 있고 수완이 좋은 경영자라 하더라도 '중지를 모으는' 것은 정말 중요하다.

왜냐하면 아무리 뛰어난 사람이라도 인간인 이상 신과 같이 전지전능한 능력은 없기 때문이다. 한 사람의 지혜에는 한계가 있기 마련이다. 그 제한된 지혜만 믿고 일을 하면 여러 가지 생각지 못한 일이 발생하고, 편향된 의사결정으로 실패할 공산이 커진다. '세 사람이 모이면 문수보살과 같은 좋은 지혜가 나온다'는 말이 있듯이 많은 사람의 지혜를 모으는 것이 경영에는 꼭 필요하다.

중지를 모으는 것이 중요하긴 해도, 그렇다고 일이 있을 때마다 사람을 모아 회의를 하거나 상담을 하라는 말이 아니다. 그런 것도 때로는 필요하겠지만 사안마다 일일이 회의를 하는 것은 여러 낭비를 초래한다. 비교적 규모가 작은 회사라면 몰라도 대기업에서 그렇게 하는 것은 사실 불가능에 가깝다.

따라서 중요한 것은 형식이 아니라 경영자의 마음가짐이다. 즉 경영자라면 '중지 경영'의 중요성을 염두에 두고 평소에 직원들이 마음껏 의사표시를 할 수 있도록 자유로운 환경을 만들어 주어야 한다. 환경이 조성되고 자유로운 의사표시가 일상적으로 가능해지면, 어떤 문제가 발생했을 때 경영자가 혼자서 판단하는 일이 있더라도 그 판단에는 이미 모든 직원의 지혜가 들어 있는 것이다.

또한 경영자가 스스로 중지를 모아 생각하고 판단하는 것도 중요하지만 가능한 한 직원들에게 일을 일임해 그들의 업무에 자주성을 부여하는 것 역시 중지를 살리는 좋은 방법이 된다.

아무튼 그 구체적인 방법은 다양하겠지만 항상 '중지를 모아서 해야 한다'는 생각을 가져야 한다는 것이다. 그런 마음가짐을 가지면 남의 말에 귀를 기울이는 등 그에 맞는 태도가 자연스럽게 나타나 중지를 모으는 일이 훨씬 수월해질 것이다.

단 어떤 경우에라도 중요한 것은, 중지를 모을 때라도 자신의 자주성과 주체성을 갖추어야 한다는 사실이다. 직원들의 의견을 들을 때마다 중심을 잃고 흔들린다면 '중지 경영'은 오히려 마이너스 요인이 될 수도 있다. 어디까지나 자신의 주체성을 가지고 직원들의 의견에 편견 없이 귀를 기울여야 한다. 바꿔 말하면 경영자가 책임자로서 주인의식을 분명하게 유지하면서 중지를 모아 가는 것이, 진정한 의미에서 중지를 살리는 가장 적절한 방법일 것이다.

대립하면서
조화를 이룬다

●

기업을 경영하면서 정말 중요한 문제 중 하나가 노사관계이다. 이 노사관계가 꼬여서 잘 풀리지 않으면 기업의 발전은 쉽지 않다. 때에 따라서는 기업 그 존재 자체가 흔들릴 수도 있다. 반대로 노사관계가 원활한 기업은 성과도 좋은 경우가 많다. 따라서 경영자가 노동조합에 어떻게 대처하고, 얼마나 좋은 관계를 유지하는지는 정말 중요한 문제이다.

그렇다면 어떻게 하는 것이 바람직할까? 기본 원칙은

공존공영을 목표로 노사관계를 설정하는 것이다. 노동조합의 의의, 이른바 그 존재가치를 적정하게 인식하고 함께 성장해 나가는 것을 목표로 삼아야 한다. 바꿔 말하면 '노동조합이 있다는 것은 다행스러운 일이다'라고 생각하는 것이다.

물론 현실적으로 노동조합의 모습이 반드시 그렇지만은 않을 수 있다. 때때로 과격한 모습을 보이기도 한다. 이럴 때 경영자가 '정말 귀찮네'라고 생각하거나 '노동조합이 과연 필요한가?'라고 생각하는 것도 이해가 된다.

그러나 더 넓은 시각으로 바라보면 노동조합의 존재는 기업에는 물론 우리 사회 전체에 매우 도움이 된다고 할 수 있다. 원래 노동조합은 자본주의 초기에 이른바 '자본가의 전제專制'에 대해 노동자의 지위와 복지를 지키고 향상시키고자 구미에서 탄생한 것이다. 이러한 노동조합의 활동으로 노동자의 생활, 더 나아가 국민 전체의 생활이 향상되었고, 이에 따라 사회도 발전해 온 것이다. 만약 노동조합이 없어, 노동자의 입장을 대변할 만한 그 어떤 조직도 없다면 사회는 어떻게 될까? 아무리 경영자가 직원들을 배려한다고 해도 자칫 전제적 경영으로 변질되기 쉽다. 노동자의 생활과 복지의 향상은 물론 사회발전도 지체될 것이다. 따라서 건전한 노동조합의 존재와 발전은 노동자뿐만 아니라 각 기업과 사회에도 큰 영향력을 미친다.

이러한 노동조합에 대한 기본 인식을 갖고 구체적으로 어떻게 대처해 나갈지를 스스로 생각한 것이 '대립과 조화'이다. 즉 회사와 노동조합은 항상 대립하면서 조화롭게 관계를 유지해야 한다.

생각해 보면 우주에 존재하는 모든 것은 대립하면서도 조화를 이루고 있음을 알 수 있다. 각각의 물질은 저마다 다른 개성과 특질을 가지고서 자기주장을 펼치고 있다. 우리는 그것을 '대립'이라고 부른다. 달과 태양이 그렇고, 산과 강이, 여자와 남자 등이 그렇다. 그런데 이 양자는 대립만 하는 것이 아니라 서로 조화를 이루며 대자연과 인간 사회의 질서를 창조하고 있는 것이다.

대립과 조화는 하나의 자연법칙이자 당연한 사회의 모습이다. 그러므로 노사의 관계도 기본적으로 이에 준하는 것이어야 한다. 기업과 경영자는 그러한 사회적 사명을 다하면서 사업을 발전시켜 나가야 한다. 한편 노동조합의 주된 목적은 조합원의 지위나 복지를 향상시키고 그들의 책임 의식을 고양시키는 일이다. 따라서 임금을 포함한 여러 노동조건의 결정을 둘러싼 대립이 생겨나는 것이다. 이는 노사 간의 본래 역할만을 생각하면 당연한 결과이다.

그러나 그렇다고 해서 서로 대립만 해서는 사업 활동은 저해를 받고, 기업은 주어진 사명을 충분하게 다할 수 없게 된다. 그렇게 되면 결국 직원 복지를 향상시키지 못한다. 그러므로 노사는 한편으로는 대립하면서도 서로 적극적으로 협조하는 것이 중요하다.

기업과 노동조합의 이해는 개별 국면에서 차이가 생길지언정 궁극적으로는 일치한다고 생각한다. 기업의 발전 없이는 조합원의 복지 향상은 실현될 수 없다. 직원들의 복지 향상이 실현되지 않으면 근로의욕이 떨어져 기업의 생산성이 하락해 진정한 발전이 이루어질 수 없기 때문이다. 특히 일본처럼 장기근속자가 많고 노동조합도 기업별 노조가 많은 경우에는 더 그렇다고 할 수 있다. 가령 경영난이 심각해져 기업이 도산하기라도 하면 직원들의 안정적인 생활은 크게 위협받게 된다.

결국 회사와 노동조합 양쪽 다 지향하는 것은 궁극적으로 일치한다고 본다. 다만 어디에 주안점을 두는지가 다를 뿐이다. 즉 그 서로 다른 측면에서 대립하면서 일치하는 측면에서는 적극적으로 협조하고 조화를 이루어야 쌍방에게 도움이 될 것이다.

그러므로 경영자는 스스로 대립과 조화를 생각하면서 노동조합과 직원에 대해서 그 생각을 성심성의껏 설명하고 대립과 조화의 바람직한 노사관계를 만들어 가야 한다.

이와 더불어 한 가지 더 중요한 것이 있다. 그것은 바로 노사의 역학관계이다. 노사는 서로 비슷하게 힘을 발휘하는 것이 바람직하다. 한쪽의 힘이 더 강할 때 일시적으로 많은 것을 얻을 수도 있지만, 자칫 횡포와 독단이 되기 쉽다. 동시에 힘이 약한 쪽에서는 반발심과 의욕 상실이 초래되어 바람직한 결과를 얻을 수 없다.

이렇게 보면 노사란, 마치 자동차의 양 바퀴와도 같다고 할 수 있다. 한쪽이 크고 다른 한쪽이 작다면 그 자동차는 결코 똑바로 나아갈 수 없다. 이렇듯 힘의 균형을 이룬 노사가 서로 대립하면서 조화를 이룰 때, 바람직한 노사 관계가 형성되고 회사도 발전해 직원 복지도 좋아진다.

경영은
창조하는 일이다

●

나는 '경영'의 가치가 대단히 높다고 생각한다. 마치 예술이라고 해도 좋을 정도이다.

경영을 예술이라고 하면 기이한 생각이 들지도 모르겠다. 보통 일반적으로 예술이라고 하면 회화, 조각, 음악, 문학, 연극 등 고상한 정신활동을 떠올리게 된다. 이에 비해 기업경영은 세속적인 느낌이 강한 것이 사실이다. 그러나 예술을 창조 활동 중 하나라고 정의한다면, 경영이야말로 창조 활동 그 자체라고 봐도 전혀 손색이 없다.

저명한 화가가 특정한 구도를 구상하고 아무것도 그려져 있지 않은 하얀 캔버스 위에 물감을 칠해 그림을 그려나간다. 완성된 그림은 단순한 헝겊과 물감이 아니라 화가의 혼이 약동하는 예술 작품이다. 이는 무에서 유를 창조하는 훌륭한 창조인 것이다.

그렇다면 경영은 어떤가? 하나의 사업을 구상하고 계획을 세운다. 그 계획에 따라 자금을 모으고 공장과 그 밖의 시설을 구축하며, 인재를 발굴하고, 제품을 개발하며, 그것을 시장에 공급한다. 이 모든 과정이 화가가 그림을 그리듯 창조의 연속이라고 할 수 있다.

형태만 보면 단순히 제품을 만드는 것으로 보일지 모르지만, 그 과정에는 곳곳에 경영자의 정신이 생생히 깃들어 있다고 할 수 있다.

더욱이 경영은 여러 복잡하고 다양한 내용을 담고 있다.

부서 한 가지만 보더라도 너무 다양하다. 연구하거나 개발하는 부서, 그에 따라 제품을 만드는 부서. 완성된 제품을 판매하는 부서, 또는 원재료를 조달하는 부서, 그 밖에 경리 또는 인사 등 사업을 지원하는 부서가 존재한다.

기업경영에 필요한 이 모든 부서가 창조적인 활동을 하는 것이다. 그리고 이 모든 부서를 종합하고 조정하는 전체 경영 역시 커다란 창조와 다를 바 없다.

이렇게 보면 경영은 예술이라고 하지만, 회화나 조각과 같이 하나의 독립된 작품이 아니라 그 안에 회화도 있고 조각도 있고, 음악도 있고 문학도 있는 다양한 분야를 망라한 종합예술로 보는 게 맞을 수 있다.

더구나 경영은 끊임없이 변화하고 있다. 경영을 둘러싼 사회 정세, 경제 상황은 시시각각 변해 간다. 그 변화에 신속하게 대응하고 그보다 한발 앞서 손을 써야 하는 것이 경영이다.

그러므로 회화처럼 그리는 것을 끝내면 한 장의 그림이 완성하는 것과는 다를 수 있다. 따라서 경영에는 완성이 있을 수 없고, 쉼 없이 생성하고 발전해 가야 하며, 그 과정 자체가 하나의 예술 작품이라고 할 수 있다. 그런 의미에서 경영은 살아 있는 종합예술이라고 할 수 있다.

그렇다고 해서 경영이 다른 예술보다 차원이 높다는 것은 아니다. 예술은 인간의 감정을 풍요롭게 하고 인간 정신을 함양하는 매우 고귀한 분야임은 틀림없는 사실이다. 단지 내가 하고 싶은 말은 경영도 그에 못지않은 높은 가치를 가지고 있다는 것이다.

한마디로 예술이라고 하더라도 그 작품의 가치는 다 같지 않다. 그림, 음악, 문학 등 여러 예술 가운데서도 깊은 감명을 주는 걸작이 있는가 하면 볼품없는 졸작도 있다.

예술 작품의 가치를 돈으로 평가하는 것이 반드시 적절한 것은 아니겠지만, 같은 한 장의 그림이라도 몇백만 엔, 몇천만 엔 때로는 몇억 엔을 호가하는 작품도 있지만 반면 단돈 1만 엔에도 사지 않는 것도 있다. 이는 그림뿐 아니라 모든 예술 작품에 내해 같은 말을 할 수 있나.

그리고 경영도 이와 다르지 않다. 훌륭한 예술 작품과도 같이 소비자가 감탄하는 뛰어난 경영이 있는가 하면 볼품없는 졸작과 같이 성과를 내지 못하는 경영도 있다. 그러므로 경영은 살아 있는 예술 작품이라고 할 수는 있지만, 결코 모든 경영이 그에 부합하는 것은 아니다.

예술적 가치를 인정할 만한 경영이 되려면 완성된 제품, 판매 방식, 인재의 육성과 활용, 재무 상태 등 경영의 요소 하나하나가 흠잡을 데 없이 훌륭하고, 그들을 종합한 경영방침에 그 회사의 정신이 깃든 이념이 살아 있어야 한다.

한 장의 그림도 그 완성도에 따라 가치는 크게 달라진다. 경영도 그와 같다. 그렇지만 그림은 아무리 볼품없는 졸작이라도 사람들에게 감동을 주지는 못할지언정 폐를 끼치는 일은 없다.

그러나 경영의 졸작은 다르다. 관계를 맺고 있는 수많은 기업과 사람들에게 엄청난 폐를 끼치게 된다. 가장 심각한 경우인 기업의 도산과 파산을 생각하면, 경영의 졸작, 실패작이 얼마나 우리 사회에 부정적인 영향을 미치는지 알 것이다. 이와는 반대로 예술이라고 해도 손색없는 훌륭한 경영은 사회에 미치는 이로운 영향이 정말 크다.

그러므로 경영의 예술가인 경영인은 일반적인 예술인 이상으로 예술적 명작을 창출해 내야 할 의무가 있는 것이다.

나는 예술 세계를 잘 모르지만, 들은 바에 의하면 제 몫을 하는 예술가가 되기 위한 수련 과정은 매우 혹독하고,

하나의 작품을 만들기 위해서는 혼신의 힘을 다해 뼈를 깎는 인내의 시간이 필요하다고 한다. 이런 과정을 거쳐야 비로소 사람들이 감동하고 후세에 남는 예술 작품이 탄생하는 것이다.

이렇게 생각해 보면 살아 있는 종합예술인 경영의 명작을 만들기 위해서는 그에 뒤지지 않는, 아니 그 이상의 노력과 인내가 필요하다고 할 수 있다. 그러한 과정 없이 성과를 내려고 하는 것은 보통의 노력만으로 수백만 엔의 가치가 있는 그림을 그리려고 생각하는 것과 같기 때문에 결코 잘될 수 없다.

경영은 살아 있는 종합예술이다. 경영자는 경영의 그런 높은 가치를 분명히 인식하고 그 가치 있는 일에 종사하고 있음을 자랑스럽게 생각하면서 최대한 노력해야 한다.

시대 변화에 적응하라

•

올바른 경영이념은 기본적으로 어느 시대에나 통한다. 경영의 본질적인 목적은 결국 인간의 행복이므로 인간의 본질이 변하지 않는 이상, 어느 시대에서든 경영이념의 본질도 변하지 않는 것이다. 그러므로 기업이 제대로 된 경영이념을 확립하는 일은 중요하다.

그러나 경영이념을 현실 경영에서 구현하는 방법은 영구불변하지 않다. 오히려 시대의 변화에 따라 달라져야 한다. 바꿔 말하면 매일 새로워져야 한다. 우리 사회는 모든 분야에서 끊임없이 변화하면서 달라진다. 그러므로 그 사회에서 발전해 나가기 위해서는 기업도 사회의 변화에 적응해야 하고, 오히려 한 발 더 앞서서 변해야 한다.

그 변화는 어제보다 오늘, 오늘보다 내일 항상 더 좋은 것을 만드는 방향으로 진화해야 한다. 어제 옳다고 여겼던 것을 오늘 그대로 적용할 수 있을지는 아무도 모른다. 정세 변화에 따라 이전의 것이 이미 옳지 않은 일이 되어 있는 경우가 왕왕 있기 때문이다.

오랜 역사와 전통을 자랑하는 장수기업이 경영난에 봉착하는 경우가 있는데, 그 이유는 그 기업에 올바른 경영이념이 없어서가 아니다. 오히려 어디에도 뒤지지 않는 훌륭한 경영이념을 명확하게 가지고 있다. 그런데 어렵게 확립한 경영이념을 가지고 있으면서 그것을 실제 적용하는 방침과 방법이 시대에 뒤떨어진 경우가 있다. 일찍이 성공했던 오래된 방식을 그대로 지키고 있는 경우가 적지 않다. 물론 오래된 방식에서 여전히 유용한 것은 그대로 유지해야겠지만, 시대의 변화에 따라 새롭게 고쳐야 할 것은 고쳐 나가야 한다.

가령 종교를 생각해 봐도 같은 말을 할 수 있다. 위대한 종교 지도자의 훌륭한 가르침은 그 본질만큼은 어느 시대에나 통용된다. 그렇지만 오랜 옛 표현 방식을 지금도 그대로 쓴다면 사람들의 공감을 불러일으키기가 쉽지 않을 것이다. 그 훌륭한 가르침을 지금 상황에 맞게 표현하면 더 많은 사람에게 받아들여질 것이다. 실제 종교 지도자의 가르침을 현대적으로 바꿔서 표현하는 교단은 많은 공감을 얻어 번창하고 있다.

이와 마찬가지로 아무리 훌륭한 경영이념을 갖춘 기업이라 할지라도 그 본질을 실현시키는 방법이 과거와 똑같다면, 목적한 성과를 거두기 어렵다. 제품 하나를 보더라도 매일매일 새로운 것이 시장에 나오는 시대이다. 그러므로 올바른 경영이념을 갖추는 것과 함께 그에 근거한 구체적 경영방침을 그 시대에 맞게 수정하는 게 바람직하다. 날마다 새로운 것을 추구해야만 확립한 경영이념이 영원한 생명력을 얻게 될 것이다.

정치에
관심을 가져야 한다

●

현대에 기업경영을 잘하기 위해 경영자가 잊어서는 안 되는 것은 정치에 관심을 강하게 갖고 필요한 요구를 해야 한다는 것이다.

정치는 정치인이 하는 것으로, 우리 경영인은 어떻게 하면 자신의 사업을 잘할 수 있을지만 생각하면 된다고 보는 견해도 있을 수 있다. 그러나 과연 그럴까?

분명 일본에는 봉건제의 흔적이라고나 할까, 과거 '정치는 조정이 알아서 할 일'이라는 생각이 강하게 남아 있다.

제2차세계대전 이전에는 특히 그런 경향이 있었다. 그리고 내가 사업의 터를 닦았던 오사카에서도 '정치는 정치, 경제는 경제. 우리는 독립독보로, 우리의 힘만으로 경영한다'는 풍조가 만연했던 것이 사실이다. 그리고 사실 제2차세계대전 이전에는 비교적 정치와 경제의 관계가 깊지 않았기 때문에 그런 생각으로 경영하는 것이 가능했다.

그러나 지금은 사정이 완전히 달라져서 경제 흐름이 정치에 따라 크게 좌우되는 세상이다. 예전에는 호경기나 불경기란 오로지 경제문제라고 생각했지만, 지금은 정부의 경제정책과 재정정책을 통해 상당 부분까지 경기를 조절하는 시대가 된 것이다.

그만큼 경제에 미치는 정부 정책이 중요하다. 경제활동이 왕성해지면서 그 필요성이 커지는 도로나 공항, 그 밖의 여러 가지 사회 기간시설을 확충하는 것 역시 정치의 영역이다.

그뿐 아니라 기업에 '인사가 만사'라는 말이 있듯이 인재를 육성하는 학교교육도 정치의 영향을 크게 받는다. 그 밖에 지금은 기업활동에 따라 다양한 인허가를 받아야 하는 등 이른바 '정치적 비용'이 기업의 생산 비용에 영향을 미치는 측면도 있다.

이런 점들을 종합해 보면 다음과 같이 말할 수 있을 것이다. 즉 기업이 사명을 다해 사회에 공헌하는 것은, 그 절반까지는 기업 스스로의 경영 노력으로 가능하지만, 나머지 절반은 정치를 포함한 사회 정세에 좌우된다는 것이다.

바꿔 말하면 경영자가 올바른 경영이념 아래 기업의 사명을 성실히 수행하는 것은 당연하지만, 그것만으로 충분한 성과를 올릴 수 있을지는 알 수 없다. 그런 기업의 노력과 더불어 정치 영역에서의 적절한 경제정책이나 그 밖의 여러 시책이 추진되어야 비로소 기업의 노력이 빛을 발해 결실을 맺을 수 있게 되는 것이다. 반대로 합당한 정치가 뒷받침되지 못하면 경영 노력은 허사가 되어 버린다.

따라서 경영자와 경제인은 그 본래의 사명을 다하기 위해 맡은 바 일을 열심히 해야 하지만, 그것만으로 충분한 책임을 다했다고 보기 어렵다. 이와 더불어 올바른 기업 노력과 경영 노력이 빛을 볼 수 있는 적절한 정책이 나올 수 있도록 정치에 관심을 가지고, 올바른 요구를 하는 것이 중요하다. 현대 민주주의 시대에는 이처럼 경영자가 정당한 목소리를 내는 것이 한층 더 필요해지고 있다.

정치에 대한 경제인의 요구가 자신의 기업이나 업계의 편의를 제공받기 위한 것으로 보일지 모르지만, 내가 여기서 하는 말은 그것과는 전혀 다르다.

경제인의 요구는 왕왕 정치를 그릇되게 만들거나 정치를 사유화할 수 있기 때문에 그런 요구는 결코 바람직하다고 볼 수 없다. 그런 것이 아니라, 경제인의 관점에서 무엇이 나라와 국민을 위해 올바른 것인지를 생각하고 그것을 정치인에게 요구하라는 말이다.

그런 요구가 적절하게 전달되어 정치적 결정에 반영됨으로써 바람직한 정치가 실현되고, 기업의 노력도 빛을 보게 되는 것이다. 이로써 기업은 사회적 책무를 더 확실하게 추진할 수 있게 된다. 그러므로 경영자는 자기 사업을 열심히 하는 한편, 정치에 관심을 가지고 적절한 요구를 하지 않으면 그 책무를 충분히 다하는 것이 아니라는 점을 명심해야 한다.

순수하고 정직할 것

•

경영자가 기업을 경영하면서 가져야 할 덕목으로 중요한 것이 여러 가지 있지만, 그중 가장 근본이 되어야 하는 것이 있다. 나 스스로 생각해 내서 노력하고 있는 것이기도 하지만, 바로 순수하고 정직한 마음이다. 경영자가 순수하고 정직한 마음을 가지고 있어야 비로소 지금까지 이야기한 내용들에 힘이 실리고, 경영자가 그런 마음가짐을 가지지 않으면 기업은 결코 지속 가능한 발전을 이룰 수 없을 것이다.

순수하고 정직하다는 것은 바꿔 말하면 무엇에도 얽매이지 않는 마음이다. 사람은 무엇인가에 얽매이게 되면 사물을 있는 그대로 볼 수 없게 된다. 즉 색안경이나 초점이 안 맞는 렌즈를 통해 사물을 바라보는 것과 다르지 않다. 빨간색 렌즈로 보면 하얀 종이도 빨갛게 보이고, 초점이 맞지 않는 렌즈를 통해서는 반듯한 막대기도 구부러져 보일 것이다. 이렇게 되면 사물의 실상과 진실한 모습을 올바르게 파악할 수 없다. 따라서 무엇인가에 얽매인 마음으로 사물을 접하게 되면 잘못된 판단을 하고 일을 그르치기 쉬워진다.

이에 반해 순수하고 정직하다는 것은 색이 있거나 초점이 흐린 렌즈가 아니라 하얀 것은 하얗게, 반듯한 것은 반듯하게, 있는 그대로 볼 수 있는 마음을 의미한다.

천지자연의 순리에 따라 세상과 대중의 목소리를 듣고, 사내 구성원의 중지를 모아 해야 할 일을 하면 경영은 반드시 성공한다. 그런 의미에서 결코 어려운 일이 아니다. 그러나 그렇게 되기 위해서는 경영자의 순수하고 정직한 마음이 꼭 필요하다.

천지자연의 순리란 '비가 오면 우산을 쓰는' 것이라고 앞서 이야기했다. 비가 오면 너무 자연스럽게 우리는 우산을 편다. 이것이 바로 순수하고 정직한 마음이다. 그런데 고집을 부리면서 우산을 펴지 않는 것은 무엇엔가 마음이 얽매여 있기 때문이다. 이렇게 되면 비에 몸이 젖게 된다. 경영도 잘될 수 없다.

세상과 대중의 목소리에 그리고 사내 구성원의 의견에 겸허하게 귀를 기울여야 한다. 그렇게 할 수 있도록 하는 것이 순수하고 정직한 마음이다. 그런데 자신이 옳고 자신만이 잘났다는 생각에 사로잡히면 주변 사람의 목소리가 들리지 않는다. 중지를 모을 수 없다. 결국 자기 혼자만의 지혜로 경영을 하게 되고, 실패할 공산이 커진다.

순수하고 정직한 마음을 가지면 상황을 제대로 볼 수 있다. 이렇게 되면 해야 할 일과 해서는 안 되는 일이 분명해진다. 해야 할 일을 하고 해서는 안 될 일을 안 할 진정한 용기도 거기서 나온다.

나아가서 너그러움과 자비의 마음도 생겨나 인재를 활용하는 경영이 가능해진다. 또한 어떤 정세 변화에도 유연하고 능동적으로 대처하면서 매일매일 새로운 경영을 펼치기 쉬워진다.

한마디로 말하자면 순수하고 정직한 마음은 그 사람을 강하고 올바르고 총명하게 한다. 강하면서 올바르고 총명한 것의 최고 경지는 다름 아닌 신의 영역일지 모른다. 사람은 신은 아니지만 순수하고 정직한 마음을 갈고닦으면 그만큼 신에 가까워질 수 있다고 생각한다. 따라서 무엇을 하든지 성공하게 될 것이고, 경영도 마찬가지다.

그러나 순수하고 정직한 마음을 갖는 게 결코 쉬운 일은 아니다. 사람은 좋고 싫은 감정도 있고 여러 가지 욕심도 있다. 이는 사람의 본성으로 그것을 완전히 없애는 것은 불가능하다. 그것을 없애 버리면 인간이 인간이 아니게 된다.

따라서 그러한 자신의 여러 감정과 이해득실에 사로잡히기 쉬운 것도 인간의 한 모습이다. 그리고 학문과 지식이 진화해 여러 사상과 예단이 나타나는 요즘은 더욱더 그런 것에 얽매이기 쉽다. 그러므로 무엇에도 얽매이지 않는 것은 말하기는 쉽지만 실행하기는 정말 어렵다. 그러나 어렵기 때문에 그만큼 순수하고 정직한 마음이 중요한 것이고, 그러한 마음을 함양하고 키우는 노력을 해야 한다.

그렇다면 어떻게 해야 순수하고 정직한 마음을 키워 나갈 수 있을까? 그 방법에는 여러 가지 있다. 예를 들어 일본 전국시대 무장들은 불교 수행에 힘쓰던 사람이 많았다고 알려져 있다. 불교 수행은 무엇에도 얽매이지 않도록 마음을 가다듬는 것으로, 순수하고 정직한 마음과 상통하는 부분이 적지 않다. 전쟁도 하나의 경영으로 볼 수 있고, 글자 그대로 목숨을 건 가장 진지한 경영과도 같다. 과거 무장들은 가능한 한 어떤 무엇에도 얽매이지 않는 마음으로 전쟁에 임하려 했고, 그러기 위해 불교 수행에 통해 그런 마음을 함양했다고 볼 수 있다.

들은 바에 따르면 바둑은 특별히 교습을 받지 않아도 대략 1만 번 정도 대국을 하면 초단 정도의 수준에 오른다고 한다. 그러니까 순수하고 정직한 마음을 갖겠다고 강하게 마음먹고 매일 그런 마음으로 지내면, 1만 일 즉 약 30년이 지나면 초단이 될 수 있지 않을까 생각한다. 초단이 되면 일단 일을 처리할 때 순수하고 정직한 마음을 움직여 커다란 실수를 범하는 일은 피할 수 있게 될 것이다. 이렇게 생각해서 스스로 매일매일 그것을 마음에 새기며 자신의 언행을 반성하면서 조금이라도 순수하고 정직한 마음을 키워 나가려 애를 썼다.

이렇듯 스스로 옳다고 생각하는 방법은 찾아가면 되지만, 순수하고 정직한 마음의 함양과 향상 그 자체는 모든 경영자는 물론 모든 사람이 마음에 새겨야 할 중요한 것이라고 생각한다. 이런 마음가짐 없이는 경영의 성공도, 인생의 진정한 행복도 있을 수 없다. 그러므로 순수하고 정직한 마음에 혹시 단수를 매길 수 있다면, 우리 모두 초단 정도는 따는 것을 목표로 정했으면 좋겠다. 그 단계에 이르면 지금까지 이야기해 온 것들을 자연스럽게 체득할 수 있고 활용할 수 있을 것이다. 순수하고 정직한 마음이야말로 성공적 경영을 위해 기본적으로 갖추어야 하는 마음가짐이다.

* * *

'실천경영철학'이라는 제목으로 경영에 관한 나의 생각을 여러 각도에서 조명해 보았다. 이 책의 내용은 학문적 근거가 있는 것은 아니다. 어디까지나 나 스스로 몸소 체험한 것들이다.

그런 의미에서 이론적으로 보면 반드시 적절하지 않은 측면이 있을 것이다. 그렇지만 실제 기업을 경영하면서 깨우친, 틀림없이 매우 중요한 것들이라고 생각한다.

즉 경영할 때 이러한 생각을 기본으로 삼고 사업을 추진하면 성공으로 이어질 것이라 믿는다. 스스로의 체험과 그동안 보고 들은 것만을 봐도 그렇게 말할 수 있으며, 결국 경영이란 본래 그렇게 하면 잘 풀리게 되어 있다고 나는 생각한다.

단 한 가지 중요한 사실이 있다. 같은 경영이념을 갖고 있다 하더라도 그에 근거한 구체적인 경영방식은 무한하다고 할 정도로 많다는 것이다. 그러므로 경영자 스스로 자신만의 특색을 살릴 수 있는 방법으로 경영하면 되는 것이다. 획일적인 방법은 결코 존재하지 않는다. 이렇듯 각각의 경영자가 가진 특색을 무시하고 모두 같은 방법으로 경영하면 오히려 일이 잘 풀리지 않을 수 있다.

마쓰시타전기에는 많은 관련 기업과 사업부가 있고, 경영 책임자인 사장과 사업부장이 그 숫자만큼 있다. 마쓰시타전기 관련 기업과 사업부이기 때문에 기본이 되는 경영이념은 전부 똑같다. 그것이 각기 다른 건 곤란하다. 그러나 그 동일한 경영이념을 바탕으로 전개되는 실제 경영은 각각의 사장과 사업부장의 특색에 따라 전부 다르다. 가령 사장과 사업부장이 50명이면 50가지의 경영방식이 있어도 된다고 보고 있고, 실제 그렇다.

한 사람, 한 사람 얼굴 모양이 다른 것처럼 한 사람, 한 사람 모두 다른 특징을 가지고 있다. 그러므로 다른 사람이 잘하고 있다고 해서, 그걸 똑같이 따라 한다고 잘된다는 보장은 없다. 내게는 나의 특징에 맞는 가장 적합한 방식이 있을 것이다. 그런 방법을 스스로 만들어 가는 것이 성공으로 이어지는 지름길이 될 것이다.

깊이 있는 경영을
말하다

장사와 경영에도
번영의 길을 찾는 요령이 필요하다

그 어떤 혼돈의 시기에도 사업을 번영시킬 수 있는 길은 반드시 찾을 수 있다. 어려운 문제가 연이어 발생하는 난세의 변환기에도 장사하고 경영하는 방법은 수천, 수만 가지 있기 때문이다. 그러나 대처법을 적절한 시기에 찾아내기 위해서는 장사하는 요령과 경영하는 요령을 각자 나름대로 갖고 있어야 한다.

단순히 열심히 하는 것만으로는 부족하다. 장사하는 요령과 사업하는 요령을 확실하게 파악한 다음 열심히 노력해야만, 변화가 심한 엄중한 상황에 유연하게 대처할 수 있고, 심각한 위기를 발전의 기회로 바꿀 수 있다.

나만의 장사 요령과 경영 요령을 알아내는 것은 백만금 아니 그 이상의 가치가 있다. 그래서 이 책의 제목도 '스스로 터득한 경영노하우의 가치는 백만금'이라고 붙였다. 나는 지금까지 기업을 경영하면서 장사 요령과 경영 요령의 소중함을 깊이 느꼈고, 그때 느꼈던 것의 일부를 정리한 것이 이 책이다.

이 책의 내용은 모두 내가 직접 경험을 통해 얻은 결과이다. 녹녹지 않은 사업 환경에서 밤낮으로 경영에 몰두하는 경영자들에게 이 책이 조금이나

마 참고가 된다면 무척 기쁘겠다.

1980년 3월

마쓰시타 고노스케

비가 오면 우산을 쓴다

●

벌써 20년도 지난 일이지만 내가 마쓰시타전기 사장에서 회장이 되고(1961년) 얼마 지나지 않은 때였다. 한 신문기자가 취재차 찾아와서 "회장님, 회사가 매우 빠른 속도로 발전하고 있는데, 그 비결 한 가지를 들려주셨으면 합니다"라고 질문했다.

발전의 비결을 한마디로 하라니 어떻게 대답해야 할지 망설여졌지만, 문득 생각이 떠오른 나는 거꾸로 그 젊은 기자에게 질문했다.

"기자님은 비가 내리면 어떻게 하세요?"

이 반문이 아마도 예상 밖이었던 모양이다. 그 기자는 당황했는지 한동안 놀란 표정이었지만, 그래도 성실하게 내가 예상했던 대답을 해 주었다.

"우산을 쓰지요."

"그렇지요, 비가 내리면 우산을 씁니다. 바로 그것이 기업 발전의 비결이며 장사하고 경영하는 노하우입니다."

이런 이야기를 나누었다.

나의 이 같은 생각은 20년이 지난 지금도 변함이 없다. 즉 비가 내리면 우산을 쓴다. 그렇게 하면 비에 젖지 않는다. 그것은 자연의 이치에 순응하는 자세이며, 모든 사람들이 다 아는, 극히 평범한 상식이다. 장사나 기업 운영을 잘할 수 있는 비결은 그런 평범한 것을 당연하게 받아들이고 실천하는 것밖에는 없다는 생각이 든다.

이것을 다음과 같이 구체적인 사례를 들어 설명할 수도 있다. 원가 100엔짜리 제품은 그 특성이나 당시 상황에 맞도록 적정 이익을 얹어 110엔이나 120엔의 가격으로 파는 것이다. 이것이 바로 장사를 하면서 '비가 오면 우산을 쓰는' 하나의 태도이다. 그리고 반드시 판매 대금은 수금한다. 이 역시 장사하는 바른 태도이다. 또한 팔리지 않을 때는 무리해서 팔려고 하지 않고 잠시 쉰다. 그리고 다시 팔리게 되면 최선을 다해 제품을 만든다. 이런 지극히 당연하고 평범한 것이 비가 내리면 우산을 쓴다는 의미이며, 이것을 착실하고 강인하게 실천해 나가면 장사나 경영은 성공하게 되어 있는 것이다. 경영은 그런 거라고 나는 생각한다.

비가 내리면 우산을 쓴다는 것은 누구나 아는 사실이다. 비가 오는데도 우산을 쓰지 않는 것은 정말 특별한 이유가 있는 사람이 아니면 안 하는 행동이다. 그런데 장사나 경영의 경우에는 이런 것들이 당연하게 받아들여지지 않는다. 사심이 생겨 그릇된 판단을 하고, 우산을 쓰지 않고 걷기 시작하는 일이 종종 생긴다.

예를 들어 치열한 경쟁에 뒤지지 않으려고 원가 100엔짜리 물건을 90엔에 판매하거나, 거래처와의 우호적인 관계 유지 때문에 수금이 지연되어 부족해진 자금을 빌리는 경우가 실제 자주 나타난다. 이런 사업은 결코 잘될 수 없다. 당연히 이익을 내기 위해서는 원가 이상의 가격으로 팔아야 한다. 또 자금을 빌리기 전에 우선 전력을 다해 수금을 하는 것이 맞는 일이고, 그래도 자금이 필요하면 그때 비로소 외부에서 자금을 조달해야 한다. 이것이 비가 내리면 우산을 쓰는, 천지자연의 이치에 맞는 경영 태도이다.

말로는 너무 쉽고 당연한 일이지만 이처럼 쉽고 당연한 일을 시의적절하게 실행하는 것에 장사나 경영의 비결이 있다고 말할 수 있다.

그 신문기자는 아리송한 웃음을 지어 보였지만, 나는 이것이 실제 장사나 경영에서뿐만 아니라 세상에서 일어나는 모든 일에 적용되는 상식이라고 생각한다.

솔선수범이
직원을 움직인다

●

만약 열 명의 직원을 데리고 일을 할 때, 그 열 명을 모두 내가 생각하는 대로 움직이게 할 수 있다고 생각하면 큰 오산이다. 그런 일은 정말로 쉽지 않다. 그중에 한 명은 늘 반대만 하면서 쓸데없이 방해를 놓는다. 그리고 그중 두 명은 있으나 없으나 별 차이가 없다. 대체로 이 정도의 구성이 어느 조직에나 나타날 수 있는 일반적인 경우 아닐까?

그러므로 경영자는 열 명 중 세 명은 큰 도움이 되지 않을 거라 생각해야 하는데, 문제는 그들과도 함께 일을 해야 하기 때문에 미리 그 점은 각오해 두는 것이 좋다. 그렇지 않으면 실제 그런 경우에 직면했을 때 그만 자신도 모르게 푸념을 늘어놓게 되면서 경영 의욕이 줄어들기 때문이다.

전해지는 바에 의하면, 신란親鸞(일본 대승불교의 종파 중 하나인 정토진종의 종주)도 아들 때문에 속을 앓았다고 한다. 여러 문제를 일으키고 아버지의 가르침이 틀렸다고 말을 퍼뜨리고 다기도 했다. 다른 사람도 아니고, 자신의 장남이 교주의 가르침을 따르지도 않고 그런 행동을 했으니 그 마음고생이 더욱 컸을 것이다. 그러나 그는 한탄하면서도 묵묵하게 견뎠다.

이런 성인聖人조차 괴로워할 정도인데 우리처럼 평범한 사람들은 그런 사람이 있으면 신경이 쓰여서 참기 어려울 것이다. 그렇지만 사람들을 데리고 일을 하려면 알짜만 골라내서 할 수 없는 노릇이다.

이는 우리 몸과도 같다고 보면 된다. 사람 몸은 일년내내 늘 건강하기는 쉽지 않다. 어떨 때는 위가 아프고 혈압이 높아지기도 하는 등 어딘가 상태가 안 좋은 경우가 많다. 이런 증상이 일시적이고 금방 치료가 되면 그 이상 바랄 것이 없지만, 쉽게 낫지 않을 때는 무리를 하지 않으면 서 병이 더 악화하거나 재발하지 않도록 주의를 기울여 생활하는 수밖에 없다.

사람을 데리고 일을 할 때도 이렇듯 끊임없이 무언가 문 제를 일으키는 사람이 있어서 조직에 부담이 되고 방해가 된다는 것을, 처음부터 각오하고 시작해야 한다.

그런 각오를 하고 그다음은 역시 나 스스로 몸소 보여 주어야 한다. 누구보다 빨리 일어나고 늦게까지 일을 하 는 것이다. 무엇보다 경영자가 모범을 보이는 것이 제일이 다. 이렇게 했더니 직원들이 이렇게 움직였다는 식으로 의 도적으로 신경을 쓰기보다는 우선 스스로 흔들림 없이 솔 선수범해야 한다.

일심불란의 태도를 보이는 것이다. 그렇게 하면 주변 사 람들도 그냥 보고만 있기 어려워진다. 직원들은 경영자의 그런 진지한 모습을 보면서 반드시 배우는 것이 있고 마 음이 움직이게 된다. 일일이 말하지 않아도 일을 하게 된 다. 나는 중소기업과 대기업을 두루 경험했지만, 주인공의 솔선수범이 제일이라는 것은 기업의 규모와는 전혀 상관없이 통하는 이치라고 생각한다.

경영자의 실천 방법은 기업 상황에 따라 차이가 있을 수 있지만, 경영자 자신의 책임을 자각하고 일심불란의 자세로 일을 해야 한다. 그 결의가 반드시 거창할 필요는 없다. 진정성을 드러내는 것만으로도 충분하다. 사람은 그런 모습을 보고 반응한다.

작위적인 인재 양성은
성공하지 못한다

●

아무리 경영자가 일에 대한 자신감과 역량을 갖추고 있다 하더라도 사람을 다루는 방법과 인재를 키우는 방식이 서툴면 결국은 잘될 수 없다. 혼자 스스로 모든 일을 할 수 없기 때문에 어쨌든 무럭무럭 인재가 커갈 수 있는 환경을 만들어야만 한다. 그 일을 능숙하고 적절하게 할 수 있는지 없는지로 승부는 거의 결정된다고 해도 과언이 아니다.

이런 점은 누구나 알고 있다. 그리고 그 필요성도 느끼고 있다. 그렇지만 구체적으로 어떻게 해야 하는지에 대해서는 실제 잘 모르는 경우가 대부분이다. 자본을 축적하는 것보다도 더 어려운 것이, 인재를 육성하는 일이 아닐까?

내가 몸소 체험을 통해 알게 된 것이지만, 사람을 다루는 것을 그렇게 작위적으로 생각해서는 안 된다. 역시 자연스러운 것이 제일 좋다. 화가 나면 화를 낸다. 혼낼 때는 혼을 낸다. 지극히 자연스러운 태도가 좋다고 생각한다.

그렇다고 그것만으로 잘될 거라고 생각한다면 그건 큰 오산이다. 여기서 기본이 되는 중요한 요소는 경영에 대한 경영자 자신의 사명감이다. 이 사명감이 없으면 인재를 양성하려고 해도 키워지지 않는다.

가게가 되었든 회사가 되었든, 경영자는 나름의 목적을 가지고 경영하고 있다는 사명감을 가져야 하고, 그 사명감을 바탕으로 행동하는 것이 인재를 양성하는 원천이 된다. 인간은 역시 스스로 하고 있는 것에 대한 의의와 가치를 잘 알고 있을 때 진심으로 그것에 집중하게 되고, 다른 사람에게도 긍정적인 영향을 미칠 수 있다.

이러한 것이 갖추어졌다면 다음은 구체적으로 사람을

다루는 방법이 중요해진다. 여기서는 각각의 사람들이 가진 특색을 찾아내서 그것을 발휘할 수 있도록 배려하는 것이 무엇보다 필요하다. 열 명이라면 열 명 모두 각기 다른 특색을 가지고 있을 것이다. 그 특색을 찾아내서 맘껏 그 장점을 발휘할 수 있도록 해 주어야 한다.

내가 오늘 이 위치에 오를 수 있었던 것은, 그런 것에 다소 능했기 때문이 아니었을까라고 생각한다. 주위 사람들은 나를 두고 "저 사람은 그리 뛰어나지 못해"라고 평하기도 했지만, 몇 번인가 "꽤 장점이 많은 비범한 사람이야"라고 감탄하기도 했다.

"저 사람은 늘 불평불만만 늘어놓아 큰일이야"라고 평가받던 사람이, 인연이 닿아 우리 회사에 들어와서 꽤 열심히 일하는 일도 있었다. 다른 곳에서는 결점으로 여겼던 것이 우리 회사에서는 장점이 될 수도 있는 것이다. 그것이 가능했던 이유는 단점은 신경 쓰지 않으면서 장점과 특색만 보고 일을 맡겼기 때문이 아닐까 한다.

이것은 그렇게 어려운 일이 아니다. 다만 이로 인해 인재가 키워지느냐 마느냐가 결정되는 측면이 있다는 것을 잊어서는 안 된다.

또 나는 만약 성격이 맞지 않더라도 그것을 일과 결부시키지 않으려고 유념했다. 나와 맞지 않는 사람이라도 일을 잘하면 적극적으로 업무를 맡겼다. 일에 관해서만큼은 정말 공명정대했다고 생각한다. 이런 점도 직원들의 신뢰를 끌어내는 데 주요했을 것이다.

그러나 어쨌든 나는 어떤 경우라도 정말 진지하게 일했다. 실패하면 안 된다는 생각으로 하루하루 필사적으로 부지런히 일을 했다. 직원들을 칭찬하거나 나무랄 때도 진지했고, 내가 가진 그대로의 모습을 드러내 보였다. 꾸밈없이 내 모습 그대로 직원들과 가깝게 지냈다. 그렇게 함으로써 나라는 인간이 어떤 사람인지 직원들이 알기 쉬워졌을 것이고, 그런 과정이 있었기 때문에 많은 사람이 나를 도와주어야겠다고 마음 먹었을 것이다.

아무도 반대할 수 없는
대의명분을 가졌는가

●

이전에 미국 어느 대학의 학장으로부터 다음과 같은 이야기를 들었다. 그분이 과거 미국에서 성공한 기업 중 2대째가 되어 사업을 접은 75개사를 조사했더니, 그 원인은 모두 인재의 문제였다는 것이다.

그 구체적 내용은 이랬다. 초대 사장이 일으킨 회사는 점점 발전했는데, 그 발전에 상당한 공로를 한 사람이 여러 명 있었다. 그것은 나름대로 충분한 의미가 있는 일이었지만, 시대는 시시각각 변하고 있었다. 따라서 과거의 공로가 인정되어 상당한 지위에 오른 사람 중에는 그 자리의 적임자로 보기 어려운 사람이 적지 않았다. 2대 사장은 그 사람들을 해고하지 못하고 그대로 유임했다. 그 결과 회사는 도산을 면치 못했다, 이는 75개 사 모두에 예외 없이 적용할 수 있었다는 것이다.

물론 그 이외의 이유로 도산한 기업도 있었겠지만, 그 학장이 조사한 75개 사는 전부 그런 과정이 확인되었다고 한다. 나는 그 이야기를 듣고 미국도 다르지 않구나 하고 새삼 놀랐지만, 의리와 인정을 중요하게 여기고 게다가 장기 고용 풍토가 강한 일본에서는 그런 사례가 미국 이상으로 많겠다고 생각했다.

선대의 뒤를 이어 젊은 2대 사장이 취임하게 되면 주변의 임원들 대부분이 사장보다 나이가 많고 선대의 공로자들일 수밖에 없다. 그중에서 그 자리의 적임자로 보기 힘든 사람이 있더라도 "그만두세요"라는 말을 그렇게 쉽게 하지 못한다. 아무래도 그동안 함께한 정 때문이라도 그렇게 하기 어려운 것이 일반적인 경우일 것이다.

그러나 경영자가 그런 모습을 보이는 것이 옳은가 하면

반드시 그렇지 않다고 생각한다. 그런 상태가 유지되면 그 회사는 머지않은 미래에 성장이 멈춰 미국의 경우와 같은 결과를 초래할 것이다.

그러므로 아무리 인정 때문에 견디기 어렵더라도 경영자는 신속하게 손을 쓰는 것이 옳다. 즉 과거의 공로에 대해서는 충분히 그에 상응하는 보상을 하고 중요한 지위에는 그 자리에 맞는 사람을 앉히는 것이 바람직하다.

그러기 위해서는 용기가 필요하고 그것을 실행할 힘도 있어야 한다. 그런 용기와 힘은 어떻게 하면 얻을 수 있는 것일까?

나는 그것은 그 사람이 회사를 자신의 것으로 볼 것인지, 종업원의 것으로 볼 것인지, 아니면 사회의 것으로 볼 것인지, 그 해석 여하에 따라 얻을 수 있다고 생각한다.

만약 회사를 자신 개인의 것으로 생각한다면, 자신을 위해 커다란 공로가 있는 사람을 마음대로 해고하지는 못할 것이다. 그러나 회사는 내 자신의 것이 아니다. 회사 규모가 작다고는 하지만 선대로부터의 전통이 있고, 그 전통을 통해 직원과 사회에 도움이 되었다. 회사를 잠시 내가 맡은 것이라고 생각하면, 나에게는 모두를 위해 이 회사를 발전시켜야 하는 의무가 있다. 그 의무를 다하기 위해서는 정에 휘둘려서는 안 되고, 그 자리에 적합한 사람에게 중임을 맡겨야 한다. 과거의 공로는 다른 방법으로 보답하면 된다. 이런 생각을 가지게 되면 말하기 힘든 것을 감히 말할 수 있는 용기와 힘이 나올 것이다.

바꿔 말하면 경영자는 "무엇이 옳은가?"를 생각하고 그것에 따라 행동하겠다는 신념을 가져야 한다. 아무도 반대할 수 없는 대의명분 같은 것을 갖고 있어야 한다. 이런 대원칙이 있어야 비로소 진정한 의미에서 강한 용기와 힘이 솟구쳐 오를 것이다.

이는 인사 제도뿐 아니라 2대째, 3대째로 이어지는 경영의 모든 측면에 적용할 수 있다고 생각한다.

2세 경영은
진심과 열의로 승부

●

젊은 사람이 2대 사장으로 취임하면 선대가 쌓아놓은 기반을 승계해서 경험이나 나이가 크게 차이 나는 임원을 만나게 되기 때문에, 나름의 고충이 따르기 마련이다. 그러나 그들에게 배려만 해서는 사장 일을 보기 어렵다.

그렇다면 어떻게 해야 할까? 한 가지 방법은 우선 "나는 이렇게 생각하는데 어떻게 생각하세요?"라고 선배에게 의논하는 것이다. 귀찮아할 정도로 자주 상담을 요청하면, 진정으로 회사의 성장을 생각하는 사람에게는 그 열정이 전달될 것이다. 회사의 실권자는 '지금까지는 아무 것도 모르는 풋내기라고 생각했는데 그래도 꽤 열심히 하는구나'라고 생각할 것이다.

이런 과정을 통해 서로 간의 신뢰가 생긴다. 그 실권자는 자신이 회사의 주인이 되겠다고 생각하지는 않는다. 그러므로 자신이 회사의 실권자로서 열심히 일하고 있는데 2대 사장이 사업에 관심도 없고 열의도 느껴지지 않는다면 회사의 안위가 걱정될 것이다. 그런데 당신이 열의를 가지고 가르침을 받기를 원한다면 실권자인 선배도 기꺼이 당신을 믿고 더 큰 힘을 발휘해 줄 것이다.

실권자 선배만이 아니다. 그런 열의 넘치는 딩신의 대도를 보고 직원 모두가 믿음직하다고 생각하고 자연스럽게 힘이 되어 줄 것이다. 이것이 바로 인정이라고 생각한다.

단 이렇게 쉽게 말한다고 해서 열의라는 것이 누군가에게 배워서 나온다고 생각하면 안 된다. 그것은 역시 뱃속 깊은 곳에서 만들어지는 것이다. 그것이 없다면 아무리 뛰어난 머리를 가졌고 말주변이 좋아도 주변의 신뢰도 협력도 얻지 못할 것이다.

그러므로 뱃속 깊은 곳에서 만들어지는 뜨거운 열의를 갖고 있느냐 없느냐가 2대 사장의 성패를 결정하는 중요한 열쇠가 될 것이다.

사업에서 손해를 보는 일은
있을 수 없다

●

나는 꽤 오랫동안 수많은 하청기업의 협력을 받으며 일해왔다. 그래서 많은 기업을 알고 있는데, 그 경영자들은 모두 각각의 특색이 달랐다. 그런데 흑자 경영을 해서 성과를 내는 기업의 경영자는 무엇인가 공통점이 있었다. 그 경영자들은 모두 어떤 강인함 같은 것을 가지고 있었던 것 같다.

예를 들어 거래 기업의 요청에 따라, 종래보다 저렴하고 좋은 상품을 만들 목적으로 구매하고 있던 부품의 가격인하를 요청하더라도 그 경영자들은 "그렇게 하면 저희가 손해를 봅니다"라는 식으로는 절대로 말하지 않는다. "네 그럼, 그 가격에 맞춰 보겠습니다. 노력해 보지요. 분명히 그 가격으로 만들 수 있을 겁니다. 그렇지만 그 가격에 납품하기까지 3개월은 걸릴 거 같습니다. 그동안 꾸준히 노력해서 귀사가 만족할 수 있게 하겠습니다. 못할 일이 뭐 있겠습니까?"라고 대답한다.

실제 나도 사업을 시작했을 초기에 하청 일을 일부 했지만, 같은 방식으로 했다.

"그렇게 하면 저희가 손해를 봅니다. 어떻게 안 될까요. 부탁드립니다"라는 말을 한 적이 없다. "그런가요. 5엔에 맞춰야 하는 거지요?" "5엔이 아니면 거래가 힘든 거겠지요" "그런가요. 방법을 바꿔 보면 5엔에 만들 수 있을 겁니다. 4엔 50전도 가능할 것 같습니다. 틀림없이 해 보겠습니다"라고 말하면, 상대도 기뻐했다. 그래서 "반드시 그렇게 하겠습니다. 조금만 기다려 주십시오"라고 말하고 열심히 노력했다.

물론 거래처의 가격인하 요구가 터무니없는 것이라면

어쩔 수 없을 것이다. 그렇지만 사회적 요구에 따른 필요한 비용 절감은 "이건 반드시 해 내겠다"라고 생각하고 마음을 집중해서 그 일에 몰두했다.

이런 일이 가능하게 하려면 나 스스로 사업을 하는 이상 손해를 봐서는 안 되고, 본디 손해를 보는 것은 사업이 아니라는 신념을 가질 필요가 있다. 때로는 손해를 봐도 어쩔 수 없다는 생각을 조금이라도 가지고 있으면 마음이 약해져 좌절할 가능성이 매우 높아진다. 발전하는 기업과 그렇지 못한 기업의 차이 중 하나는 그런 경영자의 기본적인 생각의 차이에서 비롯된다고 볼 수 있지 않을까?

사업이나 경영을 하면서 이따금 손해를 볼 수도 있다고 생각하는 것은, 약한 사람이 자신을 위안하는 태도이다. 정말 책임을 다해 한 발, 한 발 나아가면 반드시 그에 맞는 이익을 낼 수 있다. 원래 사업과 경영은 그런 거라고 생각하는 것이 사업을 시작할 때 가져야 하는 기본자세라고 생각하는데, 여러분의 생각은 어떤가?

호황이 좋은데,
불황은 더 좋다

●

나는 사업을 하는 기본 마음가짐으로 "상인에게 호황, 불황이 따로 있을 수 없다"라고 자신에게 타이르듯 말해왔다.

호황일 때는 물건이 없어서 팔 수 없을 정도로 손님이 많기 때문에 그다지 문제가 없다. 그렇지만 불황이 되면 이번에는 구매자가 어느 가게의 어느 물건이 더 좋은지 꼼꼼하게 살펴보고 비교하게 된다. 그렇게 되면 기본이 잘 다져진 곳일수록 잘 팔리게 된다. 이때는 서비스, 직원의 고객 응대, 상품의 질 등이 고객의 구매를 좌우하게 된다. 그러므로 제대로 된 사업은 불황일 때 오히려 더 바빠진다.

이것은 하나의 진리라고 생각한다. 이 같은 점을 평상시 마음에 새겨 놓아야 한다. 이 점을 염두에 두면 경기가 좋아서 바쁠 때일수록 기본에 충실하게 된다.

경기가 좋아 바쁠 때는 서비스에 소홀하기 쉽다. 배달하는 대신에 "가지러 와 주세요"라고 하는 등 그만 자신도 모르게 귀찮은 일은 피하게 된다. 그러나 이렇게 되면 만일의 경우에 소홀히 대비하게 되고, 불황이 다가왔을 때 당황하게 된다.

장사는 하루만 하고 말 것이 아니다. 짧게는 한 사람의 일생 동안, 길게는 대를 이어서 하는 것이므로, 늘 한결같은 자세로 해야 효과가 있다. "호황이다" "불황이다"라고 그때마다 어찌할 바를 몰라 당황해서는 진정한 의미의 장사를 하고 있다고 보기 어렵다. 그래서 나는 장사에 호황과 불황은 없다고 자신을 타이르며 일해 왔다.

이런 생각을 지니고 있으면, 그 어떤 어려운 불황이 닥쳐도 나아갈 길은 있다고 여기게 된다. 오히려 불황일 때가 장사하기 재미있다고 할 수 있다. 정신을 바짝 차리고 진지해지므로 나아갈 길도 찾기 쉬워진다.

나는 10년 이상 순조롭게 성장하고 있는 기업이 있다면 이게 오히려 위험하다고 생각한다. 그렇게 오랫동안 잘되는 회사에는 어딘가 반드시 느슨한 곳이 생겼을 것이기 때문이다. 그렇지 않은 기업도 있겠지만, 그건 상당히 유능한 경영자가 방심하지 않고 경영했을 때이다. 그러나 그런 기업은 열 개 중 하나 정도로 나머지 아홉 개는 사장을 비롯해 모두 마음이 느슨해졌을 것으로 생각한다.

이건 지극히 자연스러운 일이다. 누구라도 매일 맛있는 것만 먹으면 그에 대한 고마움을 모른다. 이와 마찬가지로 회사가 잘 나가고 있을 때는 안이해지기 마련이다. 이게 인간의 약한 부분이다.

그런 상황에서 갑자기 불황이 찾아오면 그 기업은 크게 흔들릴 수밖에 없다. 그러므로 비교적 가벼운 불황은 3년에 한 번 찾아오고 심각한 불황은 10년에 한 번 찾아온다고 생각하고 있는 편이 오히려 기업의 안정적인 성장을 위해 필요할지도 모른다.

그러니 정말 중요한 것은, 호황, 불황이 아니고, 평소에 장사의 정도와 기본을 지켜 확실하게 일하고자 노력하는 자세이다. 그렇게 하면 "호황이 좋은데, 불황은 더 좋다"라고 생각하게 될 것이다.

직원의 능력을
100퍼센트 이상 활용하는 법

●

사람의 능력이란 늘 고정되어 있는 것이 아니다. 그 사람이 처한 상황에 따라 자기 능력을 초과해서 발휘하기도 하고 그에 미치지 못할 때도 생긴다.

따라서 회사에서 인력을 배치하는 일은 정말 중요하다. 배치 하나로 그 사람의 능력이 크게 발휘되기도 하고 반감되기도 한다.

그런 의미에서 대기업과 중소기업을 생각해 보면, 대체로 중소기업일수록 능률이 높다. 대기업일수록 능률이 낮고, 직원의 능력을 100퍼센트 활용하는 일이 많지 않은 것 같다. 중소기업도 여러 가지여서 단정적으로 말하기 어렵지만, 기업의 규모를 크게 둘로 나누면 그렇게 말할 수 있다고 생각한다.

대기업은 자질이 뛰어난 인재들이 많지만, 그들의 능력을 썩히는 경우가 있다. 그 이유는 그렇게 될 수밖에 없는 구조이기 때문이다.

일반적으로 조직이 커질수록 능률이 오르기 어려운 상태가 된다. 그중에서도 가장 능률이 오르지 않는 곳은 관공서인 것 같다. 관공서 사람은 일을 안 하는 것이 아니라 일을 할 수 없는 것일 테다. 마음 편히고 느긋한 분위기가 만들어져서 무사안일과 타성에 빠지기 쉬운 경향이 있는 것이다.

대기업 역시 그런 측면을 가지고 있다. 기업이 커지면 커질수록 이른바 '관청 사무(형식적이고 비능률적인 관공서의 사무 처리를 비꼬는 말)' 성향이 강해진다.

그러나 중소기업은 그렇게 운영하면 회사를 유지하는 것조차 힘들어진다. 그러므로 어쨌든 하는 수 없이 일을 해야 한다.

또한 20명에서 50명 정도 규모에서는 서로의 속마음이나 움직임을 알아차리고, 금방 반응해서 신속하게 움직이기 쉽다는 점도 있다.

이런 이유로 중소기업일수록 직원들이 능력을 더 발휘할 수 있다고 생각하고, 실제 그런 중소기업이 많다고 생각한다.

세상 사람들은 일반적으로 중소기업은 약하다고 생각한다. 그렇지만 대기업이 개개인의 능력을 70퍼센트 활용한다면 중소기업은 100퍼센트, 경우에 따라서는 120퍼센트도 활용한다.

이것이 바로 중소기업의 강점이다. 중소기업은 그 강점을 적극적으로 활용해야 한다.

또한 한편으로 대기업은 조직과 제도의 틀 안에서 이른바 전문 분야를 세분화하는 등, 직원 한 사람 한 사람 모두가 자신의 능력을 충분히 발휘할 수 있도록 환경을 지속적으로 개선할 필요가 있다.

맡기되
내맡기지 말라

●

  '좋아하는 일일수록 잘한다'는 말이 있듯이, 사람에게 일을 맡기는 경우, 원칙적으로 그 일을 하고 싶어 하는 사람에게 맡기는 것이 좋다. 그렇게 했을 때의 결과가 더 좋은 경우가 많기 때문이다.

  그렇지만 그 사람이 아무리 그 일을 하고 싶어 해도 그것을 통해 개인적인 이익을 도모하고자 한다면 절대 일을 맡겨서는 안 된다. 개인적 이익에 상관없이 정말로 좋아하기 때문에 꼭 해 보고 싶다는 사람에게 일을 맡겨야 한다.

물론 일을 맡기고 나면 대개 그 사람의 결점이 드러나게 된다. 그 결점은 경영자가 바로 잡아 주어야 하고, 고쳐지지 않는다면 사람을 교체하는 것이 좋다.

이것은 이를테면 '맡기되 내맡기지는 않는' 방법이라고 할 수 있다. 말 그대로 일을 맡기되 내팽개치듯 아주 맡기지는 않는다는 의미이다.

경영자는 어떤 경우라도 마지막 책임이 자신에게 있다는 사실을 기억해야 한다. 일을 맡기고 난 후에는 그 일을 어떻게 진행하고 있는지 항상 점검해야 하고, 보고하게 하고, 문제가 발생하면 적절한 조언과 지시를 해 주어야 한다.

물론 일을 맡긴 이상 너무 세세한 것까지 간섭해서는 안 되고, 조금은 너그러운 관점으로 그 사람의 능력이 커나갈 수 있도록 배려해야 한다. 그러나 잘못하고 있을 때는 분명하게 주의를 주어야 한다. 주의를 게을리하는 것은, 잘할 것이라는 전제로 임명한 사람을 스스로 포기하는 것과 마찬가지다. 이는 경영자가 해서는 안 될 무책임한 행동이다.

한편 이런 점을 충분히 인지하고 있는 사람이라면, 일을 맡은 사람도 분명히 주기적으로 확실히 보고할 것이다. 그런데 그중에는 내가 일을 맡게 되었으니 내 멋대로 해도 된다고 생각하고 보고도 하지 않은 채 일을 진행해 망치는 사람도 있을 것이다. 그런 경우는 원래 일을 잘못 맡긴 것이기 때문에 서둘러 사람을 교체해야 한다.

경영은 사람을 제대로 썼는지가 전부라고 할 정도로 사람이 중요하고, 이는 아무리 강조해도 지나치지 않다. 고용한 사람도 고용된 사람도 항상 성실하고 진실한 자세로 일에 임해야 한다. 특히 경영자는 진지한 마음으로 적재적소에 사람을 배치했는지 늘 엄밀하게 살펴야 한다.

발탁 인사는
지원이 필요하다

●

일본에서는 인재를 발탁해서 쓰기가 쉽지 않다. 대부분의 기업이 오랜 세월 동안의 관행인 연공서열 위주의 인사 제도를 유지하는 경우가 많고, 나도 적극적으로 발탁 인사를 많이 하지는 않았다.

그러나 때로는 어떤 사람을 발탁해서 그의 실력을 활용해야 할 때가 생기기도 한다. 그런 경우에는 나름의 배려가 꼭 필요하다.

예를 들어 누군가를 과장으로 발탁한 경우, 그가 소속

한 부서에서 그동안 도움을 주었던 선배 직원이 적지 않음에도 불구하고 그 선배들을 제치고 과장의 역할을 부여하게 되는 것이다. 그런 경우에는 단순히 그 새로운 과장에게 임명장을 주고 앞으로 이 사람이 과장이 되었다고 발표만 하는 것은 좋지 않다. 내가 직접 인사권을 행사했을 때는 그런 경우 한 가지 절차를 만들었다. 즉 그 부서에서 가장 연장자인 선배가 신임 과장에게 선서를 하게했다.

그런 다음 과장으로 발령을 받은 사람은 "오늘부터 과장을 맡게 되었습니다. 잘 부탁드립니다"라고 인사를 한다. 그런 뒤 그 부서에서 가상 나이 많은 선배가 대표로 일어서서 과장에게 답사를 겸한 선서를 한다. "우리는 모두 신임 과장님의 지시에 따라 열심히 일할 것을 약속합니다." 이렇게 하면 그 순간부터 신임 과장의 위상과 격식이 바뀌게 된다.

이런 방법은 견해에 따라서는 너무 강제적이고 심술궂다고 생각할 수도 있을 거 같다. 그러나 상하의 관계를 명확하게 규정짓지 않으면 신임 과장 스스로도 그 직책을 부담스러워하게 되고 부서원들 사이에도 왠지 모를 거부감이 생긴다. 이렇게 되면 부서 전체가 혼란에 빠지고, 회사도 부정적인 영향을 받는다. 그래서 그런 선언이 필요한 것이다. 그렇게 하면 그 순간에 전부가 달라진다.

젊은 인재를 발탁해서 자리를 내준 채 그저 열심히 하라고만 해서는 안 된다. 그만큼의 지원도 필요하다. 사장의 이러한 배려와 지원이 없으면 회사는 제대로 작동하지 않는다.

단, 발탁 인사를 할 때는 사사로운 정에 얽매여서는 안 된다. 단순하게 좋고 싫다는 기준으로 인사를 해서는 안 된다. 그 업무에 제 역할을 할 수 있는지를 두고 판단해야 한다. 이것이 기본이다. '저 사람은 일은 잘하는데 주는 것 없이 밉다' '일은 별로인데 마음에 드니까 과장을 시켜볼까'와 같은 생각을 해서는 안 된다. 이런 확고한 신념을 바탕으로, 가령 까닭 없이 싫어도 일을 위해서는 어쩔 수 없고, 그 사람이 없으면 이 일은 할 수 없다는 생각으로 머리를 숙여야 한다. 경영자는 그렇게까지 해야 하는 사람이다.

그런 경영자의 마음가짐이 발탁 인사를 하는 근간에 있어야 하고, 사사로운 정을 떨칠 때 비로소 그 발탁 인사에 대한 다른 직원들의 공감을 끌어낼 수 있다.

감만으로 알 수 있을까?

•

왠지 감이 좋다고 하면, 특히 젊은 사람 중에는 그건 비과학적이라고 생각하는 사람이 많을 것 같다. 그러나 여러 가지 일을 과학적으로 결정하더라도 마지막에는 역시 감이 작동해야 하는 것이 아닌가 싶다.

이전에 내가 회장이었을 때, 이런 일이 있었다.

본사가 지방 영업소와 사업소에서 정기적으로 보고서를 받고 있었는데, 언젠가 마음먹고 조사를 해 보니 매일 받는 것이 있는가 하면 매달 한 번씩 받는 것도 있어 모두

합치면 무려 보고서가 240여 종이나 되어 적잖이 놀랐다.

그래서 나는 "무슨 보고서가 이렇게 많이 필요한가. 누가 이 많은 것을 읽겠는가. 작성하는 사람도 읽는 사람도 힘들기만 하고, 그게 실용적이라고 생각하지도 않는다. 그러니 내일 당장 회사가 망하면 안 되니까, 내일 회사가 망하는 것과 관련이 있는 것만 남기고, 그 외엔 모두 없애면 어떨까?"라고 말했다. 그 후 보고서는 42종으로 줄어들었다.

그리고 또 다른 사례는 컴퓨터를 이용해서 매출을 계산하는 시스템이었다. 그것은 컴퓨터를 이용해 하루 매출을 다음 날 아침에 바로 확인할 수 있는 시스템이었는데 그 수치는 정말 정확했다. 그런데 "그것에 드는 비용이 얼마냐?"라고 물으니, "월 360만 엔이 필요"하다는 것이었다.

그래서 나는 "이건 낭비다"라고 말했다. 물론 편리한 것은 인정한다. 그러나 어제의 매출을 오늘 아침에 바로 확인할 수 있어서, 그로 인해 다음에 무엇을 해야 할지 파악할 수 있을 때 비로소 그것이 도움이 된다. 그러나 실제로는 그냥 집계만 하고 그 후에 아무것도 하지 않았다. 우리 회사가 하는 사업은 그런 것을 하지 않아도 5일에 한 번

보고가 이루어지면 대략적인 것은 파악이 되었고, 매일 하는 일이라면 어느 정도 팔렸는지는 감으로 알 수 있었다. 그래서 그 시스템 사용을 중단시켰다.

당시 마쓰시타전기는 90퍼센트까지는 경험에 의한 감만으로 할 수 있고, 그 위에 10퍼센트의 과학적 근거를 얻으면 되는 상태였다. 지금이야 과학적 근거의 비중이 훨씬 더 높아졌지만, 중요한 것은 감만으로 충분한 때와 감이 아니라 과학적 판단을 해야 할 때가 있다는 것이다. 그러나 감이 필요 없어지는 일은 없을 것으로 본다.

그 어떤 과학자든 감이 작동하지 않는 과학자는 안 된다고 말한다. 위대한 발명을 한 에디슨 같은 사람도 그 발명은 문득 떠오른 번뜩임, 바로 감이 있었기 때문에 가능했을 것이다. 그 번뜩임으로 더 나은 과학을 만들어 냈다고 본다.

그런 의미에서 보더라도 '감'과 '과학'은 자동차의 두 바퀴와도 같다고 생각한다. 지나치게 감에만 의존해서도 안 되지만, 모든 것을 숫자와 과학에만 매달려서도 안 된다. 항상 그 두 바퀴를 잘 활용해야 한다.

회의는
대개 비능률적이다

●

이전에 미국 회사의 회의에 관해 이야기를 들은 직이 있는데, 때로는 긴 시간을 쓰기도 하지만 대개 놀라울 정도로 간단명료하다고 했다. 가령 어떤 기술에 관한 회의가 열린다고 하자. 우선 책임 기술자가 "이번에 이러이러한 것을 이렇게 할 예정이다"라고 설명한다. 그리고 참석한 5~10명의 기술자에게 "다른 의견이 있느냐"라고 물어본다. 대체로 다른 의견이 나오는 경우는 거의 없다. 그러면 "그렇다면 이대로 결정하겠습니다"라고 말하고 모두 거기에 동의

하면 폐회를 선언한다.

이런 식의 회의가 가능한 것은, 자신의 안을 설명했는데 다른 의견이 나와 내용을 바꿔야 하는 경우가 생기면 그 책임기술자가 바로 해고되기 때문이다. 모두의 의견을 들어 변경해야 하는 계획을 세워서는 책임기술자가 될 수 없다. 그만큼 책임기술자는 최고의 전문가로 인정받는 사람이다.

사장이 회의를 주재하는 것도 마찬가지다. 사장이 "이렇게 해서 이렇게 할 예정이다. 여러분의 의견은 어떤가?"라고 물으면 대부분 만장일치 찬성으로 회의는 종료된다. 이는 사장의 권위에 아첨하는 의미에서 찬성하는 것이 아니다. 그만큼 실력을 인정받는 사장이 아니면, 사장은 해고된다고 한다.

꽤 오래전에 들은 이야기여서 미국에서 지금도 이런 식의 회의를 하는지는 모르겠지만, 그런 책임기술자든 사장이 주재하는 회의라면 정말 능률이 높을 것이다.

그런데 사장이 실제 업무에 대해서 제대로 알지도 못하면서 "어떤가요? 할 수 있다고 생각하는데"라고 물으면 의견들이 끊임없이 제기되고 갑론을박으로 날이 새고 말 것이다. 물론 이런 경우는 매우 극단적인 예지만 일본의 회의는 대체로 그런 경향이 강해 보인다. 모든 것이 빠른 속도로 변화하는 요즘, 이렇게 오랜 시간 회의를 거쳐 결론을 냈을 때는 이미 상황이 바뀌어 있을 수도 있다.

따라서 회의라고 무조건 회의실 의자에 앉아서 할 필요는 없고, 선 채로 회의해서 바로 결정하는 것도 가능할 것이다. 그렇게 해도 사태는 시시각각 변하기 때문에, 이렇게 서서 하는 회의를 상황 변화에 따라 몇 번이고 반복할 수 있다고 생각하는 마음가짐이 필요하다.

물론 특정 안건이 결정되었다고 해도 회의로 중의를 보을 필요가 있는 경우도 있고, 실제 중의를 모으기 위해 재차 모두에게 의견을 묻는 과정을 거칠 수도 있다. 이렇듯 회의 유형은 천차만별 여러 가지이기 때문에 일률적으로 말할 수 없지만, 한편으로 회의란 능률적으로 진행해야 한다는 인식을 가지는 것이 중요하다.

먼저 구매하는 사람은
기술 진화의 일등 공신

●

어떤 상품이든 그렇지만 특히 전기제품을 구매하는 고객 중에는 '나중에 사는 사람이 더 나은 제품을 살 수 있으니, 먼저 구매한 사람은 손해다'라고 말하는 사람이 있다. '새로운 제품에는 있는 기능이 이전 제품에는 없어서 나중에 따로 구매했다. 괜히 먼저 구매했다'라는 불만을 들은 적도 여러 번 있다.

실제로 그렇기도 하지만 이런 현상은 영원히 지속될 것이다. 제품을 만드는 사람은 만들 당시에는 최선이라고 생각하며 신제품을 출시한다. 그러나 워낙 발전 속도가 빠른 세상이라 하루가 멀다 하고 신제품이 쏟아져 나온다. 발전 속도가 빠른 업계일수록 이런 현상은 더욱 두드러진다.

그러나 사업을 하는 사람이라면 이런 현상에 대해 확실한 신념을 가지고 있어야 한다고 생각한다. 사업을 하는 사람조차 처음 구매한 사람은 손해이고 나중에 구매한 사람이 더 이익이라고 생각해서는 제대로 일을 할 수 없게 된다.

언젠가 모임에 나갔다가 이런 말을 들었다. "새로 나온 텔레비전을 출시 직후에 샀다가 손해를 봤습니다. 12만 엔이나 주고 샀는데 얼마 전부터 50퍼센트 할인을 하고 있더군요. 이게 말이 되나요? 이제 전기제품은 그냥 안 살 겁니다. 기다릴수록 더 좋은 게 저렴해지니까."

그래서 나는 이렇게 대답했다.

"아 그러셨군요. 맞는 말씀입니다. 그러나 선생님 같은 분이 없으면 텔레비전은 좋아지지도 발전하지도 않습니다. 선생님께서 그때 12만 엔에 구매해 주셨기 때문에, 지금 6만 엔에 팔 수 있게 된 겁니다. 그러니까 선생님이 6만 엔에 손해 본 것처럼 생각되시겠지만, 그게 아니라 실제로는 선생님께서 수많은 사람에게 정말 크게 공헌하신 겁니다. 또 고객께서는 누구보다도 빨리 그 텔레비전을 보고 계십니다. 가장 먼저 그 텔레비전의 좋은 점을 경험하고 계시고요. 결국 선생님 스스로 가장 잘한 결정이라고 생각해 주시지 않으면 문제가 생깁니다. 모두가 '내년에 사겠다'라고 생각했다면 텔레비전은 지금까지 한 대도 못 팔았을 것이고, 가격은 영원히 12만 엔일 겁니다. 텔레비전뿐 아니라 모든 일이 다 그렇지 않을까요?"

모인 사람들은 '이야, 말 잘하네. 역시 빨리 사는 게 이득이구나, 빨리 산 사람이 훌륭한 거야'라고 말하며 모두 크게 웃었지만, 무엇이든 가장 먼저 구매해 준 사람이 없었다면 발전은 없는 거라고 생각한다.

"자동차도 처음 생겼을 때는 그렇게 좋지 않았지만, 지금까지 없었던 걸 처음 봤으니 신기해서 샀다. 1년이 지나자 세 배 이상으로 좋은 차가 나왔다. 그렇다고 손해를 봤다고 생각하면 안 된다. '내가 최초로 구매했기 때문에 많은 사람이 자동차를 이용하게 된 것이다. 나는 자동차의 발전에 크게 공헌했고, 동시에 가장 빨리 그 편리함을 맛봤기 때문에 이익을 봤다'라고 생각해야 한다. 모두가 그렇게 생각하지 않으면 세상의 기술은 발전하지 않는다"라고 이야기했다. 실제로 그렇지 않은가?

가격을 깎고도
상대의 신뢰를 얻어야 진정한 구매

●

'이익을 결정하는 것은 구매'라는 말이 있듯이, 구매를 어떻게 하는지는 사업의 성패를 좌우할 정도로 중요한 역할을 한다. 그만큼 부품이나 자재를 구매하는 담당자는 매우 중요한데, 그 사람은 구매처가 그 주문이나 지시를 받아 활기 충만해서 '이 거래는 꽤 괜찮다. 싸게 만들 수 있어 남는 게 많을 것 같은데'라고 생각하고 의욕이 넘쳐 일을 할 수 있도록 만들어야 한다.

그러기 위해서는 구매처가 그 물건을 저렴하게 만들 수

있는 구체적인 방법을 알려주는 것이 제일 좋겠지만, 서로 신이 아닌 이상 모든 것을 알 수는 없는 일이다. 그러므로 "이건 좀 비싸네요. 비싸지 않다고 보실 수도 있지만, 그래도 이대로는 경쟁에서 밀리십니다. 좀 더 연구와 궁리를 해보시면 어떨까요? 귀사의 이익을 줄이라는 말은 아닙니다. 적절한 방법을 강구해 보시기 바랍니다. 하기에 따라서는 분명히 좀 더 저렴하게, 그리고 귀사의 이익도 더 챙길 수 있는 방안을 찾을 수 있을 겁니다"라고 제안해야 한다. 이러한 제안을 1년 정도 지속하면 분명히 획기적인 성과를 낼 수 있을 것이다.

왜냐하면 그런 제안을 계속해서 받은 구매처 사람은 이런저런 개선 방안을 모색하기 때문이다. "지금까지 한 명이 100개 만들던 것을, 200개 만들 수 있게 되었다. 그것도 지금까지는 땀범벅이 되어서 열심히 일했는데 가만히 담배를 피우고 있어도 200개가 만들어지는 기계를 생각해 냈다. 안정적인 품질을 유지하며 제품을 두 배로 만들 수 있게 되어 이익이 크게 늘었으니, 이 정도는 싸게 납품할 수 있을 것 같다"와 같은 일도 생길 수 있다.

그런데 납품하는 구매처에 처음부터 다짜고짜 "납품단가를 낮춰 주세요."라는 말만 하게 되면, 상대 회사에서는 '저 구매 담당자 얼굴은 보고 싶지도 않다. 담당자를 바꿔 주면 좋을 텐데'라고 생각할 것이다.

사업을 하면서 가격을 깎는 방법이 서툴면 상대로부터 무시당할 수도 있다. 100엔짜리 물건을 105엔에 팔아 이익을 챙기고도, 구매해 준 사람을 존경하기는커녕 뒤돌아 비웃는 경우가 있기 때문이다.

그러나 반면 '100엔이던 납품가가 95엔으로 인하되어 5엔 손해가 발생했다. 그렇지만 저 사람의 말을 듣고 있으면, 아! 그렇구나, 그동안 우리의 생각이 안이했구나. 납품단가가 낮아진 것은 힘들지만 여러 가지 공부가 되었다. 우리 스스로 깨우친 점을 경영에 반영해야겠다'라고 생각하기도 한다.

이처럼 진실을 꿰뚫는 협상법으로 '이 가격으로 해 주면 좋겠다'라고 요구하면 '저 사람이 하는 말이 옳다. 받아들이기 힘든 것을 요구하기는 하지만 꽤 능력 있는 괜찮은 사람이다'라는 존경과 신뢰를 보낼 것이다. 구매 담당자는 이렇듯 싸게 구매하고 상대로부터 존경도 받을 수 있는 방법을 터득해야 한다. 그리고 그런 구매담당자가 있는 회사는 탄탄한 성장을 이어 갈 수 있을 것이다.

사장은 책사가 아니다

•

경영자의 결단은 정말 중요하다. 한 번의 결단이 그 기업의 존망을 좌우하기도 한다. 따라서 그 책임의 무게와 중압감은 이루 말할 수 없을 정도로 크다. 그러나 한편으로는 그런 막중한 책임을 지는 자리를 경험하는 것에 인간으로서의 보람도 있다.

그렇다면 그 결단의 기준을 어디에 두어야 하는 것일까. 보통의 경우는 확실하고 위험이 적은 것에 두는 것 같다. 그러나 위험이 적다는 판단이 유일한 해법이 되지는 못한다. 왜냐하면 그것만으로는 대처할 수 없는 일도 종종 발생하기 때문이다. 시대가 급변하는 경우에는 그 흐름에 뒤처지지 않기 위해 과감한 수단을 써야 한다. 이 같은 판정이 경영자의 판단이고 결단이다.

이런 경우에 중요한 것은 진실을 간파하는 눈이라고 생각한다. 그리고 그러기 위해서는 개인의 욕심을 가지고 사물을 바라봐서는 안 된다. 그 어떤 것에도 얽매이지 않고 마음을 비우는 순수한 솔직함이 필요하다. 명예에 구애받거나 세상의 평판에 얽매여서는 안 된다. 그런 것에 사로잡히지 않고, 웃으려면 웃어라, 나는 옳은 길을 가고 있다는 마음가짐을 가져야 한다. 그런 얽매이지 않는 순수하고 솔직한 마음을 갖고 있으면 사물의 실상과 진실한 모습이 보이게 될 것이다.

물론 잡음도 들어야 마땅하다. 그것을 모두 차단하면 독단이 된다. 그러므로 듣기는 듣되 그것에 얽매여서는 안 된다.

잡음 중에는 선의의 의미를 지닌 것도 있다. 직원이 회사를 위한다고 생각하고 진언하는데, 그것이 때로는 틀리기도 한다. 그러는 경우 경영자는 그것이 틀렸다는 것을 간파할 수 있어야 한다. 즉 잡음의 옳고 그름을 구별하는 것이다. 이것을 할 수 없다면 곤란하다. 경영자는 잡음을 듣고 그것의 옳고 그름을 구별함으로써 올바른 판단을 내리는 것이다.

회사나 상점의 사장 등 책임자인 사람은 책사와는 다르다. 책사는 '이런 전술을 쓰면 좋다'라고 진언하는 사람이다. 그러나 그 진언을 받아들일지 여부를 결정하는 것은 순전히 책임자인 장군의 몫이다. 극단적으로 말해 장군은 결정만 하면 된다.

만약 열 명의 책사가 있다면 열 명의 의견이 일치하는 경우도 있고, 의견이 세 갈래로 나뉘는 경우도 있을 것이다. 이때 갈라진 의견 중 어떤 방책을 취할 것인지를 결정하는 권한은 오롯이 장군에게 있다. 이 결정권을 쥐고도 올바른 판단을 하지 못하는 장군은 결국 전쟁에서 패할 수밖에 없다.

결국 가장 중요한 것은 장군이 결단을 내리는 것이다. 그다음은 그 결단에 모두가 보조를 맞추는 것이다. 여기까지 왔다면 다음은 장군의 통솔력이 필요하다. 통솔력은 장군의 식견 여부에 달렸다고 본다. 군사들이 '그 장군이 결정한 것이니까 틀림없다, 따라야 한다'는 반응을 나타낼지는 전적으로 장군의 식견에 달렸다고 본다.

경영 능력이
얼마나 향상되었나요?

●

바둑이나 장기에는 급수와 단수를 나누는 단계가 있다. 경영에도 '누구는 경영 3단이다' '누구는 경영 5단이다'라고 능력의 정도를 나눌 수 있다면 재미있지 않을까? '나는 3단이라고 생각하는데 남들은 나를 2단으로밖에 보지 않으니 좀 분발해야겠다'라든지 '나는 왜 3단이 될 수 없을까?' '당신은 이 점이 부족하다. 이 부분만 보충하면 3단이 될 것이다' 등 여러 가지 평가를 내릴 수 있을 것이다.

그러나 다행인지 불행인지 경영에는 바둑이나 장기의 실력을 나누는 것과는 또 다른 복잡한 기준이 있어서 '몇 단'이라는 표현은 그 누구에게도 정확하게 적용할 수 없다. 결국 경영자로서 3단이지 2단인지 하는 것은 스스로 판단할 수밖에 없다.

그런데 그 자기 판단이 꽤 어렵다. 특히 기업이 발전해나가는 과정에서 경영자가 자신의 경영 능력을 정확하게 파악하고 있지 않으면, 그로 인해 종종 문제가 발생한다. 나는 마쓰시타전기가 성장하는 과정에서 그런 것을 직간접적으로 적지 않게 경험했다.

마쓰시타전기가 성장하면서 수백 개의 협력 회사가 조금씩 차이는 있지만 대체로 회사 규모를 키울 수 있었다. 그 과정에서 처음에는 잘 나가던 회사가 더욱 성장하려고 50명이던 직원을 100명으로 늘리는 바람에 경영 악화를 초래하는 경우도 있었다.

그래서 그 회사의 경영을 자세히 들여다보니 결국 경영자와 경영 능력의 수준이 회사의 성장을 따라가지 못한 결과라는 것을 알게 되었다. 회사의 발전을 위해 인력을 두 배로 늘리기는 했으나 그것이 오히려 회사 전체의 힘을 떨어뜨려 성장이 정체하고 만 것이다.

이런 예에서 알 수 있듯이, 경영자는 스스로 경영을 책임지고 있는 사람으로서 자기 능력이 종합적으로 어느 정도인지, 이른바 몇 단의 경영 능력이 있는지 지속적으로 파악해야 한다.

다행스럽게도 점점 회사 규모가 확대되었다. 그렇지만 해야 할 일은 아직 너무 많다. 이런 일을 해야 할 것 같다, 아니 반드시 해야 할까? 경영자는 생각이 많아질 수밖에 없을 것이다. 그뿐이 아니다. 직원들의 진언도 점점 늘어난다. 그렇지만 우리 회사가 그 일을 할 수 있을 정도의 경영 능력이 있는 것일까? 나의 역량은 그만큼 나아졌을까? 이런 점들을 검토해서 그만한 능력이 없다면 아무리 회사를 위한 것이라도 해서는 안 된다. 지금까지 50명의 직원으로 잘해 왔으니, 100명이 하면 더 큰 성과를 내겠다고 생각할 수도 있을 것이다. 그렇지만 실제로는 그때 비로소 경영 능력의 부족함을 알게 되는 경우가 있기 때문에 특히 주의해야 한다.

새로운 시대를 열어 가는
경영을 하고 싶다

●

시시각각 급변하는 오늘날의 사회에서 몇 년씩 똑같은 일을 되풀이하는 회사는 낙오할 수밖에 없다. 그렇기 때문에 빠르게 변하는 시대에 발맞추어 나가는 것이 기업이 취해야 하는 경영방식이다. 한 발 더 진보한 기업이 시대를 앞질러 새로운 시대를 만들어 가는 경영방식도 있다. 기업은 그 어느 쪽인가는 해야 한다. 그렇지 않으면 생존은 할 수는 있을지 모르지만 발전을 기대하기는 어려울 것이다.

그리고 그 둘 중 지금은 새로운 시대를 만들어 가는 것이 더 중요하다고 생각한다.

1980년대에 들어서 미래학자들은 여러 가지 예측을 쏟아냈다. 하지만 미래학자와 이른바 경세가經世家(세상을 다스리는 사람)는 다르다. 미래학자들이 과거와 현재를 분석하고 그것에 따라 미래가 어떻게 될지를 예측하는 반면, 경세가들은 인간의 행복을 위해 미래에 어떠한 세상을 만들어야 한다고 생각한다. 바로 이 점이 경세가의 미래학과 학자의 미래학이 다른 부분이다.

그리고 오늘날의 경영자는 경세가가 되어야 한다고 생각한다.

즉 경영자가 하루하루 열심히 일하다 보면 자기도 모르는 사이에 '이렇게 해 보고 싶다. 이랬으면 좋겠다' 하는 희망이나 이상이 생기게 마련이다. 그리고 이런 목표를 직원들에게도 심어 주고 실현하기 위해 노력하는 것은 적극적으로 권장되어야 할 일이라고 생각한다.

물론 1년 후 혹은 3년 후에 세상은 이렇게 변할 것이라고 알아차리는 것, 즉 선견지명은 경영자라면 당연히 갖추어야 할 소양이다. 그러나 요즘처럼 변화가 극심한 사회에서는 그렇게 될 것이라고 생각한 것이 반드시 그렇게 된다고 보장하기 어렵다. 그래서 그런 선견지명과 함께 스스로 '이렇게 해 보겠다'는 결단과 그것을 실현하기 위한 노력이 동시에 필요한 것이다.

나 자신도 지금까지 꽤 열심히 일했고 그때그때 자연스럽게 미래를 생각했지만, 그와 동시에 거기에 스스로 희망 사항을 추가해서 때때로 직원들 앞에서 상세하게 밝혔다. 마쓰시타전기가 여기까지 발전할 수 있었던 이유 중 하나는, 직원들에게 전달한 그 내용들이 다행히도 잘 실현되었기 때문이다.

그러나 '이렇게 해 보고 싶다, 못할 게 없다'는 희망에 너무 사로잡히면 오히려 실패한다. 따라서 항상 솔직하고 겸허한 자세로 사물과 사건을 대하며 한가지씩 확실하게 해 나가는 것이 중요하다. 이처럼 스스로 새로운 시대를 열어 가겠다는 적극적인 자세는 오늘날과 같은 격동의 시대에 매우 중요하다.

'80퍼센트 경영'을 하자!

●

요즘 은행에서 돈을 빌리면 직원이 '구속성예금'을 권한다. 정부와 일본은행이 이런 예금을 은행이 권하는 것은 지나친 처사라고 반대해서 한때 화제가 되기도 했다. 그런데 나는 이미 50년 전부터 은행이 권하지 않아도 스스로 그 예금에 가입했었다.

'구속성예금'이란 은행에서 돈을 빌릴 때 1만 엔으로 충분한데도 넉넉하게 2만 엔을 빌리고, 여분 1만 엔을 그 자리에서 그대로 정기예금에 넣는 것을 말한다. 그렇게 하면 높은 금리로 대출을 받아 낮은 금리로 예금을 드는 것이기 때문에 당연히 손해이다. 그러나 나는 그것을 손해라고 생각하지 않고 일종의 보험료라고 생각했다. 그렇게 해 두면 필요할 때 언제든지 빼서 쓸 수 있어 자금에 여유가 생긴다. 그래서 은행이 권하지 않아도 내가 스스로 그렇게 했다. 그런 나에게 은행은 "마쓰시타 씨는 탄탄하게 자금을 운영하시네요"라며 높은 신뢰를 보냈다.

바꿔 말하면 빚을 떠안으면서도 여유를 가질 수 있었던 것이다. 나는 오래전부터 그런 여유를 마음에 새기며 기업을 경영해 왔다. 나는 이런 자금 운영을 '댐 방식'이라고 이름을 붙였는데, 혹시 있을시 모를 일에 내비해 차입금으로 자금의 댐을 만드는 원리라고 보면 된다.

물론 댐이 필요한 것은 자금 측면에서만은 아니다. '인재의 댐' '재고의 댐' '기술의 댐'과 같이 적정한 경영을 하기 위해서는 여러 측면에서 여유를 가져야 한다. 즉 뭐든지 여유 없이 최대치로 운영하는 방법은 위험할 수 있다.

따라서 댐 경영은 절대 이익을 보는 방법은 아니다. 자금도 그렇고 설비도 마찬가지지만, 댐을 만드는 것만으로는 이익이 생기지 않으며 최대치로 사용해야 이득이 생긴다. 그러나 댐 경영을 하면 대체로 견실한 상태를 유지할 수 있어 실패가 적어진다. 그러므로 오랜 기간 안정적으로 발전하길 원하는 기업에 댐 경영은 반드시 필요하다.

다르게 표현하면 자기 점검, 자기 평가를 정확하게 해서 50킬로그램의 무게를 들어 올릴 수 있는 힘이 있더라도 40킬로그램에서 멈추자는 것이다. 50킬로그램을 들 수 있다고 무리하면 헛짚어 넘어지기도 하기 때문이다. 그러나 10킬로그램분의 여유를 남겨두면 그런 걱정은 안 해도 된다. 요컨대 '80퍼센트 경영'을 하자는 이야기이다. 예를 들어 설비 100을 가지고 있어도 작동은 80만 하고 나머지 20은 유사시를 대비해 준비해 두는 것이다. 이렇게 하면 혹시 모를 수요에 충분히 대응할 수 있다. 앞으로의 경영은 이렇듯 '80퍼센트 경영'으로 적정이윤을 생각하며 해야 한다.

물론 실제 수요가 100인데 생산을 80만 하는 것은 너무 소극적인 측면도 있다. 그러니까 90까지는 만들되 100은 안 된다. 그렇게 하면 팔다 남았을 때 재고의 우려가 너무 커지기 때문이다.

중요한 것은 100의 수요를 정확하게 파악하는 일이다. 120의 수요를 100으로 판단해도 안 되고, 80의 수요밖에 없는데 100으로 판단해도 실패한다. 결국 댐 경영을 하더라도 정확한 판단이 중요한 것이다.

경영 적임자가
힘을 발휘할 수 있는 사회

●

자유주의경제 사회에서 기업 간의 경쟁은 피할 수 없다. 경쟁이 있어야 서로 절차탁마해 발전이 만들어진다. 그러나 그 경쟁이 단순히 힘겨루기가 되어서는 안 된다. 거기에는 힘 이상의 무엇인가가 작동해야 한다.

힘 이상의 무엇이란 '어떤 것이 올바른가?'라는 철학이나 이념을 말한다. 서로 그런 것이 생각의 기본이 되어야 하고, 대항과 경쟁을 할 때도 그런 철학과 이념이 전제되어야 한다. 그렇지 않으면 단순히 힘이 센 사람이 이기는 세상이 되어 버린다.

하긴 강한 사람이 이기는 것이 모두의 번영으로 이어진다면 그것으로 좋겠지만, 실제는 그렇지 않다. 강한 사람이 이기는 세상을 시인하게 되면 그 힘은 종종 폭력으로 변한다. 그것은 지난 역사가 알려주는 교훈이다. 그러므로 '어떤 것이 올바른가?'라는 생각을 마음에 깊이 새겨야 한다.

이를 더 구체적으로 설명하자면, 가령 자본이 부족하더라도 경영 적임자가 그 회사에 있다면 성공할 수 있어야 한다. 물론 적임자라고 한마디로 말해도 그 기준을 저울이나 자로 측정할 수 있는 것은 아니다. 그것을 측정하는 것은 대단히 어려운 일이다. 그렇지만 상식적 기준으로 사업의 기본을 지키려는 성실성, 양심, 노력, 창의성 등이 적임자를 선별하는 기준이 될 수는 있다고 본다. 그런 적임자가 각각의 업계에서 생존을 위해 서로 경쟁하는 것이 무엇보다 중요하다.

그런데 힘에만 의존하는 경쟁을 일삼다 보면 경영자의 적격 여부보다는 자본력, 극단적으로는 자본의 폭력에 휘

둘리게 된다. 이렇게 되면 자본력이 없는 사람은 이에 대항하지 못하고, 경영 적임자까지 낙오하게 된다. 이는 우리 사회에도 긍정적인 영향을 미치지 못한다.

따라서 아무리 자본이 있다고 하더라도 그 힘에만 의존해서는 안 된다. 역시 창의적인 아이디어에 골몰하면서 종이 한 장이라도 절약하려는 노력을 지속해서 생산 비용을 아껴야 한다. 원가가 내려가면 판매가를 낮추더라도 이익을 낼 수 있다. 이것이 바로 진전이고 이런 측면에서 서로 적극적으로 경쟁해야 한다.

이런 방법이라면 중소기업도 충분히 경쟁할 수 있는 길이 열린다. 오히려 경영 적임자만 확보된다면 중소기업이 더 나은 경영을 할 수 있을지도 모르겠다.

어떤 일, 어떤 사업이라도 적임자가 남고 그렇지 않은 사람은 적성을 찾아 다른 곳에서 성공하는 사회가 진정으로 바람직한 사회의 모습이다.

구하려는 마음만 있으면
뜻과 지혜는 모인다

●

사업의 성패는 결국 그 회사나 상점의 경영 능력 여하에
달렸다. 경영 능력은 모든 직원의 중지를 모을 수 있느냐
로 정해진다. 일도 잘하고 말도 잘하는 사장의 존재가 강
한 경영 능력이 되기도 하겠지만 그것이 최고라고는 생각
하지 않는다. 오히려 그런 모습이 지속되면 일이 잘 풀리
지 않는 사례가 많다. 왜 그런지를 이론적으로 설명하기
쉽지 않지만, 실제 현실에서는 그런 것 같다. 말하자면 상
식으로는 추측하기 어려운 불가사의한 도리 같은 것이다.

나는 중지를 최대한 살리는 경영을 하겠다고 시종일관 생각해 왔다. 그리고 그런 뜻을 직원 앞에서 계속해서 강조했다.

"우리 회사는 마쓰시타 고노스케 개인이 하는 경영도 아니고 그 누구의 경영도 아니다. 모두가 모여 경영하는 것이다. 우리 모두의 지혜로 경영하는 것이다. 바로 이 같은 '중지 경영'의 성공 여부가 우리 회사의 미래를 결정한다. 그러니까 한 사람, 한 사람이 스스로 발의하는 경영자이다. 그렇게 생각해 주었으면 한다."

이런 말을 기회가 주어질 때마다 직원들에게 해 왔다. 물론 아무리 이렇게 호소해도 '맞는 말이다'라고 순수하게 받아들이고 협력하는 사람이 있는가 하면, 그렇지 않은 사람도 있다. 그러나 어느 정도는 이 메시지가 사내에 침투해서 나름의 성과를 냈다고 생각한다.

이렇게 중지에 의한 '전원 경영'이 지금도 마쓰시타전기의 중요한 기본 방침이 되고 있다. 그런데 중지 경영이 세상에 알려지면서 도대체 어떻게 하면 중지를 모을 수 있는지, 중지를 모으기 위해서는 어떤 방법을 써야 하는지 등의 질문을 받는 일이 많아졌다. 그러나 그 질문에 대답하는 것은 쉽지 않고, 섣불리 말할 수 없는 측면도 있다.

중지를 모은다고 하면 바로 떠오르는 방법이 회의를 열어 의견을 교환하는 것이다. 분명히 그것도 하나의 방법이지만, 회의를 열기만 하면 중지가 모일 거라고 생각한다면 그건 큰 오산이다. 회의는 논의만 하고 결정은 하지 못하게 되는, 이른바 중지가 아니라 중우衆愚(다수의 어리석음)가 될 공산이 크다. 그렇다고 회의가 잘못된 것이라고 말하는 게 아니다. 중지를 모으는 방법에는 그런 형식적인 측면도 중요하지만, 기본적으로 더 중요한 것이 있다.

나는 무엇이 되었든 그것을 이루기 위해 가장 중요한 것은, 그것을 간절하게 원하면서 강한 결심을 하는 것이라고 생각한다. 무슨 일이 있어도 반드시 이루고 싶다, 이루어야 한다고 단단히 마음먹고 원하면 그 일의 절반은 이미 이룬 것이나 마찬가지다. 그렇게 하면 달성하기 위한 수단과 방법은 반드시 떠올릴 수 있을 것이다.

그러므로 중지를 모으겠다고 생각했다면 우선 '중지를 모르고 싶다'는 마음을 강하게 가져야 한다. 그런 생각이 머릿속에 있으면 그것이 그 사람의 말씨나 태도로 나타나 자연스럽게 중지를 모을 수 있게 된다.

실제로 전원 경영을 하더라도 극히 소수라면 모를까, 대기업에서는 한 사람, 한 사람의 생각과 의견을 모두 듣는 것은 불가능하다. 그러나 경영자가 중지를 모아서 경영을 하겠다는 생각을 가지고 있으면, 어떤 형태로든 직원의 생각과 의견이 판단에 반영된다. 따라서 형태는 독단적인 결정으로 보일지 모르지만 모두의 마음이 내 마음인 것처럼 정확한 판단을 할 수 있을 것이다. 내가 그동안 해 온 결정도 그런 과정을 거쳤다.

물론 그런 마음가짐을 가짐과 동시에, 구체적으로는 누구의 말에나 귀를 기울이는 겸허한 자세를 가지고 직원이 의견을 말하기 쉬운 분위기를 만드는 것이 중요하다. 그리고 그런 것도 마음속 깊이 '중지를 모으겠다'는 생각을 가지고 있으면 자연스럽게 만들어진다.

그런 의미에서 나는 중지는 '모으는' 것이 아니라, 구하는 마음만 있으면 자연스럽게 '모이는' 것이라고 생각한다.

원인은 나 자신 안에 있다

•

용의주도하게 계획만 세우면 모든 일은 대체로 실패하지 않는다고 해도 과언이 아니다. 계속해서 실패하고 있다면 해야 할 일을 제대로 하지 않았기 때문이다. 또는 생각만 하고 실행하지 않은 것이 원인의 대부분일 것이다.

회사나 상점을 경영하면서 일이 잘 풀리지 않을 때가 있다. 그런데 잘 풀리지 않는 사정이 어디에 있는지, 외부에 있는지 내부에 있는지를 생각해 보면 거의 100퍼센트라고 할 정도로 그 원인은 회사 자체 또는 스스로에게 있다.

경기가 안 좋아서 일이 잘 풀리지 않는다고 말한다. 그 것도 일리가 있어 보인다. 그러나 진짜 이유는 스스로 거 기서 위안을 찾고 어쩔 수 없다고 포기하는 태도 아닐까? 불경기 속에서도 해야 할 일을 제대로 하고 있었다면 그 에 따른 영향은 거의 없었을 것이다. 불경기의 영향을 크 게 받는 것은 그런 상태를 회사와 내가 만들고 있었기 때 문이라고 해석해야 옳다.

경쟁이 심해져서 경영이 어려워질 때도 해야 할 일을 제 대로 하고 있으면, 경쟁이 심해지면 심해진 대로 오히려 높은 평가를 받아 고객을 늘릴 수 있다. 그렇게 되지 않 고 반대로 고객이 이탈해서 다른 회사로 이동하는 것은, 그만큼 고객을 만족시킬 만한 매력과 실력이 없기 때문 이다.

우리는 자기 형편에 대해 좋은 방향으로 해석하려 하는 경향이 강하다. '그렇게 될 줄 몰랐다'고 생각하며 자기 위 안을 하고, 입장이 비슷한 사람들끼리 서로 위안을 하기 도 한다. 한편으로는 그런 것도 필요할 테다. 그렇게 함으 로써 고민이 줄어 새로운 기분으로 일에 몰두할 수 있는 용기가 나기도 하기 때문이다.

그러나 그것만으로는 안 된다. 거기서 더 나아가서 심각한 원인은 자기에게 있다는 반성을 해야 한다. 실제로 과거 일이 잘 풀리지 않았을 때를 나중에 곰곰이 생각해 보면 '그때 이런 것들을 해 두었으면 좋았을 텐데'라든지 '그런 건 할 필요가 없었네' 하는 생각이 들기도 한다. 깊이 반성함으로써 그런 사실을 깨닫게 되는 것이다. 이러한 깨달음들은 기업이 순조롭게 발전하는 데 큰 버팀목이 된다.

직원에게 꿈을 심어 주지 못하는
경영자는 실격

●

사장 재직 시절에 나는 기회가 있을 때마다 '몇 년 후에
는 회사 규모를 어느 정도로 만들 것이다'라고 직원들에게
알려 주었다. 그 대표적인 예가 1955년 5개년 계획을 발표
했던 일이다.

당시에는 그런 것을 발표하는 회사가 거의 없었을 뿐만
아니라 사내 공시는커녕 사내 정보를 외부로 유출하는 일
은 있을 수 없었다. 그러므로 당시의 관점으로 보자면 이
런 조치가 반드시 잘한 일이라고 할 수 없었다.

그러나 나는 5년 후에는 매출을 얼마로 늘릴 것이고 그러기 위해 직원을 몇 명으로 증원해야 할지 등을 구체적인 숫자로 발표했다. 그러고 나서 가장 중요한 것, 즉 그 일을 진행하기 위해 필요한 각자의 마음가짐에 대해 강조했다. 이로써 직원 대부분이 회사의 계획을 자세하게 알게 되었다. 물론 이로 인한 효과가 얼마나 있었는지는 알 수 없다. 그리고 다른 회사로 우리 회사 정보가 유출되어 손해를 본 부분도 있었을 것이다. 그럼에도 불구하고 발표를 강행한 이유는 직원들에게 확실한 목표와 꿈을 심어 주고 싶었기 때문이고, 또한 그렇게 하는 것이 경영자로서 올바른 도리라고 믿었기 때문이다.

그 이후에도 주 5일 근무와 유럽 수준의 임금 실현 등을 직원들에게 목표로 제시하고 함께 그 실현을 위해 노력해 왔다.

이런 방법은 경영정책 측면에서 여러 가지 비판이 있을 수 있고 실제로 사업 수행에서 불리해지는 요인도 될 것이다. 그러나 경영자의 확실한 방침을 모든 직원에게 널리 알리는 것은 단순한 유불리나 손익을 따지는 차원을 넘어서는 일이라고 나는 생각했다.

그러한 생각은 지금도 변함이 없다. 경영자에게는 직원들에게 꿈과 목표를 심어 줄 의무가 있기 때문이다. 그 의무를 충실히 이행하지 못하는 경영자는 실격이다.

스스로 터득한
경영노하우의 가치는 백만금

●

'스스로 터득한 경영노하우의 가치는 백만금'이라는 말은, 내가 1934년 설날 아침 마쓰시타전기 직원들에게 새해 덕담으로서 선사한 말이다. 당시 마쓰시타전기의 책임자였던 나는 평소 생각하던 바를 직원들에게 알리기 위해, 동시에 스스로 말하는 방법을 훈련하기 위해 날마다 조회를 열어 직원들 앞에서 연설했는데, 이 말은 1934년 연두 인사를 할 때 경영노하우에 대해 언급하면서 나왔다.

당시 기록에서 그 이야기의 개요를 인용하면 대략 이렇다.

"1934년의 빛나는 새해 아침을 맞아 여러분 앞에 서게 된 것을 기쁘게 생각합니다. 먼저 작년 한 해 동안 우리 회사가 순조롭게 발전할 수 있도록 일치단결해 준 여러분에게 깊이 감사드립니다.

여러분의 진지한 노력 덕분에 해를 거듭할수록 회사가 더욱 발전하는 것은 더없이 기쁜 일입니다만, 이에 따른 저의 막중한 책무도 가중되고 있습니다. 저의 경영 능력 여하에 따라 여러분의 노력이 빛을 발할지 말지가 결정된다고 생각하기 때문에, 더 신중한 경영을 해야겠다는 점을 통감하고 있습니다. 그러나 걱정하지 않으셔도 됩니다. 저에게는 확고한 경영방침이 있고, 결코 실패하지 않을 것을 약속합니다. 안심하고 저를 따라와 주시기 바랍니다.

그러나 여러분은 각자가 맡은 업무를 충실히 하는 것에서 그쳐서는 안 됩니다. 반드시 그 위에 내가 경영자라는 생각을 가지셔야 합니다. 어떠한 일이든 하나의 경영이라고 생각하면 적절한 아이디어도 떠오르고 새로운 발견도 할 수 있을 것입니다. 그 발견은 훌륭한 업무 성과로 나타날 것이며, 더불어 여러분 개개인의 성장에도 도움이 될

504

것입니다.

오늘 여러분에게 '스스로 터득한 경영노하우의 가치는 백만금'이라는 표어를 선사하겠습니다. 이 말은 결코 과장된 망언이 아닙니다. 경영의 진수를 터득하기란 백만금의 부를 쌓는 것처럼 어렵지만 터득하기만 하면 그 이상으로 가치가 있는 일입니다."

1934년 내가 막 불혹의 나이를 맞은 즈음의 일이지만, 돌이켜보면 꽤 젊었을 때이다. 하지만 여기서 말하고 있는 '경영노하우를 터득'하는 것에 대한 나의 철학은 지금도 변함이 없으며 오히려 더욱 강한 신념으로 자리 잡았다.

실제로 경영노하우를 스스로 터득하는 것은 매우 중요하다.

아무리 학문과 지식이 뛰어나고 인격적으로 한 점 부끄러움이 없는 사람이라고 해도 반드시 경영자로 성공한다는 보장은 할 수 없다. 성공하기 위해서는 그런 자질에 더해 본인 스스로 경영노하우를 터득해야만 한다.

어느 번화가에 똑같은 음식을 파는 상점 두 곳이 있다고 가정해 보자. 똑같은 음식을 한동네에서 팔고 있으니 똑같이 잘되어야 하겠지만, 한쪽은 손님이 언제나 꽉 차고 다른 한쪽은 늘 비어 있는 경우가 종종 있다. 이것도 결국은 그 상점 경영자가 한쪽은 경영노하우를 스스로 터득했지만 다른 한쪽은 그렇지 못한 것에서 발생하는 차이라고 본다. 이렇듯 경영자가 경영노하우를 스스로 터득하느냐 못하느냐에 따라 상점이나 기업의 발전은 천지 차이로 달라진다.

그럼 경영노하우는 도대체 어디에서 찾을 수 있는 것일까? 어떻게 해야 그것을 터득할 수 있을까? 그러나 아쉽게도 그 터득 방법을 한마디로 말하기도 어렵고 가르치려고 한다고 가르칠 수 있는 것도 아니다. 경영학은 배울 수 있지만 살아 있는 경영노하우는 배운다고 알 수 있는 게 아니다. 예컨대 자기만의 방식으로 깨달아야 하는 것이다.

석가모니는 6년 동안 산속에서 고통스러운 수행을 했지만 깨우침을 얻지 못했다. 그런데 고행을 그만두고 하산하다가 한 여인에게서 산양 젖을 얻어 마신 뒤, 보리수나무 아래에서 깨달음을 얻었다. 열심히 수행할 때는 정작 못 얻었던 깨달음을 편안하게 휴식을 취하는 동안 문득 얻은 것이다. 나는 경영노하우를 터득하는 것도 이와 마찬가지라고 생각한다.

경영자로 살아가는 일상에서 일 하나마다 열심히 매진하고, 그때마다 '이 건은 성공이다' '성공은 했지만 이 부분은 완전하지 못했다' 등 반성을 거듭한다. 그리고 그런 반성을 거듭하다 보면 점점 실수가 줄게 되고 마침내 자신만의 경영노하우를 터득하게 된다.

덧붙이자면 경영자는 순수하고 솔직한 마음가짐을 가져야 한다. 이해나 감정, 욕망 등에 사로잡히지 말고 항상 스스로에게 진솔해야 한다. 그렇게 하면 다른 사람의 의견을 듣더라도 '그렇군요. 그럼 한 번 그렇게 해 보시요'라는 말이 쉽게 나온다. 그런데 머리로만 지식과 기술을 알고 있으면 그것에 얽매여 다른 사람의 말을 순수하게 들을 수 없다. 이 때문에 나만의 경영노하우를 터득하는 데도 시간이 더 걸린다. 실제로 이런 일이 적지 않은 것 같다.

나는 경영자의 순수하고 정직한 마음에 대해서는 이전부터 여러 사람에게 이야기해 왔고, 자신에게도 늘 타일러 왔다. 순수하고 정직한 마음을 갖고 있으면 인간은 사물의 진짜 모습, 실상을 볼 수 있게 되어 마치 신과 같다고 할 수 있을 정도로 강하고 올바른 총명함을 얻을 수 있다고 생각한다.

그렇게 되면 장사나 경영에 무엇이 중요한지를 정확하게 간파할 수 있게 되고, 사람을 어떻게 다루어야 하는지 그때그때 상황에 맞는 판단을 올바르게 할 수 있게 된다. 그런 의미에서 순수하고 솔직한 마음을 가지는 것이 나만의 경영노하우를 터득하는 지름길이라고 해도 과언은 아니다.

제
3
장

경영인으로
살아간다는 것

결국
사장 혼자의 책임

●

그 어떤 사정이 있었다 하더라도 경영이 잘되고 못되고는 전적으로 최고 책임자인 사장 한 사람의 책임이다.

물론 사회 정세의 영향 등이 있다고는 하지만 기업경영은 대체로 사장의 책임하에 어떻게든 된다. 직원이 사장의 뜻대로 움직여 주지 않는다고 해도, 끈기 있게 성의와 열의를 가지고 설득하면 얼마 안 있어 반드시 들어 줄 것이다. 결국 회사가 잘 돌아가지 않는 것은 사장의 판단 착오와 잘못된 대처 방법 때문이라는 것이다. 그러므로 사장은 다른 사람을 비난하기 전에 먼저 스스로에게 책임을 물어야 한다.

너무 뻔한 이야기를 한다고 하면 할 말이 없지만, 사장도 우리와 다를 것 없는 같은 사람이다. 그래서 막다른 곳에 몰리면, 사람이 누구나 가질 수 있는 약점이 드러난다. 그리고 다른 사람을 비난하거나 높은 지위를 이용해 고집을 부리며 그릇된 판단을 하기도 한다.

그러나 자신이 최고 의사결정자인 이상 책임을 회피하는 것은 용서받지 못한다는 각오가 있어야 한다. 사장이 그렇게 책임지겠다는 마음가짐을 확실하게 가지고 있으면 회사 안의 다른 사람들에게도 그것이 전파된다. 부의 운영은 최종적으로 부장 한 사람의 책임, 과는 과장, 계는 계장 그리고 개별 직원들의 일에 대한 성공 여부 역시 자신의 책임이라는 인식이 사내에 널리 퍼지게 된다. 이렇게 되면 직원들은 자주성이 더욱 강해져 스스로 적극적으로 업무를 추진하게 된다. 말하기 쉽고 실행은 어려운 '신상 필벌'을 확실하게 할 수 있게 된다.

결론적으로 회사든 상점의 경영이든 직원 한 명, 한 명이 각각 책임을 지겠다는 자각을 항상 가지고 있어야 하는데, 결국 그것은 사장이 솔선해 '나의 책임'이라고 생각하고 있느냐에 달렸다.

평범한 하루에도
귀중한 체험이 있다

●

모두가 하루하루 다양한 체험을 쌓아 가는 것에 대한 숭요함과 소중함은 새삼 거론할 일도 아닐지 모른다. 한 번 실패는 체험으로 남는다. 성공도 체험이 된다. 그런 체험들은 쌓여 가면서 피가 되고 살이 된다. 연장자나 선배를 존중할 수 있는 것은 그러한 체험을 많이 했기 때문이다. 나이가 들어도 아무런 실패나 성공의 체험이 없다면 정말 나이가 들었다고 보기 어렵지 않을까 싶다.

그러나 체험은 실패나 성공 등 무언가 중대한 사건이 일어날 때만 하는 것은 아니다. 평범하고 안정적인 시간을 보낼 때도 우리는 무언가를 체험한다. 그렇게 생각하면 우리가 살아가는 하루하루는 모두 소중한 체험이다.

생각해 보면 우리가 매일 하고 있는 일들이 모두가 실패이고, 또한 모두가 성공이라고 할 수도 있을 것 같다. 경영이 어려워져 빚을 지게 된 것만이 실패가 아니다. 실패는 성공의 과정이기도 하고 반대로 실패의 과정에서도 성공이 있다고 생각한다.

더 구체적으로 말하자면 평온하고 무탈했던 하루가 끝났을 때 스스로 오늘 하루 한 일이 과연 실패였는지 성공이었는지 생각해 보면 된다. 그렇게 하면 '그건 좀 실패한 거 같다, 좀 더 나은 방법이 있었을 텐데'라고 생각하는 일이 반드시 있을 것이다. 그렇게 하루의 생각을 더듬는 것 역시 훌륭한 체험이라고 할 수 있지 않을까 생각한다.

세상은 결과와 형식만 보고 실패인지 성공인지를 말한다. 그런 것들만이 체험이 될 수 없다. 눈에 보이지는 않지만, 하루하루 우리가 반복하는 '이건 좀 과했나, 이건 좀 안 되겠네'와 같은 생각도 체험으로서 충분하다. 문제는 그러한 것들을 자신의 체험으로 차곡차곡 하나씩 쌓아가고 있는지다. 그냥 부주의하게 멍하니 세월을 보내고 있으면 나이가 들어서도 나만의 체험이 없는 사람이 될 것이다.

경영자는 이러한 점에 대해 스스로 노력하면서 체험의 폭을 넓혀 가야 하고, 한편으로 직원들도 그러한 체험을 할 수 있도록 배려해야 한다. 만약 젊은 직원들이 미덥지 않다고 일을 맡기지 않거나 맡기더라도 자주성을 인정해 주지 않으면 그 직원은 아무런 경험을 할 수가 없다. 결국 그는 항상 상사의 명령에 따라서만 움직이는 기계가 되어 버린다.

그러므로 경영자는 인재를 양성하기 위해서 직원 스스로 자주성을 자유롭게 펼칠 수 있도록 배려를 게을리해서는 안 된다.

경영은 마술이 아니다

●

말주변이 좋고 나쁘고와는 상관없이 경영자는 항상 그때 그때의 진실을 호소해야 한다.

가령 '3개월 전에 당신이 한 말과 너무 다르지 않은가요?'라고 비난을 받더라도 그것이 진실이라면 상관없다. 편의상 하는 말이라면 난처해지고 박력도 없겠지만 진실을 말하는 것이라면, 어제 한 말과 전혀 다르더라도 설득력이 있을 것이다.

그러므로 경영자는 항상 진실 위에 서 있어야 한다. 잔

꾀나 술책을 부리는 것은 진정한 경영자의 모습이 아니다.

나는 그동안 여러 가지 일들을 해 왔지만, 항상 그때마다 진실 위에 서서 말했다고 분명히 말할 수 있다. 그 때문이었는지 대체로 큰 저항을 받지 않고 여기까지 올 수 있었다.

노동조합과의 협의도 결국 내 이야기를 이해해 주는 경우가 많았다. 왜냐하면 항상 나는 사실만을 말했고, 그 사실에 근거해 일을 해 왔고, 모두가 그런 사실을 알고 있었기 때문이었을 것이다.

경영이란 마술도 무엇도 아니다. 속임수는 더더욱 아니고, 하나하나 차근자근 바르게 하면 인젠가 신뢰를 얻는 일이라고 생각한다. 경영자는 이런 신념을 가져야 강한 추진력이 생긴다.

경영자의 지식은 최고 수준이 아니어도 전혀 문제가 되지 않는다. 지혜나 기술도 꼭 최고여야 되는 것은 아니다. 그렇지만 진실을 지키며 경영하겠다는 사명감만큼은 누구에게도 져서는 안 된다. 직원들이 일하는 원동력이 바로 거기서 나온다.

지식으로 경영하겠다거나 기술로 경영하겠다는 생각으로는 진정한 경영자가 될 수 없다. 어느 정도까지는 일을 할 수 있겠지만 종합적으로 봤을 때 경영의 정상에는 오르지 못할 것이다. 지금 돌이켜보면 그런 마음가짐이 나의 신념이었다는 생각이 든다.

직원들은
경영자를 항상 보고 있다

●

만약 전쟁할 때 다소 상황이 불리한데도 대장이 '이 전쟁은 반드시 이길 것이다. 이긴다. 이길 수 있다'라는 확고한 신념을 가지고 있으면 대체로 승리할 수 있다. 대장의 그러한 신념이 부하들에게 전해져 사기가 크게 오르며, 그렇게 되면 평상시 이상의 힘을 내서 싸우게 되기 때문이다. 그래서 이길 수 있게 된다고 말하는 것이다.

반대로 대장이 '이 전쟁은 질 수도 있을 거 같다'라는 생각을 조금이라도 가지고 있으면 이길 수 있는 전쟁도 지고 말 것이다. 실제 내가 전쟁을 경험한 것은 아니지만 사람에게는 그런 측면이 있다.

장사나 경영도 이와 같다고 할 수 있다. 무엇인가 힘든 상황에 직면했을 때 경영자가 '이 위기를 반드시 극복해 보일 거다. 극복할 수 있다'라고 굳게 마음먹는 것이 우선 중요하다. 그런 마음가짐 없이 위기를 극복하는 것은 매우 어렵다고 본다.

좀 더 구체적으로 말하자면 불황으로 일거리가 없더라도 경영자는 회사 분위기가 침체되지 않도록 노력해야 한다. '일거리가 없으니까, 내일은 하루 쉬자. 그렇지만 그냥 쉬면 안 된다. 밖에 나가서 씨름이라도 하면서 체력과 용기를 키우자.' 또는 '쉰다고 일하는 감각이 무뎌져서는 안 된다. 기술을 연마하기 위해 밖에서 철근이라도 주어 와 줄질을 해 보자'라는 등 적극성을 보여 직원의 사기를 북돋아 희망을 가질 수 있게 해 주어야 한다. 경영자가 의기소침해서 직원들과 함께 '어떡하지'라고 하고 있으면 사태는 더욱 심각해질 수밖에 없다.

경영자는 모든 직원이 항상 자신을 지켜보고 있다는 사

실을 한시도 잊어서는 안 되며, 그 어떤 경우라도 왕성한 경영 의욕을 잃어서는 안 된다. 나는 그렇게 생각한다.

절대 물러서지 않겠다는 결의가
길을 연다

●

지난 석유파동 이후 경영환경이 매우 안 좋았다. 불확실성이 날로 심해져서 앞날을 내다보지 못하는 상황에도 뭔가 대책을 세워야 했다. 하지만 부적절한 대책을 세우면 한순간에 '다 된 죽에 코 풀기'가 되어 버리기 때문에, 위기 중에서도 최고의 위기를 맞고 있었다. 그때를 전쟁이 비유하자면, 무심코 잠시라도 다른 생각을 하면 바로 목숨을 잃을 정도의 막강한 적을 상대하는 상태였다고 말할 수 있을 것 같다.

지금까지 이 같은 불황은 5년에 한 번, 10년에 한 번, 크게는 반세기에 한 번꼴로 혼란스러운 국내 정세와 국제 정세를 배경으로 반복해서 나타났다. 그렇다면 그때마다 경영자는 그 위기를 어떻게 극복했던 것일까?

나라에 따라 경제계의 정세에 따라 그 대응 방법은 다를 것이다. 그러나 어떤 경우에도 변하지 않는 사실 하나가 있다. 그것은 경영자라는 자각을 바탕으로 최대한 노력하며 용감하게 맞서 최선의 대응책을 마련하는 것이다. 그 용맹함이 없다면 패배할 것이다.

바꿔 말하면 불황은 거대한 폭풍우에 직면하는 것과 같다. 거센 폭풍우가 몰아쳐도 그 안을 걸어가야만 한다. 앞으로 걷지 않고 퇴각하는 것도 하나의 방법이 될지 모르겠지만, 기업경영은 퇴각을 용서하는 세계가 아니다. 어떤 일이 있어도 마지막에는 싫어도 맞서서 앞으로 걸어가야 한다.

그래서 그만한 각오를 해야 하고 준비를 하고 있어야 한다. 우산이나 우비를 더 튼튼한 것으로 마련해야 하고 방한복을 입어야 할지도 모른다.

그리고 내 경험에 비추어 보면, 침착하게 생각만 잘하면 내릴 비의 양과 바람의 세기에 따라 우산을 쓰는 방법도 있고, 바람을 피할 아이디어도 떠오른다. 즉 이대로 물러설 수 없다, 어떻게든 폭풍우와 맞서 앞으로 나아가야 한다고 결심만 한다면 반드시 길은 열리게 되어 있다는 것이다.

어떤 상황이든 심한 고통에 힘겨운 시간을 보내더라도 용기를 가지고 앞으로 나아가야 한다. 무너질 것 같은 자신을 엄하게 질책하면서 필사적으로 노력해야 한다. 그렇게 하면 반드시 지혜와 아이디어가 생겨날 것이다.

만약 자신에게 지혜가 없다면 선배에게 묻거나 동종업계 경쟁기업을 찾아가 물어야 한다. '너무 힘든 상황인데, 무슨 방법이 없을까요?'라고, 마음을 열고 상담을 요청하면 경쟁기업이라도 지혜를 나누어 주는 경우가 있다. 나도 여기까지 오면서 그런 방법으로 여러 번 살아남을 길을 찾았다.

오늘날과 같은 엄중한 상황을 헤쳐 나가기 위해서는 절대 물러나지 않겠다는 굳은 각오를 세우고 최대한의 노력으로 용감하게 맞서는 정신을 확립해야 한다. 그것이 불확실한 시대에 대처하는 유일한 방법일지 모른다.

무슨 일이 생겼을 때
직원에게 돈을 빌릴 수 있는가

●

장사나 경영을 하다 보면 불황에 직면해 매출이 줄면서 자금이 부족해지는 경우가 있다. 이럴 때 은행에서 돈을 빌리려고 한다고 반드시 빌려준다는 보장이 없다. 매우 난처한 상황을 맞게 되는 것이다. 이럴 때 내가 생각해 낸 방법은 '우리 회사 직원이 몇 명이지? 1500명 있다. 그들은 돈을 얼마나 가지고 있을까. 사람마다 차이는 있겠지만 평균 10만 엔 정도는 가지고 있지 않을까. 그 10만 엔을 빌려야겠다. 그러면 1억 5000만 엔이 된다. 그 돈이 있으면 충분히 지금의 상황을 극복할 수 있다'라는 것이었다. 이렇게 마음을 굳게 가지기로 결의를 다졌다.

그렇다고 해서 정말 직원들에게 '돈을 빌려줄 수 있겠나?'라고 말한 것은 아니다. 말은 안 했지만, '혹시 모를 일이 생기면 그들의 돈을 좀 융통해야겠다. 직원들은 돈을 빌려 줄 거야'라는 신념을 가지고 있었다. 그런 신념이 나의 말과 행동으로 나타났고 직원들은 그런 내 생각을 진지하게 들어주었다. 결국 그렇게 돈 빌리는 일 없이 상황이 정리된 적이 몇 번인가 있었다.

내가 이렇게 생각하는 것은 '직원 모두와 함께 경영하고 있다'라는 평소의 마음가짐에서 비롯된 것이다. 그래서 비상시에 정말 방법이 없으면 '나도 돈을 내겠지만 여러분도 내주었으면 좋겠다. 그렇게라도 부족한 자금을 같이 마련해 보자'라고 말할 작정이었던 것이다.

은행이 돈을 빌려주지 않아도 아무 걱정이 없다. 직원이 1000명 있으면 한 명이 1만 엔씩만 내도 1000만 엔이 된다. 2만 엔씩이면 2000만 엔을 만들 수 있다. 혹시 모를 일이 생기면 그렇게 부탁해 보자는 신념을 경영자가 가질 수 있을지, 그런 일을 할 수 있다고 생각할지 할 수 없다고 생각할지, 문제는 거기에 있다고 생각한다.

즉 중요한 것은 경영자의 신념이다. '모두를 위해 하는 일이니까, 여러분도 그 정도는 당연히 해야 한다. 평상시에는 임금인상 등 여러 요구를 하니까 이럴 때는 회사에 봉사해야 한다'라는 말을 직원에게 또는 노조에 호소할 수 있는지 없는지 말이다.

나는 이런 말을 못 할 이유가 없다고 생각했다. 정말 무슨 일이 생기면 이렇게라도 호소해야겠다는 생각을 가지고 있었다.

다행히도 지금까지 그렇게까지 해야 하는 상황은 없었다. 하지만 언제라도 그런 신념은 정말 중요해질 수 있고, 특히 비상시에는 그런 신념을 가졌는지가 문제해결의 중요한 열쇠가 될 것이다.

직원을 위해
죽을 각오가 되어 있는가

●

　'일장공성만골고一將攻成萬骨枯, 한 장수의 빛나는 공넝 뒤
에는 무수한 병사의 희생이 있다'라는 말이 있다. 나는 대
부분의 경우 이 말이 맞다고 생각한다. 천하를 호령하는
사람은 많은 사람을 거느리고 있다. 그 사람들의 희생으
로 절대 권력을 쥐게 되는 것이 보통의 모습일 것이다. 그
러나 대장은 전세가 불리해져 군사들이 도망가더라도 혼
자 전장에 남아 군사들이 모두 도망갈 때까지 끝까지 싸
우다 죽을 각오를 평상시 가지고 있어야 한다. 그런 각오

가 없는 대장이라면 부하도 진정 그 사람을 위해 싸우려 하지 않을 것이기 때문에, 결국 전쟁에서 패해 어떤 공도 세우지 못할 것이다.

장사나 경영도 마찬가지라고 생각한다. 경영자가 갖추어야 할 덕목이 여러 가지 있겠지만 이런 각오가 있는지 없는지가 가장 문제이다. 직원들이 자연스럽게 알게 될 그런 경영자의 마음가짐은 직원들의 존경과 복종으로 이어진다. 그런 각오가 서 있지 못한 경영자는 행여 나쁜 결과가 나올까 두려워서 직원들에게 무엇 하나 당당하게 지시를 내리지 못하고 질책도 어렵게 된다. 이렇게 되면 회사는 혼란에 빠질 것이다.

따라서 경영자는 만일의 경우에는 직원을 위해 죽을 수도 있다는 각오를 가지고 있어야 한다. 물론 실제로 죽어야 할 일이 생길 리는 없다. 그러나 그 정도 각오도 없다면 회사의 안정적이고 지속적인 발전을 기대하기는 어렵다.

그리고 평소 경영자가 가지고 있는 그런 각오가 제대로 빛을 발하는 것은 회사가 위기에 직면했을 때일 것이다.

끊임없이
스스로를 격려해야 한다

●

'경영자는 신념을 가져야 한다'는지, '경영자는 사명감을 가져야 한다'는 말을 나는 자주 한다. 그런데 신념이나 사명감을 시종일관 유지하기란 결코 쉽지 않다.

내가 사업을 막 시작했을 무렵에는 먹고 살기 위해서라도 그저 닥치는 대로 열심히 일하는 것이 전부였던 것 같다. 그런데 1년, 2년 시간이 흐르고 직원도 열 명, 스무 명으로 늘어나면서 아무 생각 없이 일만 해서는 안 될 것 같다는 생각이 들었다. 나 자신을 채찍질하고 직원들을 북

돋우기 위해 회사의 이념이나 사명이 필요하겠다는 생각이 들었다. 즉 필요에 쫓겨 그런 생각을 하게 된 것이다.

그런 이후 나는 스스로 생각한 것을 바탕으로, 직원들 앞에서 신념과 사명을 갖고 일을 하라고 강조해 왔다. 그렇지만 나 자신이 반드시 평소에 다른 사람보다 강한 신념과 사명을 갖고 있었던 것은 아니다. 오히려 걸핏하면 자신감을 잃고 때로는 심한 번민에 사로잡혔다.

그렇지만 그때마다 다시 마음을 다지고 직원들에게 용기를 가지고 말을 걸었고, 그것이 다시 나의 신념을 더욱 강하게 만들었다.

남들 앞에서 '나는 이런 사람이야!'라고 강하게 말하는 사람일수록 마음속으로는 번민하는 게 인간 아닐까. 즉 스스로 지금 잘하고 있는지 자문자답해서 마음을 다잡아야 한다고 스스로에게 말을 걸고 있는 것이다. 이처럼 느슨해지는 마음을 채찍질하고 늘 스스로 격려하는 행위가 필요하다. 평상시에 이런 마음을 가지고 있으면 무슨 일이 생겨도 확실하게 처리할 수 있을 것이다. 그런 의미에서 어떤 길을 가든, 인생은 수행의 연속인 것이다.

사장이 사는 보람은
회사 일로 고민하는 것

●

'불확실성의 시대'라고 불리는 오늘날, 앞날을 전망하는 것은 정말 어려운 일이다. 그만큼 경영자의 고민도 깊어진다. 그러나 엄밀히 말하면 그런 고민은 딱히 어제오늘 일이 아니다. 이전에도 그래 왔고 앞으로도 그럴 것이다. 이게 진실인 것 같다.

그런데 그런 고민 많은 파란만장한 사회일수록 확실한 뜻을 품은 사람에게는 재미있다고도 할 수 있다. 그런 사람은 혼미하고 혼란스러운 시대일수록 활력이 넘치고 일에 대한 열정을 가진다.

그러나 그런 고민이 없는 사람은 시대 흐름에 쓸려가고 만다. 혼미한 세상에 동요하고 혼란을 맞이한다. 경영자가 이런 상태에 놓이면 회사는 말할 것도 없다.

그러므로 경영자는 어떤 사태에 직면하더라도 항상 '이건 운명이다'라고 생각할 정도로 각오하고 있어야 한다.

옛 사무라이들 사이에서는 '집을 나서면 일곱 명의 적을 만난다'라는 말이 통용되었다. 이는 언제 어느 때에 갑작스러운 사태에 직면해 목숨을 잃을지 모른다는 뜻이다. 그러니 항상 마음의 준비를 하고 있어야 한다는 가르침이었다. 그것이 사무라이라면 가져야 하는 마음의 각오였고, 그런 각오 없이는 한시도 자신을 지킬 수 없었다.

오늘날 경영자들은 옛 사무라이 이상의 비상한 각오를 가질 필요가 있다. 내 생명은 죽음에 직면해 있으며 우리 기업 또한 도산에 직결되어 있다. 항상 마음 한편으로는 하루하루 줄타기의 연속과도 같은 극한상황에 놓여 있다는 인식을 하고 있어야 하는 것이다.

그러므로 느긋하게 한가로이 시간을 보내고 있다면 진

정한 경영자라고 할 수 없다. 술을 마시며 왁자지껄 떠들고 있는 상황에서도 항상 그런 위험성을 안고 있고, 모든 책임을 지고 있다고 생각해야 한다. 그런 생각을 하면서도 술을 맛있게 마실 수 있는 경영자가 되어야 한다. 그렇게 의식하는 것까지는 좋은데, 그렇게 의식한 나머지 깊은 걱정으로 술맛이 없어진다면, 그것 역시 경영자로서는 실격이다.

사장은 직원이 1만 명이라면 1만 명의 걱정을 짊어지고 가야 한다. 그래서 그 걱정으로 밤잠을 설치기도 한다. 잠을 이루지 못하니 고통스럽고 힘들다. 그러나 그 힘듦이 사장이 사는 보람이다. 사상이 걱정노 없이 한가로이 지낼 수 있는 회사는 없다. 잠을 못 자고 번민하는 모습이야말로 진정한 사장의 모습이고, 이것이 사장으로서 살아가는 보람이다. 오늘날 경영자에게 요구되는 것이 이런 모습이다.

오른손으로 경영을,
왼손으로 정치를

•

예전에 비해 오늘날의 경영자들은 자신의 노력과 힘만으로는 어쩔 수 없다는 불안과 안타까움에 휩싸이는 사례가 느는 것 같다.

이렇게 말하는 이유는 옛날에는 정치와 경제가 따로 분리되어 있어서 경제계의 일은 경제계에서 하면 되는 측면이 강했는데, 지금은 정치와 경제가 하나가 되어 가는 경향이 상당히 강해져서, 정치에 따라 경제가 좋아지기도 나빠지기도 하는 사례가 늘고 있기 때문이다. 그래서 아무리 노력해도 자신의 영역만으로는 문제를 해결할 수 없는 일이 적잖이 있어 과거와는 다른 성질의 고민과 불안이 커지고 있다.

더욱이 오늘날에는 그 정치가 점점 혼미해져서 혼란 양상이 심화하고 있다. 정치의 기본 방향이라고 할까, 국가 운영의 기본 목표도 애매모호한 상태로, 중언부언 탁상공론만 계속하고 있다. 그 영향으로 경제계도 일반 국민도 오리무중의 불안 속에 있는 것이 실상이다.

바라건대 앞으로 나라가 나아가야 할 기본 방향이라도 명확해진다면 일하기도 수월해질 것이다.

그러나 나라의 방향성이 보이지 않는다고 해서 기업 운영을 책임지고 있는 경영자가 가만히 넋을 놓고 있을 수는 없는 일이다. 각자 할 수 있는 범위 내에서 목표를 정하고 한 가지씩 실천해 나가고자 노력해야 한다.

즉 나라 또는 정치가 어떻든지 '우리 회사는 이렇게 해야 한다. 이렇게 해야만 한다'는 것을 국가 운영을 한편으로 생각하면서, 독자적으로 추진해야 한다. 정치적인 측면에서 어떤 곤란한 상황이 생기더라도 기업을 경영하는 경영자는 자신이 옳다고 믿는 방향에 확고한 이념과 신념을 가져야 하며 공감하는 사람들과 손을 잡아야 한다. 이렇게 해서 서로의 안정을 찾아가는 것이 중요하다.

그러나 그것으로 충분하지 않다. 한편으로는 정치에 대해서 경제인으로서, 또 국민의 한 사람으로서 '정치는 이렇게 되어야 한다'라고 강력하게 제안해야 할 필요가 있다.

이런 제안을 하지 않은 채 경제계만 챙기는 것은, 오늘날과 같은 사회에서는 불가능하다. 그러므로 경제적인 측면은 물론이고, 정치에 적극적으로 바라고 제안해야 한다. 이런 경제계의 목소리를 점점 확산시켜서 국가 방침에 대한 국민적 합의를 이끌어 내야 한다.

그런 의미에서 오늘날 경영자에게는 '오른손으로는 경영을, 왼손으로는 정치를' 할 줄 아는 지혜가 필요해 보인다.

장사는 계속된다

●

전국戰國 시대에 오사카에서 활동하던 사카이堺 상인은 오다 노부나가와 거래하면서 다른 한편으로는 그의 적인 모리毛利(일본 서부 지역에서 활동하던 상인-옮긴이) 측과도 거래했다고 한다. 자신의 물건을 사 주는 사람이라면 서로의 적대적 관계를 고려해서 팔고 안 팔고 할 필요가 없다고 그들은 생각했던 것이다.

이는 장사를 중심으로 생각하면 올바른 판단이라고 생각한다. 상인이란 물건을 파는 사람이므로, 좋아하는 사람이라고 해서 팔고 싫은 사람이라고 해서 팔지 않는 것은 장사의 도리가 아니다. 상대가 아무리 좋거나 싫어도 장사는 공평해야 한다. 옛사람들은 이 원칙을 지켰다.

적에게까지 물건을 팔면 자칫 오해를 받아 죽음을 면치 못할 수도 있었다. 그러나 그들은 두려워하지 않고 당당하게 장사했다.

사카이 상인만이 아니다. 동서양을 막론하고 상인들은 몇천 년 전부터 전쟁의 혼란 속에서도 죽음을 무릅쓰고 장사에 온 힘을 쏟았던 것이다.

아무리 오늘날의 경영환경이 힘들고 어렵다고 하지만 그때에 비하면 훨씬 좋은 편이고 꽤 괜찮은 시대라고 할 수 있을 것이다. 불황이 이어지면서 경제 상황이 불안해도 대규모 자연재해가 아니고서는 생명을 위협할 정도의 상황은 좀처럼 벌어지지 않는다. 따라서 그때그때 상황에 휘둘려서 우왕좌왕하지 않아도 된다.

그러기 위해서는 사카이 상인이 장사하며 지녔던 도리와 사명 같은 마음가짐을 스스로 확립하고 있어야 한다. 그러면 용기와 지혜는 자연스레 생겨난다.

나는 우리가 살고 있는 인간 사회의 발전을 본질적으로 가로막는 장애물이란 없다고 생각한다. 즉 인류는 혹독한 환경 아래서도 몇백만 년 동안 생존하며 발전해 오고 있다. 결코 막다른 골목에 몰려서 끝나는 일은 없었다. 앞으로 나아가지 못하고 그대로 주저앉아 버렸다면 오늘의 인류는 존재하지 못했을 것이다. 아무리 큰 난관에 봉착하더라도 우리에게 길은 열린다는 믿음을 가져야 한다. 실제 이런 마음을 먹기는 쉽지 않을 것이다. 그렇지만 적어도 경영자라면 격동의 시대를 헤쳐 나가기 위해서 그러한 신념을 기본으로 가지고 있어야 할 것이다.

우리는
살아 있는 연극의 주인공

●

오늘날과 같은 혹독한 사회환경 속에서 경영자로서 때로는 포기하고 싶기도 하겠지만, 그럴 때 마음을 다잡는 방법으로 다음과 같은 것을 생각해 보면 어떨까.

인생과 일을 포함해서 현실 사회를 하나의 연극이나 드라마로 생각해 보는 것이다.

연극이나 드라마는 대체로 재미있다. 텔레비전 드라마를 보다 보면 시간 가는 줄도 모르고 빠져들며, 때로는 꽤 비싼 비용을 들여 영화나 연극을 관람하기도 한다. 극 속에 몰입하다 보면 어느새 자신이 등장인물 중 한 사람이 된 듯, 웃고 울고 때로는 화가 치밀기도 한다.

가만히 생각해 보면 우리가 사는 현실 사회 역시 한 편의 연극이 아닐까? 거기에서 우리는 연출가이고, 배우이고, 동시에 관객이 되기도 한다. 그런 형태로 여러 가지 살아 있는 드라마가 펼쳐지고 있다.

이런 살아 있는 연극은 보기에 따라서는 보통의 연극보다 훨씬 재미있다. 연출도 연기도 다 자신이 한다. 어떻게 하느냐에 따라서 얼마든지 좋은 연극을 만들 수 있다. 게다가 그것을 스스로 감상하니까 한결 더 깊은 맛을 느낄 수 있다.

우리가 관람하는 연극이나 드라마가 모두 재미있는 것은 아니다. 스토리도 단조롭고 기복이 없어 볼거리가 없는 경우에는 관객이 그다지 흥미를 느끼지 못한다. 역시 변화무쌍한 스토리 전개와 주인공의 파란만장한 인생이 손에 땀을 쥐게 하는 연극이나 드라마가 재미있기 마련이다.

우리의 살아 있는 드라마도 이와 마찬가지라고 생각한다. 아무런 일 없이 평탄한 세상에서 연기를 하는 것보다 격동의 사회를 무대로 열심히 살아가는 모습이 훨씬 흥미진진하고 깊이가 있을 것이다. 그렇게 생각하면 오늘날의 사회 정세나 경제 상황은 정말 재미있는 연극의 극적 배경이라 할 수 있다. 전례 없이 힘든 역경의 시대라는 것은 여태껏 없었던 파란만장하고 흥미진진한 드라마가 펼쳐지고 있다는 의미가 된다.

그 안에서 우리 한 사람, 한 사람이 주역으로서 연기를 하고 있는 것이다. 그렇게 생각하면 우리 각자는 연출가이자 주인공이며 감상자이다. 그래서 인생이란 드라마의 가치는 더욱 소중하다.

힘든 상황에 직면하면 우리는 불안하고 걱정하게 된다. 그런 시대에 태어나서 살아가는 것을 한탄하기도 하고 누군가의 탓으로 돌리고 싶어 한다. 그것은 우리가 본질적으로 나약한 인간이기에 어쩔 수 없지만, 계속 그렇게만 생각하면 마음도 위축되고 위기에 대처할 수 있는 지혜도 생기지 않는다.

그래서 나는 오늘날과 같은 어려운 세상을 하나의 살아 있는 연극으로 간주하고 스스로 그 주역이라고 생각하고 싶은 것이다. 그렇게 생각하면 혼란스러운 현대사회는 마음껏 연기할 수 있는 극적인 시대 배경이며 가장 살아갈 만한 때라는 생각이 들 것이다.

그럼으로써 커다란 기쁨을 느낄 수 있고 약동하는 심장 소리도 들을 수 있을 것이다. 그리고 쓸데없이 불안해하거나 분개하는 일 없이 냉정하게 사태에 대응하는 길을 찾는 일도 쉬워질 것이다.

병약한 것과 수명은 별개

●

나는 지금 여든다섯 살(1980년 당시)이지만 감사하게도 건강하게 여러 일을 하며 바쁜 나날을 보내고 있다. 그래서인지 자주 '건강 비법이 따로 있으신가요?'라는 질문을 받곤 한다. 그러나 새삼 그렇게 물어도 이렇다 할 특별한 것이 떠오르지 않아 언제나 대답이 궁해진다. 사실 나는 태어날 때부터 상당히 허약한 체질이었다.

나는 여덟 남매 중 막내로 태어났다. 너무 가난했던 어린 시절, 불과 1년 사이에 형님 두 분과 큰 누님이 병으로 연이어 세상을 떠났다. 그 후 남아 있던 남매 중 누님 두 분도 죽음을 맞았고, 내가 열다섯, 열여섯 무렵이 되었을 때는 결국 여덟 남매 중 두 사람만이 남았다. 게다가 돌아가신 형제 중 세 명은 결핵으로 세상을 떠났다.

그 때문인지 나는 성인이 된 후로도 건강에 대해서는 왠지 자신이 없었다. 아니나 다를까 열여덟 살이 되던 해에 과로로 피를 토한 적도 있다. 나는 전등 만드는 회사에서 근무하고 있었는데, 급여를 일당으로 받았으며 당시에는 지금과 같은 사회보장제도도 없었다. 그래서 일을 하루라도 쉬게 되면 바로 먹을 것을 구하기 어려워져 살길이 막막해지던 시대였다.

이렇게 된 이상 어쩔 수 없다고 굳게 마음먹고 궁여지책으로 사흘 일하면 하루를 쉬고 일주일 출근하면 이틀은 집에서 쉰다는 원칙을 세웠다.

그런데 놀랍게도 그렇게 1년 반 정도를 하니 병이 더 이상 악화하지는 않았다. 특별히 더 나빠지지도, 더 좋아지지도 않은 상태에서 멈추었다. 아마도 일종의 체념 상태에서 몸을 소중하게 관리한 것이 다행히도 그런 결과를 가져온 것이라고 생각한다.

그 일 이후 나는 몸이 약해서 직장 생활을 할 수 없다는 이유로 독립해 사업을 시작했고, 마흔이 넘도록 쉬다가 일하다가를 반복했다. 그래서 젊었을 때, 주변에서 쉰 살까지 견디기 어려울 거라는 말을 자주 들었는데, 이런 내가 벌써 85세를 맞고 있다.

그러고 보면 병약한 것과 수명은 별개의 문제인 것 같다. 사람마다 얼굴 생김이 다르듯 각자 타고난 체질이 있어서 건강 상태도 다 다르다. 그러므로 약한 사람도 자신의 체질에 맞는 생활 방식만 지켜 나간다면 충분히 사회 활동도 하고 장수할 수도 있다.

스스로 타고난 체질을 있는 그대로 받아들이고, 그에 맞는 생활 방식을 지키는 것이야말로 건강을 유지하는 데 중요하다. 나는 그렇게 할 수밖에 없었지만, 돌이켜보면 그것이 천지자연의 이치에 따르는 것이었다. 이는 건강뿐 아니라 모든 것에 적용할 수 있을 것이다.

청춘이란
마음의 젊음이다

●

내가 좌우명으로 삼고 있는 글이 있다.

청춘

청춘이란 마음의 젊음이다

신념과 희망에 넘쳐 용기에 가득 차

매일 새로운 활동을 지속하는 한

청춘은 영원히 그대의 것이다

이런 글인데, 이 글은 고희 축하연에 온 지인에게서 받은 미국 시인 사무엘 울만Samuel Ullman의 시 「청춘」에서 힌트를 얻어 만든 것이다.

여기에는 항상 젊음을 유지하고 싶다는 희망과 항상 젊게 살아야 한다는 교훈이 함께 포함되어 있다. 육체적으로 나이를 먹는 것은 피할 수 없는 사실이다. 그러나 마음의 젊음은 마음먹기 나름이며, 분명 밖으로 드러난다. 즉 항상 앞으로 나아가겠다는 의욕만 잃지 않는다면 젊음은 언제나 나에게 다가와 준다는 것이 나의 신념이다.

그 좋은 예가 예술가이다. 예술가 중에는 여든 살, 아흔 살이 되어도 매일 생각을 짜내서 창작에 전념하며 현역으로 활동하는 사람들이 많다. 그런 기백을 잃지 않은 예술가가 적지 않다. 조직 생활을 하는 경영자와 달리 그들에게는 정년도 은퇴도 없다. 살아 있는 한 자신과의 싸움이 계속된다. 항상 자기를 관조하며, 나아갈 길을 모색하고, 앞으로 나아갈 힘을 스스로 만들어 내야 한다. 의지할 곳은 오로지 자신뿐이다. 그 긴장감이 젊음을 유지하고 에너지를 만들어 내는 것이다.

나는 여든 살을 계기로 회장에서 물러나 고문 역할을 맡았다. 마쓰시타전기 창업 55주년을 맞아 한 매듭을 지어야 할 시기라고 생각했기 때문이다. 그러나 회장직을 은퇴한 것이지 인생에서 은퇴할 생각은 추호도 없다. 아니 오히려 은퇴해서는 안 된다고 생각하고 있다.

지금 일본은 메이지, 다이쇼, 쇼와의 세 세대에 의해 움직이고 있다. 그중에서 쇼와시대 출생자가 압도적으로 많고, 메이지시대에 출생한 사람들은 젊다고 해도 일흔 살에 가까워 일선에서 물러나야 할 사람도 적지 않다.

물러나거나 말거나 하는 것은 그 사람의 자유이다. 그러나 현재의 사회 정세와 경제환경은 결코 완전하다고 보기 어렵다. 회사나 직장을 떠나더라도 메이지시대 출생자의 풍부한 경험과 지식은 사회에 크게 도움이 될 것이다.

내게도 다도 같은 취미가 없는 것은 아니지만, 지금은 여러 해야 할 일들이 생각나 유유자적하는 생활을 보내고 있지 못하다. 위대한 화가 가쓰시카 호쿠사이(에도시대 후기의 화가-옮긴이)는 90세를 일기로 세상을 떠날 때 "10년만 더, 100세까지 살고 싶다. 아직 할 일이 태산 같은데…"라는 말을 남기며 아쉬워했다고 전해진다. 나도 지척에 다가온 21세기까지, 마음의 청춘을 유지하며 살 수 있기를 바라고 있다.

* * *

나는 장사하는 요령, 경영하는 요령은 결코 하나일 수 없다고 생각한다. 기본적으로 생각하는 방법에는 공통점이 있겠지만 그 형태는 경영인의 수만큼 많다고 본다. 경영인 각자가 모두 다른 방법을 가지고 있어도 좋다. 아니 그래야만 한다.

사람은 자신만의 개성과 장점을 갖고 있다. 그러므로 각자가 기본적 사고를 바탕으로 그 개성과 장점을 살려 각각의 상황에 맞게 장사와 경영을 해 나갈 궁리를 하고, 그것을 실천해야 한다. 그래야지 사업도 더 발전하고 사회 전체도 나아진다고 믿고 있다.

서론에서도 언급했지만, 이 책에서 제시한 것은 60년의 경영 경험을 통해 얻은 내 생각의 극히 일부에 지나지 않는다. 여러분이 각자의 장점을 살려 독자적인 경영을 할 때, 이 책의 내용이 조금이나마 도움되기를 바란다.

장사하는 사람, 사업하는 사람, 기업을 경영하는 사람, 창
업을 생각하는 사람이라면 이 책을 옆에 두고 눈에 들어
올 때마다 어느 페이지든 조금이라고 읽으시길, 확신을 가
지고 권해 드립니다. 저는 장사도, 사업도, 기업경영도 한
적이 없지만, 그 이유는 이렇습니다.

저는 10년 넘게, 일본의 장수하는 작은 기업을 연구했습
니다. 세상에서 장수 기업이 가장 많은 일본의 기업문화
를 만들고 실행한 대표적 인물이 바로 '마쓰시타 고노스
케'라는 것을, 이 책을 번역하면서 알게 되었습니다. 즉 이
책은 기업의 지속 가능성에 관한 이야기이며, 저자의 경영

철학은 일본의 '장수 기업' 문화 형성에 지대한 영향을 주었습니다.

마쓰시타 고노스케가 이 책을 통해 전하는 메시지는 분명합니다.

　신념, 사람, 목적.

　번역하면서 머릿속에 계속해서 맴돈 단어들입니다.

　번역을 마친 지금, 일본에서 마쓰시타 고노스케가 왜 '경영의 신'으로 불리는지 더 분명하게 알게 되었습니다. 그런데 정작 마쓰시타는 사람은 신이 아니기 때문에, 갖은 체험을 통해 각자 독창적인 경영 방법을 찾을 수 있다고 힘주어 말합니다.

신념

"결단은 이성보다 신념에서 나온다"라고 마쓰시타는 말하며, 진정성 있는 신념이야말로 사람들을 이끄는 원동력임을 강조합니다. 또한 경영자는 직원에게 '명령'이 아닌 '신뢰'를 줘야 하며, 조직은 신뢰를 바탕으로 자율성과 창의성이 살아나야 진정한 생명력을 갖게 된다고 주장합니다. 이런 통찰은 리더십을 고민하는 모든 이에게 깊은 울림을 줄 것입니다.

마쓰시타는 '반드시 성공한다'는 긍정 철학을 강조하면서, 실패를 운이나 환경 탓으로 돌리지 않고 "성공하지 못한 것은 방법이 잘못된 것"이라는 태도를 견지합니다. 사업은 반드시 성공한다는 믿음 아래, 끊임없는 개선과 실행을 강조했습니다. 단순 낙관이 아니라, 목표를 달성할 방법을 끝까지 찾는 집요함에 가깝다고 할 수 있습니다.

사람

마쓰시타는 "장사는 이익을 내기 위해 하는 것이 아니라, 고객을 이롭게 하기 위해 하는 것"이라고 말합니다. 즉, 사업의 본질은 봉사이고, 이익은 그에 따른 결과라는 것입니다. 이 철학은 단순히 이상적인 이야기가 아닙니다. 마쓰시타전기(지금의 파나소닉)는 실제로 고객을 최우선으로 생각하는 전략을 통해 사업의 성장을 이루었으며, 그 과정에서 얻은 깨달음을 이 책에 담았습니다.

마쓰시타는 특히 고객의 불만을 가장 소중한 자산으로 여겼습니다. 불만 속에는 개선의 기회가 있고, 그 기회를 잡는 것이 바로 사업의 성공 열쇠라는 것입니다. 또한 그는 사업의 크기보다 사업을 대하는 태도가 중요하다고 강조합니다. 단 한 푼의 장사를 하더라도, 그 마음가짐이 '세상을 바꾸겠다는 자세'라면 그것이 곧 위대한 사업이라고 말합니다.

"사람을 만들면 제품은 저절로 따라온다"

조직의 성과는 결국 사람에게서 나오므로, 직원의 성장·교육·복지를 기업경영의 핵심과제로 두었습니다. 경영자는 부하 직원을 '부품'이 아니라 가능성을 가진 인격체로 존중해야 한다고 강조했습니다.

목적

현대의 경영자와 창업자들은 빠르게 변화하는 시장과 기술, 경쟁 속에서 흔히 '성과'에만 집중하게 됩니다. 그러나 마쓰시타는 본질적인 물음을 던집니다.

– 왜 이 사업을 하는가?
– 무엇을 위해 경영하는가?
– 이 일은 사람, 사회, 국가에 어떤 영향을 미치는가?

이러한 질문 앞에서 독자는 비로소 경영하는 '마음가짐'의 중요성을 깨닫게 될 것입니다. 마쓰시타는 "마음가짐이 바르면 길이 열리고, 마음가짐이 흐트러지면 아무리 유능해도 실패한다"라고 말합니다.

이 책은 경영전략서나 자기계발서가 아닙니다. 이는 마쓰시타 고노스케가 일생을 통해 체득한 인간 중심 경영의 정수이며, 수많은 위기와 실패 속에서도 그가 지켜 온 철학의 집약체입니다.

경영자뿐 아니라, 자기 일에 책임과 열정을 갖고자 하는 모든 이들에게 이 책은 따뜻한 안내서가 될 것입니다.

옮긴이 오태헌

전통 우수 기업의
가훈·사훈

사업이나 장사를 할 때, 그 근간이 되는 생각과 추진 전략 등에 대한 기본적 방침이 바로 서 있는 것은 중요하다. 실제 지금 활동하는 기업 대부분은 그런 생각을 사훈의 형태로 명확하게 가지고 있다.

또 역사를 거슬러 올라가 봐도 옛날 상인이나 무장은 각각의 가문마다 가훈을 정해 놓았다. 먼저 과거 무장이 남긴 가훈부터 살펴보겠다.

❧ 우에스기上杉 가문의 가훈

마음속에 사심이 없으면 마음이 넓어지고 몸이 편해진다.

마음속에 자만이 없으면 사랑과 존경을 잃지 않는다.

마음속에 욕심이 없으면 도리를 지킨다.

마음속에 이기심이 없으면 의심하지 않는다.

마음속에 교만함이 없으면 남을 공경한다.

마음속에 잘못이 없으면 남을 두려워하지 않는다.

마음속에 편견이 없으면 남을 가르칠 수 있다.

마음속에 욕망이 없으면 아부하지 않는다.

마음속에 분노가 없으면 말이 부드러워진다.

마음속에 참을성이 있으면 일을 원만하게 처리한다.

마음속에 어두움이 없으면 마음이 고요해진다.

마음속에 용기가 있으면 후회하지 않는다.

마음속이 깨끗하면 무리한 바람을 가지지 않는다.

마음속에 효심이 있으면 충절이 두텁다.

마음속에 자만심이 없으면 남의 선행을 알 수 있다.

마음속에 망설임이 없으면 남을 탓하지 않는다.

✿ 다테 마사무네伊達政宗의 유훈

1. 인仁이 지나치면 약해진다. 의義가 지나치면 완고해진다. 예禮가 지나치면 아첨이 된다. 지智가 지나치면 거짓을 말하게 된다. 신信이 지나치면 손해를 본다.

2. 인내심을 가지고 마음을 온화하게 하며 늘 검약하게 재산을 모아라. 검약은 부자유를 참는 데 있으며, 이 세상에 손님으로 왔다고 생각하면 아무런 괴로움도 없을 것이다.

3. 아침저녁 식사는 맛이 없더라도 칭찬하고 고맙게 먹어라. 원래 이 세상에서는 손님의 몸이니 좋고 싫음을 말하지 말라.

4. 오늘 할 일을 하고 형제 자손에게 인사한 뒤 사바세계와 작별을 고하라.

이렇듯 옛 무인 집안은 그들 나름 각각의 가훈이 있었다. 이는 상인 집안도 다르지 않다. 옛날부터 사업을 해 온 노포, 전통이 있는 기업도 각각 그 사업을 시작한 사람에 의해 가훈이 만들어졌다. 다음으로 그런 사례를 살펴보자.

☙ 미쓰이 가문의 가훈 – 초대 미쓰이 다카토시三井高利

1. 나무 하나는 쉽게 부러지지만 여러 개는 잘 부러지지 않는다. 힘과 정신을 모으고 화합해 가운을 굳게 지켜라.

2. 영업해서 생긴 총수입은 반드시 일정 적립금을 뺀 다음 공정하게 배분하라.

3. 각 집안에서 연장자 한 명을 선출해 전체의 대표로 삼고 각 집안의 장은 그의 명령을 받아들여야 한다.

4. 일가끼리 절대 싸우지 말라.

5. 사치를 금하며 절약하라.

6. 명장 밑에 약졸 없다. 현명하고 능력 있는 사람을 등용하는 데 신경 써라. 밑에서 불평불만이 없도록 주의하라.

7. 가주는 모든 일가의 일을 상하, 대소 구별 없이 전부 알기 위해 애쓰라.

8. 집안의 아이라도 일정한 나이가 될 때까지 다른 점원과 동일한 대우를 하며 지배인 밑에서 일을 시켜라. 결코 주인 대우를 해서는 안 된다.

9. 사업은 포기할 때가 중요함을 알아야 한다.

10. 나가사키로 가서 외국과 거래하라.

☙ 스미토모住友 가문의 가칙

1. 맡은 임무의 권한을 넘어 멋대로 행동하지 말라.

2. 자신의 직무로 이익을 꾀하지 말라.

3. 한때의 기회, 눈앞의 이익에 빠져 위험한 행동을 하지 말라.

4. 허가 없이 직무와 관련된 다른 곳에서 금전이나 물품을 받거나 사채를 빌리지 말라.

5. 직무상 과오, 실책, 태만, 소홀함이 없도록 하라.

6. 명예를 더럽히고 신용을 떨어뜨리는 거동을 삼가라.

7. 사적인 금전 거래와 기타 증명 서류에 가게와 부서의 이름과 영향력을 이용하지 말라.

8. 겸허함을 중시하며 탐욕스러운 행동을 하지 말라.

9. 함께 모여 남을 칭찬하거나 헐뜯지 말라.

10. 기밀을 누설하지 말라.

✂ 이와사키 가문의 가훈

1. 작은 일에 집착하면 큰일을 못 한다. 대규모 사업의 경영방침을 세워라.

2. 일단 시작한 사업은 반드시 성공시켜야 한다.

3. 절대 투기성 사업에 손대지 말라.

4. 국가적인 관념으로 모든 경영 사업에 임하라.

5. 나라와 사회를 위해 일한다는 마음을 한시도 잊지 말라.

6. 근검을 몸에 익히고 자선을 베풀어라.

7. 인재를 잘 감별해서 적재적소에 배치하라.

8. 부하를 우대하고 이윤은 되도록 많이 나누어 주어라.

9. 창업은 대담하게 추진하고 수성은 소심하게 하라. 단지에서 퍼내는 물 이상으로 새는 물에 신경 써라.

역시 이처럼 사업하는 가문은 각각 지켜야 할 기본 사항을 분명하게 정해 놓았음을 알 수 있다. 이는 오늘날 활약하는 기업들도 마찬가지다. 그 가운데 몇 개 사례를 살펴보자.

⚜ 주식회사 덴츠電通의 10대 정신

1. 일은 스스로 만들어 내야지 받으려고 하면 안 된다.

2. 일이란 미리미리 손을 쓰는 것이지 수동적으로 하면 안 된다.

3. 큰일에 몰두하라. 작은 일은 자신을 작게 만든다.

4. 어려운 일을 목표로 삼아라. 어려운 일을 완수하면서 진화한다.

5. 시작했으면 그만두지 말라. 죽어도 포기하지 말라. 목표를 완수할 때까지.

6. 주위를 장악하라. 장악하느냐 못하느냐는 시간이 지나면서 큰 차이를 만든다.

7. 계획을 세워라. 장기 계획을 세워 놓으면 인내와 연구, 올바른 노력과 희망이 생긴다.

8. 자신감을 가져라. 자신감 없이 하는 일에는 박력도 끈기도 깊이도 없다.

9. 머리를 항상 최대한 회전시켜라. 여기저기에 정신을 팔다가 작은 허점이라도 생겨서는 안 된다.

10. 마찰을 두려워하지 말라. 마찰은 진보의 어머니이며

적극성의 비료이다. 마찰이 없으면 비굴하고 미숙해 진다.

✌ 아사히신문사의 강령

1. 치우침이 없이 언론의 자유를 지키며 민주국가 완성과 세계평화 확립에 기여한다.

2. 정의와 인도주의에 바탕을 두고 국민의 행복을 위해 헌신하며, 불법과 폭력을 일체 배제하고 부패와 싸운다.

3. 진실을 공정하고 빠르게 보도하며 진보적 정신을 바탕으로 공정한 평론을 한다.

4. 항상 관용의 마음을 잊지 않으며 품위와 책임을 중요시하고 청신함과 중후함을 소중하게 여긴다.

✌ 마쓰시타전기의 강령

산업인의 본분을 철저히 지키며 사회생활의 개선과 향상을 도모하고 세계 문화의 진전에 기여한다.

♨ 마쓰시타전기의 신조

회사의 향상과 발전은 각 직원의 친화와 협력 없이는 이루기 어렵다. 각 직원은 정성을 다해 일치단결해 일에 임한다.

♨ 마쓰시타전기의 정신

1. 산업보국의 정신

   산업보국은 당사 강령에 나타난 정신으로, 우리 산업은 이 정신을 첫 번째로 삼아야 한다.

2. 공명정대의 정신

   공명정대는 인간 처세의 중요한 근본으로, 아무리 학식과 재능이 있어도 이 정신이 없는 사람은 모범이 될 수 없다.

3. 화친일치和親一致의 정신

   화친일치에 대해서는 이미 당사가 내건 신조에 드러나 있듯, 아무리 뛰어난 인재를 모아 놓아도 이 정신이 부족하면 오합지졸에 불과해 아무런 힘이 되지 못한다.

4. 역투향상力闘向上의 정신

   온 힘을 다해 싸우는 것이야말로 우리의 사명을 달성하

기 위한 유일한 핵심이며, 진정한 평화와 향상도 이 정
신이 있어야 얻을 수 있다.

5. 예절겸양의 정신

사람이 예절에 어긋나고 겸양의 마음을 잃으면 사회질
서가 바로 서지 않는다. 올바른 예의와 겸양의 덕이 있
으면 사회를 아름답게 만들어 윤택한 인생을 실현할
수 있을 것이다.

6. 순응동화의 정신

진보와 발전은 자연의 섭리에 순응동화하지 않으면 얻
기 어렵다. 사회의 대세에 따르지 않고 인위적으로 방
향을 정해서는 결코 성공을 바랄 수 없다.

7. 감사보은의 정신

감사보은의 정신은 우리에게 무한한 기쁨과 활력을 주
며, 이 정신이 깊으면 어떤 어려움도 극복할 수 있다. 감
사보은의 정신은 진정한 행복을 부르는 근원이다.

더불어 마쓰시타전기 내규에는 다음과 같은 문장도 있다.

♊ 마쓰시타전기가 앞으로 얼마나 발전하든 항상 상인의 신념을 잊지 말고 소박함과 겸양을 신조로 업무에 임할 것(제15조).

지금까지 여러 회사의 사훈을 살펴보았다. 일본에는 수많은 회사가 있기 때문에 이 밖에도 훌륭한 사훈이 있을 것이다. 여기서 소개한 사훈은 극히 일부에 지나지 않는다. 여기에 나온 회사들 모두 처음에는 규모가 작은 회사였다. 직원이 다섯 명, 열 명밖에 안 되는 작은 가게였지만 여기서 소개한 것과 같은 사훈을 정하고 이를 바탕으로 열심히 일해 한 발, 한 발 발전해 나간 것이다. 그 결과 그 회사의 번영은 물론이고 사회의 번영으로도 이어졌다.

그런 점을 생각하면 사훈이 얼마나 필요한지, 또 얼마나 소중한지 잘 알 수 있다.

열 명이 일하는 작은 가게라 할지라도 제대로 된 사훈조차 없이 일을 한다면 크게 발전하지 못할 것이다. 그러나 이에 비해 열 명의 절반인 다섯 명이 일하더라도 지켜야 할 사훈을 확실하게 정해 놓고 일하는 가게는 점차 발전할 것이다.

규모에 상관없이, 일본 전국 여러 도시에서 예부터 사업을 이어오는 가게라면 모두 대대로 이어져 내려오는 가훈을 가지고 있을 것이다.

다만 여기에서 중요한 점이 있다. 그것은 일단 사훈을 만들어 놓으면 주인이 먼저 이를 따라야 한다는 점이다. 직원에게는 꼭 지키라고 하면서 정작 사훈을 만든 자신은 지키지 않으면 안 된다. 주인이 솔선해서 성실하게 지켜야 한다. 그렇게 하면 그 가게는 점차 번영할 것이다.

세상에는 수많은 경영 주체가 있으나 이처럼 사훈을 제대로 만들고 그것을 경영자 스스로 지키는 모습을 보이느냐, 그렇지 않느냐는 매우 중요한 문제이다.

끝으로 한마디 보태고 싶은 것이 있다. 여기서 소개한 여러 사훈은 그 회사의 정관과는 다르다는 점이다. 정관은 별개의 것이다. 정관을 어떻게 활용해서 성과를 올릴 것인지를 나타내는 것이 사훈이다. 회사의 정관은 나라의 헌법과도 같은 것이다. 따라서 회사나 가게에는 정관과는 별도로 정관을 활용하기 위한 사훈이 있는 것이다.

국가의 헌법이 바로 정관이다. 회사 경영의 정관과 같은 것이 국가 경영에서의 헌법이라고 생각한다. 따라서 국가에도 국가의 정관 즉 헌법 이외에, 그 헌법을 어떻게 준수하고 활용해 갈 것인지 정하는 국가의 사훈, 즉 '국훈' 같은 것이 필요하다.

그러나 그 국훈에 해당하는 것이 지금 일본에는 없어 보인다. 그래서 국내외 여러 방면에서 조화롭지 못한 혼미한 상황이 만들어지는 원인을 제공하고 있는 것이 아닌가 싶다. 아무리 훌륭한 정관이 있더라도 성장하는 기업이 있는가 하면 그렇지 못한 기업도 있다. 이는 국가도 마찬가지라고 생각한다. 이런 지점은 정치하는 사람은 물론 우리 국민들도 유념해야 하는 문제일 것이다.

마쓰시타 고노스케松下幸之助는 누구인가

파나소닉(구 마쓰시타전기산업) 그룹의 창시자이자 PHP 연구소의 창설자. 1894년에 와카야마 현에서 태어났으며, 9세에 홀로 오사카로 떠나 화로 가게와 자전거 가게에서 사환으로 일한 뒤 오사카전등(현재의 간사이전력)에서 근무했다. 1918년에 23세의 나이로 마쓰시타전기기구제작소(1935년에 마쓰시타전기산업으로 명칭을 변경)를 창업했다. 1946년에는 'Peace and Happiness through Prosperity(번영을 통해 평화와 행복을)'이라는 슬로건을 내걸고 PHP 연구소를 창설했다. 1979년에 21세기를 짊어질 지도자 육성을 목표로 마쓰시타정경숙을 설립했다. 1989년에 향년 94세로 타계했다.

1894년	11월 27일 와카야마 현 가이소 군 와사 촌 센단노키(현재의 와카야마 시 네기)에서 마쓰시타 마사쿠스와 도쿠에의 삼남으로 출생
1899년(4세)	부친의 쌀 선물거래 실패로 와카야마 시내로 이주
1904년(9세)	진조 초등학교 4학년 때 중퇴, 홀로 오사카로 떠나 미야타화로점에 사환으로 취직

1905년(10세) 고다이자전거상회에 사환으로 취직

1906년(11세) 부친 병으로 사망

1910년(15세) ㈜오사카전등에 내선계 견습공으로 입사

1911년(16세) 내선계 견습공에서 최연소 공장 책임자로 승진

1913년(18세) 모친 병으로 사망

1915년(20세) 이우에 무메노(19세)와 결혼

1917년(22세) 공장 담당자에서 최연소 검사원으로 승진, ㈜오사카전등을 퇴사, 오사카 이카이노에서 소켓 제조 판매에 착수

1918년(23세) 3월 7일 오사카 시 기타 구 니시노다오히라키 정(현재의 후쿠시마구 오히라키)에 마쓰시타전기기구제작소를 개설, 어태치먼트 램프, 이등용二灯用 플러그 제조·판매를 개시

1923년(28세) 포탄형 배터리식 자전거 램프를 고안, 발매

1925년(30세) 연합구회 의원 선거에 후보로 추대되어, 2등으로 당선

1927년(32세) 각형 램프에 최초로 '내셔널' 상표를 붙여서 발매

1929년(34세) 마쓰시타전기제작소로 개명, 강령과 신조를 제정하고 마쓰시타전기의 기본 방침을 명시, 세계공황이 발생했지만, 반나절 근무, 생산 반감, 급여 전액 지급을 실행해 직원 해고 없이 불황을 극복

1931년(36세) 라디오 수신기가 NHK 도쿄의 라디오 세트 콩쿠르에서 1등 차지, 건전지의 자사 생산을 개시

1932년(37세) 창립 기념일을 5월 5일로 제정하고 제1회 창립 기념식을 거행해 산업인의 사명을 천명하고 이 해를 메이치命知 원년으로 삼음

1933년(38세) 사업부제를 실시, 조회朝會·석회夕會를 전 사업소에서 개시, 오사카 부 기타카와치 군 가도마 촌(현재의 가도마 시)으로 본점을 옮김, '마쓰시타전기가 지켜야 할 다섯 정신'(1945년에 일곱 정신이 됨)을 제정

1934년(39세) 마쓰시타전기 점원 양성소를 개교하고 소장으로 취임

1935년(40세)	마쓰시타전기제작소를 주식회사 조직으로 만들어 ㈜마쓰시타 전기산업을 설립. 동시에 기존의 사업부제를 분사제로 바꾸고 9개 분사를 설립
1940년(45세)	제1회 경영 방침 발표회를 개최(이후 매년 개최됨)
1943년(48세)	군의 요청으로 ㈜마쓰시타조선, ㈜마쓰시타비행기를 설립
1945년(50세)	제2차세계대전에서 일본 패전. 그 이튿날, 간부 사원을 모아 평화산업으로 복귀를 통해 일본을 재건하자고 호소, 8월 20일에 '마쓰시타전기의 모든 종업원에게 고함' 특별 훈시를 실시, 난국에 대처할 각오를 밝힘
1946년(51세)	마쓰시타전기와 마쓰시타 고노스케가 GHQ로부터 재벌 가족 지정, 공직 추방 지정 등 일곱 가지 제한을 받음(1946년 3월~1948년 2월), 전국 대리점, 마쓰시타산업노동조합이 공직 추방 제외 탄원 운동 전개, 11월 3일, PHP 연구소를 창설하고 소장으로 취임
1949년(54세)	기업 재건 합리화를 위해 처음으로 희망퇴직 실시, 부채가 10억 엔이 되어, 세금 체납 왕으로 보도됨
1950년(55세)	모든 제한이 해제됨에 따라 상황이 호전되고, 경영도 위기를 벗어나 긴급 경영 방침 발표회에서 "폭풍이 휘몰아치는 가운데 마쓰시타전기가 드디어 일어섰다"라고 경영 재건을 선언
1951년(56세)	연초 경영 방침 발표회에서 "'마쓰시타전기는 오늘부터 다시 개업한다'라는 마음가짐으로 경영에 임하고 싶다"라고 호소, 두 번에 걸쳐 서양 시찰 실시
1952년(57세)	유럽을 방문해, 네덜란드의 필립스사와 기술제휴를 체결
1961년(66세)	㈜마쓰시타전기산업의 사장에서 물러나 회장으로 취임
1962년(67세)	『타임』지의 커버스토리를 통해 전 세계에 소개됨
1964년(69세)	아타미에서 전국 판매 회사 대리점 사장 간담회를 개최
1968년(73세)	마쓰시타전기 창업 50주년 기념식을 거행

1972년(77세)	『인간을 생각하다-새로운 인간관의 제창人間を考える: 新しい人間観の提唱』을 간행
1973년(78세)	(주)마쓰시타전기산업 회장에서 물러나 상담역으로 취임
1979년(84세)	(재)마쓰시타정경숙을 설립하고 이사장 겸 숙장으로 취임
1981년(86세)	훈1등 욱일대수장을 받음
1982년(87세)	(재)오사카21세기협회 회장으로 취임
1983년(88세)	(재)국제과학기술재단을 설립하고 회장으로 취임
1987년(92세)	훈1등 욱일동화대수장을 수장
1988년(93세)	(재)마쓰시타국제재단을 설립하고 회장으로 취임
1989년(94세)	4월 27일 오전 10시 6분에 타계

마쓰시타 고노스케는 종종 자신의 뜻을 담은 서예 작품을 관계자들에게 선물하곤 했다(1975년 신년을 맞아 오사카 부 가도마 시의 마쓰시타전기 본사에서 새해 첫 서예에 임하는 모습).

마스터스 "경영의 정수를 담다"

마스터스Masters는 시대를 초월하는 경영 원칙과 철학, 거장들의 전략을 전하는 책을 펴냅니다.

마스터스 07

마쓰시타 고노스케 경영이란 무엇인가

1판 1쇄 인쇄 2025년 10월 14일
1판 1쇄 발행 2025년 11월 05일

지은이 마쓰시타 고노스케
옮긴이 오태헌
펴낸이 김영곤
펴낸곳 (주)북이십일 21세기북스

정보개발팀장 이리현 **정보개발팀** 이수정 현미나 이지윤 양지원
교정 교열 박지석 **표지 본문 디자인** 푸른나무디자인
마케팅 김설아
영업팀 정지은 한충희 장철용 강경남 황성진 김도연
해외기획실 최연순 소은선 홍희정
제작팀 이영민 권경민

출판등록 2000년 5월 6일 제406-2003-061호
주소 (10881) 경기도 파주시 회동길 201(문발동)
대표전화 031-955-2100 **팩스** 031-955-2151 **이메일** book21@book21.co.kr

ⓒ 마쓰시타 고노스케, 2025
ISBN 979-11-7357-508-2 03320
KI신서 13798

(주)북이십일 경계를 허무는 콘텐츠 리더

21세기북스 채널에서 도서 정보와 다양한 영상자료, 이벤트를 만나세요!
페이스북 facebook.com/21cbooks   블로그 blog.naver.com/21c_editors
인스타그램 instagram.com/jiinpill21   홈페이지 www.book21.com
유튜브 youtube.com/book21pub

불확실성이 팽배한 시대를 살아가는 모든 이에게
'경영의 신'이 전하는 백만금의 지혜

마쓰시타 고노스케 컬렉션

누적 600만 부 판매된 60년 초장기 베스트셀러!
마쓰시타 경영의 근간을 담고 있는 마쓰시타 사상의 원전(原典)

경영의 신이 운명을 개척해온 영원불멸의 원칙

마쓰시타 고노스케
길을 열다

마쓰시타 고노스케 지음, 김정환 옮김 | 320쪽 | 각양장 | 값 22,800원

만 90세를 앞두고 정리한 일터와 삶에서 얻은 81년간의 지혜
기회가 있을 때마다 자기 자신과 직원들에게 들려주었던 조언들

경영의 신이 일평생 지켜온 삶의 자세

마쓰시타 고노스케
어떻게 살 것인가

마쓰시타 고노스케 지음, 김정환 옮김 | 272쪽 | 각양장 | 값 21,800원

마쓰시타 고노스케 경영철학의 정수!
실제 경험에서 비롯된 구체적인 통찰이 담긴 '살아 있는 경영 교과서'

경영의 신이 들려주는 경영의 기본과 원칙

마쓰시타 고노스케
경영이란 무엇인가

마쓰시타 고노스케 지음, 오태헌 옮김 | 576쪽 | 각양장 | 값 29,800원